Richard Stiegler

Im Einklang leben

Richard Stiegler

Im Einklang leben

Spirituelle Grundhaltungen im Alltag

arbor

Arbor Verlag
Freiburg im Breisgau

2. Auflage 2020

Lektorat: Thomas Böhmer
Titelfoto: Rainer Frauenfeld
Druck und Bindung: Kösel, Krugzell
Hergestellt von mediengenossen.de

Dieses Buch wurde auf 100% Altpapier gedruckt und ist alterungsbeständig. Weitere Informationen über unser Umweltengagement finden Sie unter www.arbor-verlag.de/umwelt.

www.arbor-verlag.de

ISBN 978-3-86781-173-6

Wichtiger Hinweis
Die Ratschläge zur Selbstbehandlung in diesem Buch sind von dem Autor sowie dem Verlag sorgfältig geprüft worden. Dennoch kann eine Garantie nicht übernommen werden. Bei ernsthafteren oder länger anhaltenden Beschwerden sollten Sie auf jeden Fall einen Arzt, Psychotherapeuten, Psychologen oder Heilpraktiker Ihres Vertrauens zu Rate ziehen. Eine Haftung des Autors oder des Verlages für Personen-, Sach- und Vermögensschäden ist ausgeschlossen.

Inhalt

Vorwort

Meditative Praktiken wurden über Jahrhunderte hinweg vor allem von Mönchen und Nonnen in Klöstern praktiziert. Dort wurde ein Rahmen geschaffen, der es den Praktizierenden erlaubte, sich in ihren Geist zu versenken, diesen zu erforschen und Qualitäten wie innere Stille, Achtsamkeit und Mitgefühl zu kultivieren. Es ist nachvollziehbar, dass es leichter ist in einen Zustand des Seins einzutreten, wenn wir nicht ständig etwas zu tun, zu erledigen oder zu entscheiden haben und wenn wir uns nicht mit dem Verdienen unseres Lebensunterhalts und den Herausforderungen des Familienlebens auseinander setzen müssen. Diese ungestörten Rahmenbedingungen vergleiche ich gerne mit einer Art Außenskelett, das uns einen äußeren Halt gibt, so dass wir uns leichter und ungestörter durch tägliche Herausforderungen unserer Innenwelt zuwenden können.

In den letzten Jahrzehnten und vor allem in den letzten Jahren sind diese meditativen Praktiken zu uns in den Westen gekommen – in eine Welt, die sich fundamental vom Leben in einem Kloster unterscheidet. Noch dazu befinden wir uns in einer Zeit, in der durch die neuen Medien und digitalen Möglichkeiten alles noch schneller und verrückter geworden ist. Wenn sich Menschen schon seit tausenden von Jahren in Klöster zurückgezogen haben, um ein kontemplatives Leben zu führen, was bedeutet das dann erst für die heutige Zeit? Der bekannte amerikanische Meditationslehrer Jack Kornfield beschreibt sehr anschaulich, wie er nach Jahren des Aufenthalts und der Praxis in buddhistischen Klöstern wieder in die USA zurückkam. Vor allem in Beziehungen und ganz besonders als er Vater wurde, musste er feststellen, dass sein Geisteszustand wieder von hohen Wellen gekennzeichnet war und – wie er es beschrieb – er zuschauen konnte, wie alles aus dem Fenster flog, was er an Geistesqualitäten glaubte erworben zu haben. So war er einer der ersten, der sich über seine kontemplative Praxis hinaus mit westlicher Psychotherapie befasste, um Wege zu finden, wie buddhistische meditative Praktiken auch für uns Menschen mit einem normalen täglichen Leben zu Einsicht und mehr Weisheit führen kann.

Ich selbst war Mitte zwanzig, als ich mein erstes zehntägiges Schweigeretreat besuchte und kann mich noch heute gut erinnern, dass dies eine richtungweisende Erfahrung für mein Leben war. Ich erlebte Zustände des puren Seins und einer inneren bedingungslosen Zufriedenheit, wie ich sie noch nie erlebt hatte. Am Ende des Retreats war ich richtiggehend euphorisiert – in gewisser Weise high. Auch ein solches Retreat ist eine Art Außenskelett, das es uns erlaubt, uns jenseits unserer persönlichen Muster und Rollen sinken zu lassen und völlig neue innere Räume zu betreten. Aber wenn wir dann nach Hause kommen, wartet unsere Persönlichkeit auf uns: „Hallo! Schön, dass Du wieder da bist!" Da dauert es meist nicht lange, bis wir in alte Muster zurückfallen. So geschieht es leicht, dass gewissermaßen zwei Welten entstehen – die Retreatwelt und die „wirkliche" Welt – und diese beiden Welten sind weitestgehend getrennt voneinander. So wurde ich zu einer Art Retreatjunkie, was mir aber auch nicht viel dabei weiterhalf, die dort erlebten Qualitäten und Einsichten in den Alltag zu tragen.

Mein wichtigster „Lehrer" wurde schließlich mein Sohn. Meine Liebe zu ihm und seine Unerbittlichkeit darin, er selbst zu sein, zwangen mich sozusagen ein Innenskelett zu entwickeln. Besonders hilfreich waren mir dabei auch die Begleitung durch meine Gestalt-Lehrerin Katharina Martin und die Praxis der Achtsamkeit, wie ich sie durch Jon Kabat-Zinn kennengelernt habe. Ein Innenskelett zu entwickeln – oder um es noch anders auszudrücken – einen Weg zu finden, Zustände, die wir nur unter bestimmten Bedingungen erfahren, zu einer Eigenschaft werden zu lassen, die uns grundsätzlich zur Verfügung steht, ist vielleicht die größte Herausforderung bei dem Versuch, meditative Praktiken in unser tägliches Leben zu integrieren.

In diesem Zusammenhang ist das neue Buch von Richard Stiegler ein wahrer Glücksfall! Mit Feingefühl und der Weisheit seines reichen Erfahrungshintergrundes zeigt er auf, wie wir den Zugang zu unserem inneren Kompass gewinnen und unser Leben mehr und mehr in Einklang mit unserem wahren Selbst bringen können. Ein zutiefst inspirierendes Buch und ein zuverlässiger Wegbegleiter bei der immensen Herausforderung, Achtsamkeit, Liebe und Mitgefühl in unser tägliches Leben zu bringen.

Lienhard Valentin

Vor lauter Lauschen und Staunen sei still,
du mein tieftiefes Leben;
dass du weißt, was der Wind dir will,
eh noch die Birken beben.

Und wenn dir einmal das Schweigen sprach,
lass deine Sinne besiegen.
Jedem Hauche gib dich, gib nach,
er wird dich lieben und wiegen.

Und dann meine Seele sei weit, sei weit,
dass dir das Leben gelinge,
breite dich wie ein Feierkleid
über die sinnenden Dinge.

Rainer Maria Rilke

Einleitung

Viele Menschen bewegt die Sehnsucht nach Stille. Es zieht sie in die Einsamkeit der Wälder, in die Ursprünglichkeit der Berge oder ans Meer mit seiner unendlichen Weite. In der Natur finden sich immer wieder Momente von innerem Frieden. Augenblicke, in denen sich unsere Seele weitet und uns eine Freiheit durchweht, die wir in den alltäglichen Sorgen und Pflichten häufig vermissen.

Nicht selten entsteht hier der Wunsch, den inneren Frieden und die innere Freiheit noch tiefer kennenzulernen, und wir begeben uns auf den spirituellen Weg. Meditation, achtsame Selbsterforschung und Räume der Innerlichkeit gewinnen an großer Attraktivität. Die äußere Welt mit ihren gesellschaftlichen Verlockungen verliert an Bedeutung und wir tauchen tiefer und tiefer in die innere Welt unserer Seele ein.

Mit der Zeit entdecken wir am Grund unserer Seele einen grenzenlosen und zeitlosen Bewusstseinsraum, den Raum der Stille. Dieser innere Raum der Bewusstheit wird das Gewahrsein genannt. Hier erfahren wir einen unbedingten Frieden, eine tiefe Verbundenheit mit allem und eine vollkommene Freiheit. Allmählich kann uns bewusst werden, dass dieser weite und offene Bewusstseinsraum keine angenehme Erfahrung ist, sondern unsere innerste Identität, die Quelle allen Seins. Die Verwirklichung der Dimension der Stille mit all ihren Facetten und Stationen war das Thema meines ersten Buches „Kein Pfad – aus der Stille leben".

Doch so nährend und intensiv ein Weg der Innerlichkeit und Erfahrungen von Stille auch sein mögen, sie sind nicht das Ziel eines spirituellen

Lebens. Unweigerlich wird das äußere, alltägliche Leben unsere Aufmerksamkeit wieder einfordern. Menschliches Leben kann nicht bedeuten, sich in einen inneren Raum der Stille zurückzuziehen, sondern will, dass wir uns auf die äußeren Anforderungen beziehen. Auch Gefühle und seelische Regungen kehren nach einem Moment der Stille zurück und brauchen unsere Aufmerksamkeit und einen bewussten Umgang. Selbst wenn wir so tief in die Stille eingetaucht sind, dass die materielle Welt sich kurzzeitig auflöst oder traumgleich erscheint, kehrt sie unweigerlich in unser Bewusstsein zurück, solange wir in einem Körper leben.

Spätestens hier wird uns bewusst, dass es auf dem spirituellen Weg nicht nur darum gehen kann, die inneren Räume der Stille zu verwirklichen, sondern dass wir einen Weg finden müssen, aus der Erfahrung der Stille im Alltag zu leben. Der innere Weg führt uns aus der Innerlichkeit wieder ins normale alltägliche Leben zurück. Die Fragen, die sich hier stellen, sind: Wie kann es geschehen, dass unser ganzes Leben Ausdruck von Stille wird? Wie können wir im Einklang mit den alltäglichen Herausforderungen leben? Oder wie Rilke es fast beschwörend formuliert: „Und dann meine Seele sei weit, sei weit, dass dir das Leben gelinge."

Genau von dieser Herausforderung eines spirituellen Lebens im Alltag handelt das vorliegende Buch. Ausgehend von der Einsicht in die Natur von Stille, werde ich die Grundeigenschaften des Gewahrseins aufzeigen und deutlich machen, was es bedeutet, wenn diese Eigenschaften unser inneres und äußeres Leben durchdringen und zu Grundhaltungen unseres Lebens werden. In fünf Kapiteln werden die zentralen spirituellen Grundhaltungen – Präsenz, Annahme, Offensein, Einssein und innere Führung – beschrieben, die ein Leben aus einer inneren Weite heraus möglich machen. So ist mit diesem Buch ein Leitfaden für ein spirituelles Leben in all unseren menschlichen Lebensbezügen entstanden.

Die große Veränderung auf dem spirituellen Pfad ist nicht die Einsicht in die spirituelle Dimension, sondern das vollständige Aufgehen darin, das Durchdrungenwerden von ihr und damit eine Metamorphose unserer gesamten Persönlichkeit. Erst wenn wir die spirituellen Grundhaltungen verinnerlichen und damit gleichsam verkörpern, werden sich unsere Egostrukturen mit der Zeit verwandeln. Erst dann wird unser menschliches Leben auf eine natürliche Weise und ohne Anstrengung ein Ausdruck des inneren Friedens, der Verbundenheit und der inneren Freiheit sein und entsprechend in die Welt und in unsere Beziehungen hineinstrahlen.

Zum Umgang mit diesem Leitfaden

Wenn ich im vorliegenden Buch fünf spirituelle Grundhaltungen und ihre Relevanz für unseren Alltag beschreibe, geht es mir nicht darum, ein neues Ideal zu beschwören. Wie schnell geschieht es, dass wir uns mit einem Ideal identifizieren und entsprechend damit vergleichen? Die Folge ist, dass wir uns oder andere Menschen verurteilen, wenn wir oder andere diesem Ideal nicht entsprechen. Das ist es aber genau nicht, was dieses Buch will. Abgesehen davon würde es sowohl der Grundhaltung der Annahme als auch der Grundhaltung einer Herzensperspektive (Einssein) widersprechen.

Dieses Buch will vielmehr einen Bewusstheitsprozess anstoßen, der unser Leben tiefgreifend durchdringen und verändern kann. Bewusstheit ist ein Raum jenseits von Wertung und Vergleich. Bewusstheit sieht einfach, wie es ist. Im Spiegel unserer Bewusstheit darf alles erscheinen, das Angenehme wie das Unangenehme, das Weite wie das Enge. Erst durch diese annehmende Form der Bewusstheit entsteht die Möglichkeit, dass aus einer inneren Freiheit heraus spontane Entwicklungen geschehen. Solange der Versuch einer Entwicklung oder Veränderung an unser Wertesystem geknüpft ist, führt er nicht wirklich in die Freiheit.

Daher ist es von Bedeutung, dass wir beim Lesen dieses Buches wachsam sind, ob sich neue Ideale oder Werte ausbilden. Sobald sich ein neues spirituelles Über-Ich bildet, verlassen wir die Grundhaltung der Annahme und können nicht mehr unsere Ganzheit als Mensch umfassen. Wenn wir uns jedoch dieser Gefahr bewusst sind, können wir uns jedes Mal wieder an die bedingungslose Annahme der Bewusstheit erinnern und die scheinbar unperfekten Anteile unseres Menschseins liebend umfassen. Nur dann kann ein Bewusstheitsprozess in Gang gesetzt werden, der eine natürliche Entfaltung in Freiheit bewirkt und unser ganzes Menschsein durchdringt.

Vielleicht ist es auch hilfreich, sich daran zu erinnern, dass die beschriebenen Grundhaltungen selbst nicht einer persönlichen Vorstellung oder einer Moral entsprechen, sondern sich unmittelbar aus der Einsicht in die Dimension des Gewahrseins ergeben. Sie sind damit ein folgerichtiger Ausdruck der innersten Natur von Gewahrsein und dienen der Bewusstheit, dem Frieden, der Verbundenheit und der Freiheit – aber keiner wie auch immer gearteten Moral.

Mit jeder Moral wird einer unmittelbaren Einsicht, die aus der Bewusstheit geboren ist, eine Wertung aufgestülpt. Wir koppeln uns von der bedingungslosen Offenheit des Gewahrseins ab und es entsteht eine Trennung in unserem Geist zwischen dem, was „gut" und „erwünscht" ist und dem, was „böse" oder „unerwünscht" ist. Spätestens hier hat sich unser Ego, das immer in den Kategorien von Gut und Böse denkt, unserer Einsicht bemächtigt und bestimmt uns wieder. Offenheit kennt jedoch kein „Gut" und „Böse" und keine Trennung.

Immer wieder lassen sich einzelne Menschen und spirituelle Gemeinschaften dazu verführen, eine neue Moral zu erschaffen, die sich dann letztlich gegen das Menschliche in ihnen und anderen wendet. Wenn uns der eigene Frieden und der Frieden zwischen Menschen am Herzen liegt, braucht es hier eine besondere Wachsamkeit.

Zur Orientierung sei noch vorangeschickt, dass die Anordnung der fünf Grundhaltungen im Buch keiner Hierarchie entspricht. Die Grundhaltungen sind zwar mit einer gewissen Folgerichtigkeit im Buch dargestellt, aber keine ist wesentlicher als eine andere. Letztlich bedingen sie sich alle wechselseitig.

Als Leserin oder als Leser muss man sich daher nicht an die vorgegebene Reihenfolge der Kapitel halten. Es ist genauso möglich, sich vom Interesse leiten zu lassen und sich zuerst mit der Grundhaltung zu beschäftigen, zu der es die größte Resonanz gibt.

Und noch ein letzter Hinweis: Zur besseren Lesbarkeit und um eine Sprache zu benutzen, die beiden Geschlechtern gerecht wird, sind

Kapitel 1, 3 und 5 in der weiblichen Form und Kapitel 2 und 4 in der männlichen geschrieben. Sprache kann Bewusstheit fördern und die Gleichwertigkeit von Mann und Frau betonen. Das wiederum entspricht der Grundhaltung der Verbundenheit (siehe Kapitel 4 zum Thema „Geschwisterlichkeit").

Wenn dein Herz wandert oder leidet, bring es behutsam an seinen Platz zurück und versetze es sanft in die Gegenwart Gottes. Und selbst dann, wenn du nichts getan hast in deinem Leben, außer dein Herz zurückzubringen und wieder in die Gegenwart Gottes zu versetzen – obwohl es jedes Mal wieder fortlief, wenn du es zurückgeholt hattest –, dann hat sich dein Leben wohl erfüllt.

Hl. Franz von Sales (1567–1622)

TEIL 1

Präsenz

Hat die Natur nicht eine eindrückliche Präsenz? Wenn wir an einem Bach sitzen, auf das Spiel der Wellen schauen und dem Geräusch der Blätter im Wind lauschen, kann sich uns ein zeitloses Dasein offenbaren. Hier gibt es keine Vergangenheit und keine Zukunft, sondern nur die schlichte Gegenwart. Jeder Fluss, jeder Baum und jede Wolke kann uns als Gefährt dienen, um in diese zeitlose Präsenz einzutauchen. Unsere Seele kommt zur Ruhe und lässt sich nieder. Wir sind da.

Wie anders ist doch oft unsere Alltagserfahrung als Mensch? Wir verreisen zum Beispiel mit dem Auto oder dem Zug, steigen nach Hunderten von Kilometern aus und sind angekommen. Aber sind wir wirklich angekommen? Oft dauert es Stunden, manchmal sogar Tage, bis wir uns in der neuen Umgebung angekommen fühlen. Bis wir sagen können: Wir sind anwesend, wir sind da.

Geben wir uns die Zeit, am neuen Ort anzukommen? Meist geht das Leben sofort weiter. Wir begrüßen in der neuen Umgebung Menschen, erledigen die äußeren Alltagserfordernisse ungeachtet unseres Gefühls, noch gar nicht da zu sein. Wir sind innerlich noch nicht angekommen, aber funktionieren und handeln bereits äußerlich weiter.

In diesen Situationen haben wir kein Gefühl für uns. Wir fühlen uns fremd und merkwürdig leer und ausgehöhlt. Es ist ein Gefühl, als ob wir in der neuen Situation nicht „drin" sind und sie erscheint uns seltsam unwirklich, wie ein Film. Und auch innerlich fühlen wir uns seltsam distanziert von uns selbst. In diesen Momenten spüren wir sehr deutlich, wie unangenehm es sich anfühlt, wenn wir seelisch nicht präsent sind.

Eigentlich sind diese Momente kostbar. Es sind Augenblicke der Bewusstheit. In ihnen werden wir an die grundlegende Kraft der Präsenz, des Daseins, erinnert. Wir spüren hier einen grundlegenden Mangel an SEIN.

Das ist durchaus wertvoll. Denn wie oft sind wir im Leben nicht anwesend und sind uns dessen nicht bewusst? Wie oft verlieren wir uns in Gedankenschleifen – eine innere Geschichte jagt die nächste –, ohne uns unserer inneren Entfremdung bewusst zu sein? Oder wir sind emotional aufgewühlt und Stunden oder Tage davon vereinnahmt und spüren in unserer

Angst oder dem Schmerz nicht mehr, dass es etwas Grundlegenderes gibt als diese Emotionen – unser Dasein. Oder wir sind völlig mit Pflichten und Alltagsaufgaben identifiziert und merken oft erst nach Tagen oder Wochen des Funktionierens, dass wir in dieser Zeit mit unserem grundlegenden Lebendigsein nicht in Kontakt waren.

Was für ein völlig anderes Lebensgefühl ist es doch, wenn wir anwesend sind. Wenn wir in Augenblicken der Muße ankommen, wo der Verstand schweigt und wir entspannt am Bach sitzen und den Wellen und dem Geräusch der Blätter im Wind lauschen. Wir fühlen uns wieder. Da ist das Empfinden von Raum und Lebendigsein, ohne etwas zu tun. Wir sind angekommen.

Experimentiere:

Nimm dir Zeiten der Muße und gehe in die Natur. Tauche in die Sinnesempfindungen ein – ganz Schauen sein, ganz Hören sein, ganz Spüren sein, ohne Denken und ohne Verstehen.

Schlafen und Erwachen

SEIN ist absolut grundlegend, die Grundlage unseres Lebens. Wie können wir unseren Alltagsgeschäften nachgehen, wenn wir nicht existieren? Wie könnten wir denken und Gefühle haben, wenn wir nicht sind? Wie könnten wir die Sonnenstrahlen genießen ohne die Grundlage unserer Existenz? Und doch ist uns dieses grundlegende SEIN sehr oft nicht bewusst. Es ist so selbstverständlich wie der Boden, der uns trägt, und die Luft, die wir atmen. Es ist selbstverständlich und genau dadurch wird es im Alltag kaum mehr wahrgenommen.

Dabei ist SEIN keine Idee, keine Vorstellung und auch keine Schlussfolgerung, nach dem Motto: „Ich denke, also bin ich." SEIN ist keine gedankliche Realität, sondern die grundlegende Basis unseres Daseins als Mensch und diese Basis ist erfahrbar. Sie muss nicht erdacht oder geschlussfolgert werden. Erst wenn sie für uns zu einer erfahrbaren Realität wird, jenseits von Gedanken und Schlussfolgerungen, entfaltet sie ihre Wirkkraft und kann uns und unser Leben spürbar durchdringen und bereichern.

In einer Legende von Buddha wird erzählt, dass er nach seinem grundlegenden Erwachen übers Land wandert und zwei Mönche trifft. Den Mönchen fällt sofort die außergewöhnliche Ausstrahlung von Frieden auf, die den Buddha umgibt. Also fragen sie ihn: „Wer bist du? Bist du ein Gott?“ Buddha antwortet mit einem schlichten: „Nein.“ – „Bist du ein Zauberer?“ Und wieder antwortet Buddha mit: „Nein.“ – Die Mönche fragen weiter: „Bist du ein Mann?“ – „Nein.“– „Bitte sag uns doch, wer bist du?“ Und Buddha antwortet: „Ich bin wach.“

Was meint Buddha, wenn er sagt: „Ich bin wach“? Es klingt, als ob er uns darauf hinweisen wollte, dass wir alle normalerweise schlafen. Unsere normale Lebenswirklichkeit scheint für Buddha also ein Traum zu sein. Das, was wir als Wachzustand und als Wirklichkeit bezeichnen, ist für ihn ein Traum, aus dem man erwachen kann.

Ein Traum ist eine bunte subjektive Welt, in die wir eintauchen können und die unser Erleben einfärbt. Wir können uns aber auch des Traumes bewusst werden und daraus erwachen, vergleichbar mit einem Kinobesuch. Wir tauchen in eine bunte Welt ein und freuen uns oder leiden mit den Figuren mit, aber dann treten wir wieder ins Freie und erwachen zu einer anderen Wirklichkeitsperspektive.

Genauso erleben wir diesen Vorgang bei nächtlichen Träumen. Obwohl wir sie als äußerst intensiv und real erleben können und vielleicht sogar dabei vor lauter Angst ins Schwitzen kommen, wachen wir irgendwann auf und es bleibt nur noch eine schwache Erinnerung. Ein flüchtiges Spiel. Wir sind erwacht in eine andere Wirklichkeit, in die des Alltagsbewusstseins, und diese erscheint uns jetzt viel realer.

Solch eine Art von Erwachen scheint Buddha erfahren zu haben, allerdings kein Erwachen aus einem nächtlichen Traum, sondern aus dem

Traum der normalen Lebensrealität mit Gedanken, Sorgen, Plänen, Emotionen und Vorlieben. Plötzlich erscheint ihm diese normale menschliche Realität, in der wir mit Rollen und Vorstellungen identifiziert sind, als traumgleich. Aus diesem Grund verneint er auch die Frage: „Bist du ein Mann?“, obwohl er offensichtlich männlich ist. Für Buddha ist sogar die menschliche Identität als Mann ein flüchtiges Spiel. Er ist erwacht zu einer anderen Lebenswirklichkeit.

Reflektiere:

Welche Vorstellung hast du vom Erwachen? Glaubst du, dass du dann über den Dingen stehst oder dass du übernatürliche Fähigkeiten gewinnst? Hoffst du, dadurch einen besonderen Wert als Mensch zu bekommen? Denkst du, dass du dadurch keine unangenehmen Gefühle oder Schmerzen mehr haben wirst?

Sein oder „Ich bin“

In welche Wirklichkeit ist er erwacht? Was hält Buddha für realer und grundlegender als unser menschliches Denken, Fühlen und Handeln? Es ist die allem zugrunde liegende Lebensrealität – das SEIN.

Das ist leicht zu sehen. Betrachten wir noch einmal die Geschichte. Da fragen die Mönche Buddha nach seiner Identität: „Wer bist du?“, und er antwortet: „Ich bin wach.“ Buddha meint also, das, was er im Innersten ist, ist Wachheit. Dies ist keine Aussage über sein momentanes Empfinden oder seinen momentanen Zustand, sondern über seine grundlegende Identität, über das, was er zutiefst ist – Wachheit oder Bewusstsein.

Damit will Buddha nicht ausdrücken, dass es Gefühle und Gedanken für ihn nicht mehr gibt. Die ganze Welt der Erscheinungen, der Rollen und Beziehungen und Alltagsaufgaben, ist weiterhin da. Auch sein männlicher Körper ist noch da. Alles, was menschliches Leben ausmacht, kann auch Buddha in seinem erwachten Zustand erfahren. Aber er identifiziert sich damit nicht. Er hat erkannt, dass das, was er ist, also seine grundlegende Identität, viel grundlegender ist als alle Erscheinungen dieser Welt. Und diese Identität ist Wachheit.

Wach zu sein, verbinden wir normalerweise damit, mit klaren Sinnen denken, hören oder sprechen zu können. Wenn wir wach sind, sind wir uns der augenblicklichen Situation bewusst. Wachheit braucht Bewusstheit. Genauer: Wachheit ist nichts anderes als Bewusstheit. Wenn sich beim Lesen des Buches jetzt eine Wachheit einstellt, dann ist sich der Lesende des Lesens bewusst. Das ist bereits ein kleines Aufwachen. Nicht unbewusst zu lesen, zu atmen und zu denken, sondern sich des Lesens und Atmens und Denkens bewusst zu sein. Dieses Aufwachen nennt man Achtsamkeit und wird in den meisten spirituellen Schulen als Grundlage des Weges in der Meditation eingeübt.

Doch Buddha spricht hier nicht von Achtsamkeit. Er meint nicht, dass er sich gerade der augenblicklichen Erfahrung bewusst ist, sondern er spricht über seine Identität. Er sagt: „Ich *bin* wach.“ Oder anders ausgedrückt: „Ich bin Bewusstsein.“

Was ist die Grundlage dafür, achtsam sein zu können? Die Grundlage dafür, sich jetzt des Atmens bewusst zu sein? Es ist das Bewusstsein selbst. Auch diese Fähigkeit des Bewusstseins kann uns bewusst werden. Das ist keine Frage von Reflexion oder von Schlussfolgerung, sondern von unmittelbarer Aufmerksamkeit. Wir können uns des Bewusstseins unmittelbar bewusst werden als die innerste Dimension unserer menschlichen Wirklichkeit.

Am leichtesten ist dies möglich in Situationen, in denen wir völlig unabgelenkt von unseren Sinnen und Gedanken aufmerksam sind. Stellen wir uns vor, wir sitzen alleine in einer stillen, großen Kirche. Die Atmosphäre von Stille und einem sakralen weiten Raum umfängt uns. Wir werden innerlich ganz ruhig und schließen die Augen. Wir lauschen der Stille. Wir hören nichts, lauschen mit einer immer feiner werdenden Aufmerksamkeit. Wir sind nur noch Lauschen. Wir sind Aufmerksamkeit. Kein Geräusch, kein Gedanke, kein Gefühl. Nur reines Aufmerksamsein.

In einem solchen Moment verdichtet sich unser Erleben. Wir erfahren eine reine, intensive Form des Aufmerksamseins, des Lauschens. Und wir werden uns unseres Seins bewusst. Eines Seins, das noch unbedingt ist, frei von Gedanken und Gefühlen, frei von dem, was wir normalerweise sind und womit wir uns immer beschäftigen. Hier herrscht ein klares Erleben von SEIN, von „Ich bin", ungeformt und ungerichtet.

Das ist ein Erwachen in die Lebenswirklichkeit von SEIN. Eine Wirklichkeit, die unserem In-der-Welt-Sein zugrunde liegt. Eine reine ungeformte Wirklichkeit, aus der alle menschlichen Erfahrungen und Formen erst entstehen. Es ist die Urerfahrung, frei von Konditionierung und Konzepten die Urerfahrung „zu sein", oder anders ausgedrückt, die unmittelbare Erfahrung von „Ich bin", von Existenz.

Auch in der Bibel wird auf diese Urerfahrung hingewiesen, als Gott Moses im Alten Testament seinen geheimnisvollen Namen offenbart: „JAHWE". Übersetzt bedeutet dies: „Ich bin der Ich-bin." Die Mystikerinnen aller Zeiten suchten die Verwirklichung dieser direkten Erfahrung von Gott oder SEIN. Der Schlüssel zu diesem unbedingten SEIN ist reines Aufmerksamsein.

Aufmerksamkeit ist der Schlüssel zum SEIN. Aber nicht fokussierte Aufmerksamkeit, sondern reines, ungerichtetes Aufmerksamsein. Je unmittelbarer wir in dieses unfokussierte Aufmerksamsein – wir könnten es auch Lauschen nennen – eintauchen, desto klarer entsteht die Erfahrung von Existenz, von „Ich bin". Diese Erfahrung von SEIN wird Präsenz genannt. Es ist ein klares, intensives Erleben einer dichten immateriellen Substanz – ein Feld von SEIN.

Je deutlicher diese Präsenz, dieses Bewusstseinsfeld auftaucht, umso klarer erkennen wir, dass dieses Feld die Grundlage allen Seins ist. Sie ist die Grundlage unseres Seins als Mensch, unseres Körpers und unseres gesamten Erlebens. Ganz allmählich, je öfter wir die Erfahrung von Präsenz machen, fängt unsere Sichtweise von uns selbst an, sich zu ändern. Wir erkennen immer mehr, dass wir nicht ein Mensch mit bestimmten

Eigenschaften sind, der die Erfahrung von Präsenz macht, sondern dass unsere innerste Natur SEIN ist, die die Erfahrung eines Menschen mit bestimmten Eigenschaften hervorbringt.

Plötzlich geht es uns wie der Nonne, die davon träumte, ein Schmetterling zu sein und beim Aufwachen nicht mehr wusste, ob sie, die Nonne, geträumt hatte, oder ob sie nicht in Wirklichkeit der Schmetterling ist, der gerade von einer Nonne träumt. Unsere Welt steht kopf und für eine gewisse Zeit kann dies sehr verwirrend sein. Doch letztlich wird sich immer mehr im Erleben von Präsenz das Erkennen durchsetzen, dass unsere grundlegende Identität das SEIN ist und nicht unsere begrenzte vorübergehende Form als Mensch. Jetzt verstehen wir auch die Aussage Buddhas: „Ich bin wach." Er hat seine wahre Identität erkannt: ungeformtes SEIN, das erfahren wird durch reines, ungerichtetes Aufmerksamsein.

Experimentiere:

Erinnere dich in Alltagbezügen immer wieder an das Aufwachen. Wache dabei immer wieder aus der Automatik und Unbewusstheit einer alltäglichen Verrichtung auf und sei dir des Vorgangs bewusst. Wie verändert sich dabei dein Erleben?

1.1 Zugänge zu Präsenz

Präsenz ist die Urerfahrung unserer Existenz, unseres Seins, und insofern eine andere Art von Erfahrung als unsere üblichen Alltagserfahrungen. Normalerweise nehmen wir immer innere und äußere Objekte wahr, Gedanken, Empfindungen oder Geräusche und visuelle Eindrücke. Aber in der Erfahrung der Präsenz richtet sich der Fokus unserer Aufmerksamkeit auf das Aufmerksamsein selbst. Hier gibt es kein Objekt, sondern nur SEIN, ungeformt und ungerichtet.

Obwohl dieses SEIN uns immer begleitet – es ist schließlich die Grundlage unseres Daseins –, braucht es dennoch unsere Aufmerksamkeit, dass es als Präsenz erfahrbar und dadurch für uns zur unmittelbaren Wirklichkeit werden kann. Es gilt zu lernen, unsere Aufmerksamkeit auf das SEIN auszurichten. Das ist kein Tun und braucht keine Anstrengung. Wir müssen dazu kein anderer werden, als wir sind, und es braucht keinerlei Entwicklung.

Der Zugang zu Präsenz ist mehr ein Sich-Erinnern als ein Tun. Wir erinnern uns ans SEIN und richten den Fokus unserer Aufmerksamkeit auf das Aufmerksamsein selbst und nicht auf den Inhalt unserer Erfahrung. Je ausschließlicher das geschieht, desto intensiver tauchen wir in die Erfahrung von Präsenz ein.

Da es für uns Menschen aber eine ungewöhnliche Perspektive ist, nicht auf die konkreten Erfahrungen zu schauen, sondern ungerichtet zu lauschen, erscheint es zunächst gar nicht leicht, das zu vollziehen. Doch so schwer es im ersten Moment erscheinen mag, so selbstverständlich und leicht kann diese Perspektive mit der Zeit werden. Um sich auf diese Art des ungerichteten Lauschens einzustimmen, ist es hilfreich, wenn wir zwei Grundübungen machen: „Das Schauen ins Nichts“ und „das Schauen auf die Totalität der Erfahrung“.

Schauen ins Nichts

Beim Schauen ins Nichts wenden wir ein sehr einfaches Prinzip an, das für viele Menschen sofort umzusetzen ist. Wir richten unsere ganze Aufmerksamkeit und unser Interesse auf die Leere. Das ist leichter, als wir zunächst denken. Wir nutzen dazu die Zwischenräume zwischen den Erfahrungsobjekten: Wir lauschen zum Beispiel auf die Pausen der Lautlosigkeit zwischen den Geräuschen. Wir schauen auf die Räume zwischen den tanzenden Schneeflocken oder zwischen den Blättern am Baum. Wir achten auf die Räume der Stille zwischen den Gedanken oder konzentrieren uns auf den Moment der Bewegungslosigkeit in der Atempause zwischen Ausatmen und Einatmen.

In all diesen Fällen richten wir unsere ganze Aufmerksamkeit auf das Nichts aus. Unsere Sinne können in der Leere nichts Greifbares wahrnehmen, doch wenn wir vollständig aufmerksam sind ohne eine Wahrnehmung, dann bleibt eine intensive reine Form des Aufmerksamseins. Hier stellt sich die Erfahrung des SEINS ein. Denn Aufmerksamsein ohne etwas wahrzunehmen ist nicht nichts oder etwas Totes, sondern lebendige Präsenz, ungerichtet und formlos. Aus diesem Grund nennt man diesen Zugang in manchen Traditionen „Schauen ins nackte Sein“.

Allerdings ist es notwendig, um diese Erfahrung zu machen, dass wir ein wirkliches Interesse für das Nichts, das SEIN selbst entwickeln. Ohne Interesse wird unser Geist sich nicht auf das Nichts konzentrieren können. Und erst in Momenten von vollständiger Konzentration erfahren wir im Nichts eine intensive Präsenz – das SEIN.

Diese Präsenz ist eine Oase der Reinheit und Ruhe zwischen den Stürmen des Lebens, die uns immer offensteht. Doch dass sie für uns zur Lebenswirklichkeit wird, ein ruhender tragender Pol im Auf und Ab des Lebens, hängt davon ab, wie viel Liebe und Hingabe in uns für das

Nichts entsteht. Menschen, die eine tiefe Liebe zum Nichts entwickeln, werden sich auf eine natürliche Weise immer wieder danach sehnen und darauf ausrichten.

Das ist nicht anders bei einer Liebesbeziehung zwischen Menschen. Eine Person, die wir lieben, suchen wir. Wir spüren förmlich einen Sog von ihr ausgehen und wir wollen sie kennenlernen und ihr nahe sein. Liebe richtet unsere Aufmerksamkeit auf eine natürliche Weise auf den oder das Geliebte aus. Lieben wir das Nichts und die Stille darin, ist uns das SEIN nah.

Reflektiere:

Welche Beziehung hast du zur Leere?

Welche Momente von Leere kennst du, die du liebst?

Experimentiere:

Lausche auf die Stille zwischen den Geräuschen.

Konzentriere dich auf die Pause zwischen Ausatmen und Einatmen und spüre den Frieden darin und die Präsenz.

Achte auf Gedankenpausen und genieße den Raum darin.

Schauen auf die Totalität

Wenn wir über den Zugang des Schauens ins Nichts das SEIN aufsuchen, haben wir manchmal den Eindruck, dass SEIN eine Dimension jenseits der normalen Erfahrungen und der Erscheinungen der Welt ist. Aber SEIN ist umfassend und schließt nichts aus. Besonders deutlich wird das in der Metapher von Welle und Wasser. Wie auch immer Wasser in Erscheinung tritt, als Welle, Bach, See oder Wolke, es ist und bleibt formloses Wasser. Und so ist jede Erscheinung, jede Erfahrung und jede Handlung im Grunde durchdrungen von SEIN. Nur weil wir Menschen in der Regel immer sehr fokussiert auf die Oberflächendimension der Phänomene schauen, erfassen wir das Ganze, die grundlegende Dimension des SEINs darin nicht.

Wenn wir das Umfassende am SEIN erfahren wollen, ist es daher hilfreich, einen anderen Zugang zu wählen: Wir schauen dabei auf die Totalität, auf die Ganzheit der augenblicklichen Erfahrung. Auch das ist kein Tun, sondern nur eine besondere Art der Aufmerksamkeit, bei der wir den Fokus unserer Aufmerksamkeit ganz weit lassen.

Wir öffnen zum Beispiel die Augen und schauen mit einem „weichen Blick". Dabei wird zwar das Sehen unscharf, aber wir erfassen das ganze Sichtfeld. Unser Schauen wird umfassend. Oder wir hören nicht mehr fokussiert auf die einzelnen Geräusche und deren Bedeutung, sondern auf die Ganzheit der Geräusche ohne Verstehen und ohne die üblichen Zuordnungen. Wir fühlen uns dabei vielleicht wie ein kleines Kind, das sich zutiefst sicher und geborgen fühlt, wenn es die Stimmen und Geräusche der Eltern im Hintergrund als Gemurmel hört. Der Inhalt der Worte hat keinerlei Bedeutung dabei. Oder wir spüren die Gesamtheit unserer augenblicklichen Körperempfindungen, ohne genauer zu differenzieren, welche Empfindung wohin gehört.

Das Prinzip ist immer das Gleiche. Wir sind auf eine unscharfe, unfokussierte Weise aufmerksam und erfassen die Ganzheit der augenblicklichen Wahrnehmungen. Je tiefer wir in die Wahrnehmung der Totalität des augenblicklichen Erlebens eintauchen und je vollständiger unsere Aufmerksamkeit dabei ist, desto mehr verschwinden alle Differenzierungen und damit auch alle Trennungen, die unser Verstand in der Alltagswahrnehmung erzeugt. Es bleibt ein einheitliches dichtes Feld von SEIN, das alle Wahrnehmungen einschließt. Präsenz wird hier in einer umfassenden Dimension erfahren.

Experimentiere:

Gehe in der Natur spazieren und schaue dabei mit einem „weichen Blick".

Nimm dir Augenblicke, in denen du auf die Gesamtheit deiner Wahrnehmung achtest und lausche auf das SEIN darin.

1.2 Präsenz und Bedürfnisse

Aufmerksamsein ist der Schlüssel zum SEIN. Würden wir die Bedeutung des Aufmerksamseins in unserer Gesellschaft erfassen, würden wir uns viel mehr damit beschäftigen und vielleicht schon unseren Kindern in der Schule beibringen, dass der Schlüssel zum Glück nicht im Tun, im Erfolg, im Darstellen, im Wissen oder Haben zu finden ist, sondern im schlichten Aufmerksamsein.

Unsere ganze Kultur lenkt unsere Aufmerksamkeit auf andere Dinge: auf Leistung und das Erreichen von Zielen, auf oberflächliche Bedürfnisbefriedigung und auf Prestige, das sich in Aussehen und Statussymbolen zeigt. Doch das meiste Glück, das von unseren Medien erfolgreich beworben wird, ist sekundär und bedingt. Die gesellschaftliche Vorstellung von Glück führt zu einer tiefen Unzufriedenheit mit dem augenblicklichen Leben und stachelt uns dazu an, uns wieder und wieder anzustrengen, um äußere Ziele und materiellen Reichtum zu erreichen.

Natürlich leben wir auch in einer äußeren Welt und haben als Mensch körperliche, seelische und auch soziale Bedürfnisse. Wir tun gut daran, diese ernst zu nehmen und wenn möglich uns darum zu kümmern, wie eine gute Mutter sich um die wahren Bedürfnisse des Kindes kümmert.

Sich aushalten lernen

Doch welches sind unsere wahren Bedürfnisse? Mutter sein ist eine große Kunst. Wenn wir uns wirklich als Eltern um die Bedürfnisse unserer

Kinder kümmern wollen, schließt das auch ein, dass wir auf das Kind schauen und unterscheiden lernen zwischen natürlichen Bedürfnissen, deren Erfüllung das Kind zufrieden macht, und Ersatzbefriedigungen, deren Erfüllung das Kind letztlich noch unzufriedener werden lässt. Wenn ein Kind momentan nicht in sich ruht und unzufrieden ist und sich dabei auf eine materielle Ersatzbefriedigung wie den Kauf eines Spielzeuges fixiert, braucht es unsere Klarheit und unsere Begrenzung als Eltern. Erst dann kann es nach einem Augenblick des schmerzhaften Loslassens wieder zu seiner inneren Ruhe finden und seine wahren Bedürfnisse entdecken.

Genauso ist es bei uns Erwachsenen. Viele Menschen fühlen in sich eine große Ruhelosigkeit und Unzufriedenheit, die sie mit Ersatzbefriedigungen, mit Streben nach Erfolg, Reichtum, Schönheit oder Konsum, zu übertünchen versuchen. Auch hier braucht es unsere Unterscheidungsgabe und unsere Klarheit, uns selbst zu begrenzen und unsere Unzufriedenheiten auszuhalten und ganz zuzulassen. Wie können wir unsere natürlichen Bedürfnisse entdecken, wenn wir unseren Mangel sofort mit Ersatzbefriedigungen zustopfen? Wie können wir uns innerlich finden, wenn wir unsere Ruhelosigkeit und unsere Unzufriedenheit nicht zulassen?

Die Gründe für Unzufriedenheit und ruheloses Suchen nach Ersatzbefriedigungen sind nicht unsere unerfüllten Bedürfnisse, sondern mangelnder Kontakt und mangelnder Friede in uns – letztlich ein Mangel an SEIN. Dieses grundsätzliche Missverständnis kann unser Erleben und unser Verhalten bestimmen. Wir fühlen uns einsam und setzen vielleicht alles daran, diesen Zustand nicht fühlen zu müssen: Wir gehen einkaufen oder bekommen „Hunger“ oder versuchen verzweifelt eine Freundin am Telefon zu erreichen. Doch was uns unruhig macht, ist nicht die Einsamkeit, sondern unser Widerstand gegen diese Einsamkeit. Wenn wir dagegen das einsame Gefühl vollständig in uns zulassen können, dann entsteht Ruhe und ein tiefer Kontakt nach innen. Es entsteht mehr SEIN. Wir sind dann mit der Einsamkeit. Die Folge ist, dass sich ein innerer Frieden ausbreitet und wir ein inneres Angebundensein spüren.

Reflektiere:

Welche natürlichen Bedürfnisse gibt es in deinem Leben?

Wie kümmerst du dich darum?

Welche typischen Ersatzbefriedigungen kennst du von dir?

Wie fühlst du dich, nachdem du ihnen nachgegeben hast?

Damit ein innerer Kontakt entstehen kann, müssen wir lernen, uns auszuhalten, wie eine starke Mutter ihr unzufriedenes, unglückliches Kind. Wir „halten“ uns in unserer Unzufriedenheit und erlauben uns dadurch, sie ganz zu fühlen und ganz damit zu sein. Das ist oft nicht einfach und erfordert eine große Bereitschaft, unangenehmen Zuständen nicht auszuweichen. Haben wir die Kraft und Offenheit, mit dem Unangenehmen zu sein? Mit der Unzufriedenheit? Mit der Hilflosigkeit? Mit dem Schmerz und dem Widerstand dagegen?

Oft wehren wir uns wie ein kleines Kind, wenn die Mutter sagt, dass es das Spielzeug jetzt nicht gibt. Widerstand ist eine natürliche Phase im Prozess des Loslassens. Das müssen wir wissen, sowohl als Eltern, wenn wir unser Kind begrenzen, als auch wenn wir uns selbst „halten“. Widerstand, der sich durch Festhalten, Diskussionen oder Wut ausdrückt, wird mehr oder weniger immer auftreten, wenn wir ein Kind oder uns selbst begrenzen, da dieser schon vorher da war. Er ist ja der Grund dafür, warum wir nach einer Ersatzbefriedigung suchen. Wird uns diese genommen, fühlen wir den eigentlichen Motor für unser Verlangen, den Widerstand.

Mit dem Widerstand zu sein ist eine hohe Kunst. Wer Kinder hat, weiß das. Der Widerstand ist manchmal massiv und wird sich zeitweise gegen uns Eltern wenden. Wenn wir versuchen, den Widerstand zu brechen, wird das Drama noch größer, da wir dem Kind dann die Botschaft vermitteln, dass der Widerstand nicht in Ordnung ist. Aber der Widerstand ist ein natürlicher Prozess und zutiefst richtig, und alles, was es in diesem Moment braucht, ist, dass wir dem Widerstand Raum geben und das Kind darin „halten". Dann wird es zunächst den Widerstand ganz fühlen und dann den eigentlichen Schmerz, der im Widerstand abgewehrt wird.

Wenn wir den Widerstand als natürliche Phase des Loslassens begreifen, wird es uns leichter fallen, unsere Kinder und uns selbst mit unseren Widerständen „halten" zu können. Wir werden dann nicht „vernünftig" auf uns einreden, dass wir jetzt annehmen sollen, sondern werden uns erlauben, die Phase des Widerstandes ganz zu fühlen. Das wird uns von selbst ruhiger machen und uns mit dem darunterliegenden Schmerz oder Mangel in Kontakt bringen.

Reflektiere:

Wie bist du als Kind von deinen Eltern „gehalten" worden?

Wie kannst du dich selbst „halten" in Momenten der Unzufriedenheit?

Experimentiere:

Achte auf typische Momente von Unruhe und Unzufriedenheit.

Gib den Gefühlen dabei ganz Raum und bleib dabei. Umfasse sie mit deiner Präsenz.

Unser Urbedürfnis

Betrachten wir diesen Prozess, „uns zu halten", genauer, werden wir erkennen, dass die transformatorische Kraft das SEIN – die Präsenz – ist. Wir sind zunächst präsent mit der Unzufriedenheit und agieren sie nicht aus. Dann sind wir präsent mit dem Widerstand und schließlich mit dem darunterliegenden Mangel oder Schmerz. In jeder Phase braucht es lediglich unsere Präsenz, kein Tun, keine Vorschläge und keine Veränderungsversuche, damit sich der Prozess in seiner natürlichen Weise entfalten kann.

Schließlich wird der eigentliche Mangel an SEIN für uns sicht- und fühlbar. Und auch hier braucht es nur unsere Präsenz, unsere Fähigkeit, mit dem Mangel ganz zu sein, damit sich mit der Zeit mehr SEIN und damit mehr innere Verbindung einstellt. Der Mangel füllt sich von innen her auf, durchs SEIN, und wir sind wieder friedlich. Kinder zum Beispiel, die auf diese Weise „gehalten" werden, finden oft bereits nach kurzer Zeit des Dramas wieder zu sich und spielen friedlich. Sie ruhen in sich und folgen ihren natürlichen Bedürfnissen.

So ist es auch mit uns Erwachsenen. Ruhen wir im SEIN, werden wir unsere natürlichen Bedürfnisse erkennen und ihnen Raum geben. Wir sorgen für uns und leben unser Leben von einem „Ort" der Ruhe und des Erfülltseins aus. Dadurch entfaltet sich eine völlig andere Wirkung auf uns und unser Leben, als wenn wir von Unzufriedenheit und Unruhe getrieben sind. Im einen Fall jagen wir der Erfüllung unserer Bedürfnisse nach und finden selbst dann keine wirkliche Ruhe, wenn sie erfüllt werden. Im anderen Fall sind wir bereits erfüllt von SEIN und unsere Bedürfnisse werden unser Leben zusätzlich bereichern. Wenn sie einmal nicht erfüllt werden, können wir uns sehr leicht dem augenblicklichen Lebensfluss hingeben, da etwas anderes in uns trägt – das SEIN.

Was erfüllt, ist das SEIN. SEIN trägt und nährt uns auf geheimnisvolle Weise. Oft sind wir uns dessen nicht bewusst und glauben, dass die Erfüllung eines Wunsches uns nährt. Aber wenn wir es genauer betrachten, werden wir sehen, dass in einem Moment der Erfüllung eines natürlichen Bedürfnisses ein Loslassen stattfindet, eine Entspannung und damit ein Einsinken – ein mehr SEIN können. Auch hier erfüllt das SEIN, nicht das

Stillen eines Bedürfnisses. Wie wäre es sonst erklärbar, dass es viele arme Kulturen auf dieser Erde gibt, deren Menschen oft größere Zufriedenheit ausstrahlen als die Menschen in den reichen westlichen Industrienationen?

Sind wir im SEIN gegründet, werden Bedürfnisse auftreten und Handlungen geschehen wie die Bewegung der Blätter im Wind, aber das, was trägt, ist viel grundlegender und umfassender. Wie bei einem Baum, dessen Saft aus den Wurzeln aufsteigt, um jedes Blatt zu nähren, werden auch wir genährt aus dem SEIN und nicht aus dem Tun oder der Erfüllung unserer Bedürfnisse. Das können wir auch daran sehen, wie wichtig für uns Menschen der Schlaf ist. Er nährt uns auf eine geheimnisvolle Weise. Haben wir gut geschlafen, sind wir entspannt, zufrieden und voller Energie. Schlafen ist unsere natürlichste Meditation als Mensch. Schlafen verbindet uns mit SEIN und lässt uns auftanken.

Insofern ist das grundlegendste aller Bedürfnisse – unser Urbedürfnis – das Bedürfnis nach SEIN, und jeder Moment von Präsenz, in dem wir uns des SEINS bewusst sind, verbindet uns mit unseren Wurzeln und nährt uns. Gelingt es uns, das SEIN in den Mittelpunkt unseres Lebens zu stellen, werden wir unabhängig von den äußeren Lebensumständen ein erfülltes und friedliches Leben führen.

Reflektiere:

Erinnere dich an intensive Momente von SEIN?

Was erfüllt dich in einem solchen Moment?

Wie erlebst du in diesen Momenten deine Bedürfnisse?

1.3 Präsenz im Alltag

Je tiefer wir begreifen, wie wesentlich das SEIN für unsere Erfüllung und unseren inneren Frieden ist, desto mehr werden wir unsere Sehnsucht und unsere Aufmerksamkeit auf das SEIN ausrichten. Das gilt nicht nur für die Meditation, sondern ebenso für unseren Alltag, fürs Gemüseschälen, fürs Arbeiten, für das Gespräch mit einem Freund. Das bedeutet nicht, dass wir ständig in stiller Versenkung sind, was im Alltag gar nicht möglich und nicht angemessen wäre, sondern dass wir zuerst darauf achten, zu SEIN, bevor wir handeln oder sprechen. Unser Ausgangs- und Ankerpunkt ist die Präsenz – das bewusste SEIN.

Erst mal sein

Stellen wir uns vor, wir besuchen einen Freund und freuen uns darauf. Wir kommen in seiner Wohnung an und sofort reden wir aufgeregt aufeinander ein und teilen uns unsere Erlebnisse mit. Doch sind wir schon seelisch an diesem neuen Platz angekommen? Nehmen wir uns die Zeit, auch in der vertrauten Beziehung wieder neu anzukommen? Sind wir schon wirklich da? Wie anders würden doch der Kontakt und das Gespräch verlaufen, wenn wir uns die Zeit ließen, erst anzukommen.

Dabei sollten wir uns bewusst machen, dass unser Leben immer aus Übergängen besteht. Nicht das Gleichbleibende ist das Natürliche, sondern der ewige Wandel der Situationen, auch wenn wir manchmal denken und hoffen, dass es andersherum ist. So wie die Jahreszeiten kommen und gehen, besteht auch unser Leben aus ständigen Übergängen. Nicht nur große Lebensabschnittsübergänge wie der Übertritt ins Berufsleben, Mutter oder Vater zu werden oder der Verlust einer Beziehung fordern von uns eine seelische Verdauungs- und Reifungsphase. Auch die vielen kleinen Übergänge des Tages, vom Frühstück in die Arbeitssituation und wieder zurück, vom Alleinsein zum In-Beziehung-Sein und zurück, erfordern ein ständiges seelisches Ankommen und sich neu Einstellen.

Reflektiere:

Betrachte einen einzigen Tagesablauf. Wie viele kleine und große Übergänge finden darin statt?

Wie viel Zeit zum Ankommen nimmst du dir bei den Übergängen?

Ankommen bedeutet, als Erstes zu spüren, wie wir uns gerade seelisch in einer neuen Situation fühlen und dieses innere Erleben bewusst zuzulassen. Wenn wir uns erlauben zu fühlen, dass wir zum Beispiel noch nicht da sind oder uns fremd fühlen, und diese Empfindungen ganz zulassen, werden wir mehr und mehr ankommen. Wir können dann mit dem, wie es ist, sein und darin ankommen. In dem Moment, in dem es uns möglich ist, wirklich da zu sein, können wir auch die Aufmerksamkeit auf das SEIN selbst richten und Präsenz erfahren.

Ist Präsenz erlebbar, sind wir da. Wir sind innerlich im Kontakt und ruhig. Ein inneres Erfülltsein breitet sich aus. Von diesem „Ort“ aus gestaltet sich die Beziehung zu einem Freund anders, entspannter und offener. Von hier aus haben wir die Freiheit, jenseits von Gewohnheiten und Vorstellungen zu schauen, welche Art von Kontakt zwischen uns und unserem Freund tatsächlich gerade wirkt und können dem augenblicklichen Beziehungspotenzial Ausdruck verleihen.

Das gilt für alle Beziehungen und alle Situationen. Können wir zuerst SEIN, entfaltet sich die jeweilige Situation natürlich. Eine besondere Art von Freiheit macht sich bemerkbar. Die Freiheit, dass sich die Situation oder die Beziehung auf ihre augenblickliche, natürliche Weise entfalten kann. SEIN ist unbedingt und frei von Vorstellungen und Vorlieben. Frei von Vergangenheit und Zukunft. Frei von allem. Kein Wunder, dass wir aus der Präsenz heraus uns anders beziehen können als aus unserem alltäglichen Verstand, der unbewusst durch Gewohnheiten, Vorstellungen und Vorlieben bestimmt ist.

Wenn ich Menschen einzeln begleite oder wenn ich Gruppen leite, nehme ich mir zuerst immer einen Moment des SEINS. Präsenz ist die Basis meiner Arbeit mit Menschen und macht sie leicht und wirkungsvoll. Als ich anfing als Therapeut zu arbeiten, hatte ich noch viele Vorstellungen darüber, wie eine Gruppe ablaufen muss, damit Heilung geschieht. In dieser Zeit war mein Beruf manchmal für mich und die Gruppenteilnehmerinnen und -teilnehmer anstrengend. Doch heute sehe ich deutlich, dass der Grund für die Anstrengung meine therapeutische Vorstellung war, nichts weiter. Seit ich mich am SEIN orientiere und damit mich und alle Teilnehmerinnen und Teilnehmer sein lasse, ist meine Arbeit anstrengungslos und intensiv gleichzeitig.

Experimentiere:

Nimm dir bewusst Zeit, bei Übergängen in eine neue Situation erst seelisch anzukommen.

Verweile, bis du SEIN kannst und die Präsenz spürst und handle erst dann.

Reflektiere anschließend, wie sich daraus die neue Situation oder der Kontakt entwickelt hat.

Etwas sein lassen

Präsenz ist der Ankerpunkt für ein spirituelles Leben. Wenn wir unser Leben aus dem SEIN heraus gestalten wollen, kommen wir nicht umhin, uns immer und immer wieder zu fragen, ob wir gerade aus der Präsenz heraus leben oder aus unserem Ego. Das Ego lebt aus vergangener Erfahrung, aus Gewohnheit und Vorstellung. Können wir in einer neuen Situation, in einer neuen Begegnung erst einmal sein und das SEIN spüren, bevor wir agieren? Können wir erst SEIN, bevor wir mit der Arbeit beginnen? Nehmen wir uns einen Moment von Präsenz, bevor wir ein schwieriges Beziehungsgespräch führen?

Es macht einen großen Unterschied, ob wir mit einer Situation sein können und das SEIN spüren und dann handeln, oder ob wir handeln, weil wir nicht damit sein können. Im einen Fall sind wir innerlich verankert und frei für das Potenzial des Augenblicks. Im anderen Fall sind wir lediglich Spielball der Situation und unserer unbewussten Abwehrreaktion darauf. Echte Entfaltung und kreatives Sich-Beziehen ist hier nicht möglich.

Die Herausforderung eines spirituellen Lebens besteht darin, immer wieder erst mal zu SEIN. In jeder neuen Situation, in jedem Kontakt sich zu erinnern, erst mal zu SEIN. Erst dann wird das SEIN zur Grundlage unseres Wirkens und nicht dadurch, dass wir einmal am Tag meditieren. Meditation ist hilfreich, uns an das SEIN zu erinnern und uns darin anzubinden, aber es darf zu keiner isolierten Praxis werden, sonst verliert es die wahre Bedeutung. So zeigt sich ein spirituelles Leben nicht daran, wie lange oder wie oft wir meditieren, sondern daran, wie sehr wir unser Leben aus dem SEIN heraus gestalten.

Experimentiere:

Versuche dich so oft wie möglich an das SEIN zu erinnern.

Schaff dir kleine Pausen zwischen zwei Tätigkeiten, um dich ans SEIN zu erinnern.

Schaff dir Erinnerungshilfen im Alltag: kleine Rituale, Ruhepunkte, Symbole fürs SEIN.

Das SEIN zu spüren und daraus zu leben ist nur möglich, wenn wir mit einer Situation sein können, sie also auch sein lassen können. Sind wir dagegen mit unserem Wollen und unseren Plänen und Wünschen verhaftet, wird Präsenz für uns nicht zugänglich sein. Das Festhalten an Plänen, Wünschen und Vorstellungen wirkt wie ein Panzer, der uns hart macht und abschottet nach außen und nach innen. Wir sind nicht mehr durchlässig. Nach außen wehren wir uns gegen die Welt, so wie sie ist, und wollen das Leben nach unseren Vorstellungen manipulieren. Unser Leben wird dadurch von Kontrolle und Anstrengung bestimmt anstatt von Vertrauen und Hingabe. Nach innen schneiden wir uns vom SEIN ab und haben damit keinen Zugang mehr zu der nährenden und inspirierenden Kraft, die aus dieser Quelle kommt.

Um diesen Panzer aufzulösen, ist vielleicht der wichtigste Schritt das Zulassen. Zu lernen, Situationen und auch uns selbst erst mal sein lassen zu können. Dann können wir entspannen und loslassen. Die Situation kann so sein, wie sie ist, und wir können so sein, wie wir gerade sind. Es braucht keine Anstrengung und keine Kontrolle mehr, überhaupt kein Tun. In diesem Moment des Sich- Überlassens sind wir frei. Unsere Aufmerksamkeit ist nicht mehr gebunden und wir können uns wieder dem Lauschen hingeben, dem ungerichteten, absichtslosen Aufmerksamsein als Tor zur Präsenz.

Experimentiere:

Versuche in Situationen, in denen etwas für dich schwierig ist, nicht sofort zu handeln, sondern erst mal damit zu sein.

Sich mit dem Ego versöhnen

Je öfter wir aus den Vorstellungen des Egos aussteigen und die Dinge sein lassen und uns immer wieder ins SEIN hinein entspannen, desto mehr verliert der Panzer unseres Egos seine Starre und seine Macht über unser Leben. Präsenz transzendiert das Ego. Um sich dem SEIN zu öffnen, müssen wir alle Egoaktivität für einen Augenblick loslassen, und je häufiger das geschieht, desto mehr verschiebt sich das Zentrum unseres Lebens vom Tun zum SEIN, von der Kontrolle zum Vertrauen, von der Anstrengung zur Entspannung, von den Selbstbildern zur Natürlichkeit, von den Zielen zur Hingabe, von den Vorstellungen zur absichtslosen Offenheit.

Natürlich ist diese Transformation ins SEIN ein langer, oft lebenslanger Vorgang. Unsere Gewohnheit, uns mit Vorstellungen, Selbstbildern und Zielen zu identifizieren, ist tief verankert und wieder und wieder, oft unbewusst, werden diese Egomuster das Kommando übernehmen. Wir dürfen auch nicht vergessen, dass wir in einer Gesellschaft leben, die fortwährend die Vorstellungen des Egos unterstützt und bestätigt. Selbstwert wird zum Beispiel in unserer Kultur mit Prestigeobjekten und angesehenen Berufen verknüpft, also mit Haben und Darstellen, und nicht mit Natürlichkeit. Dadurch bekommt das Ego ständig neue Nahrung.

Das kann uns manchmal entmutigen. Doch auch wenn wir immer wieder in alte Gewohnheiten von Kontrolle und Vorstellungen zurückfallen, gewinnen wir doch zunehmend die Freiheit, diese Mechanismen zu erkennen und daraus auszusteigen, wenn sie aktiv sind. Wir entwickeln ein Bewusstsein davon, dass es ein Leben gibt jenseits unserer Alltagsidentifizierungen und dass wir unsere Wirklichkeitsperspektive wechseln können.

Manche Menschen betrachten diesen Vorgang, das Ego zu transformieren, als Kampf. Sie wollen das Ego besiegen. Sie denken vielleicht sogar, dass sie es schaffen können, in einer einzigen großen Schlacht das Ego auszurotten. Vielleicht durch einen langen Meditationskurs. Doch auch dieser Wunsch, das Ego mit seinen Mechanismen auszurotten, ist eine Kontrollvorstellung und kommt aus dem Ego. Dies führt zu Kampf und letztlich zu Frustration. Es ist das alte Missverständnis, dass wir das Übel ausrotten wollen, statt es zu integrieren und zu transformieren. Wir versuchen die Terroristen zu vernichten und geben ihnen dadurch Macht und säen den Boden für neuen Terrorismus. Wir bekämpfen Krieg mit Krieg und erzeugen noch mehr Leid und immer neue Konfliktfelder. Und genauso kämpfen wir gegen unsere Gewohnheitsmuster an und erzeugen doch nur neue Konflikte und Verdrängungsmuster damit.

Das Ego können wir nicht ausrotten, aber wir können immer wieder zu einer anderen Wirklichkeit erwachen. Zu einer Wirklichkeit des SEINS. Diese Wirklichkeit kann das Ego und unser In-der-Welt-Sein mehr und mehr durchwirken. Aus dieser Perspektive ist das Ego kein Feind, sondern eine sehr menschliche Lebensperspektive, in der wir versuchen, mithilfe von Vorstellungen und Kontrolle unser Leben zu meistern. Das ist eine natürliche, menschliche Eigenschaft und verdient Respekt, selbst wenn diese Lebenseinstellung uns und andere oft leiden lässt.

Vielleicht können wir eine liebevolle Beziehung auch zu dieser Seite unseres Lebens aufbauen, ähnlich dem liebevollen Gefühl, das entsteht, wenn wir ein kleines Kind beobachten, das im Spiel versucht, den Mond zu greifen. Ein liebevolles Lächeln kommt nicht aus Besserwisserei oder Überheblichkeit, sondern aus Verstehen, Respekt und Liebe. Wenn wir so unsere Egoseite betrachten, wie wir immer wieder von Vorstellungen und Kontrolle bestimmt sind, können wir uns auch mit dieser Seite versöhnen. Wir werden dann nicht darum kämpfen, das Ego zu überwinden, sondern es warmherzig beobachten. Leben ist dann ein fortwährendes Spiel, immer wieder die Perspektive zu wechseln, von der Lebensperspektive des Egos zum SEIN und wieder zurück.

Diese versöhnte Einstellung bringt Entspannung und Annahme mit sich. Wir müssen nichts ausgrenzen und nicht anders oder besser werden, und doch entwickelt sich eine zunehmende Bewusstheit, die innere Freiheit bringt. Das ist die Perspektive des SEINS, das nichts ausgrenzt und alles annimmt. Daher bringt die Versöhnung mit dem Ego eine innere Haltung mit sich, die in Übereinstimmung mit der Haltung des SEINS ist. Dies wird allmählich eine Umwandlung unserer Egostrukturen bewirken, und die Grundhaltungen des SEINS werden mehr und mehr unser Leben durchwirken.

Reflektiere:

Visualisiere dein Ego fantasievoll als innere Gestalt.

Welche Beziehung hast du zu dieser Person?

Was würde sich ändern, wenn du eine liebevolle, verständnisvolle Beziehung wie eine gute Mutter dazu aufbauen könntest?

1.4 Präsenz und ihre Wirkung

Präsenz ist eine Kraft. Die Kraft des SEINS. Obwohl diese Kraft nicht materiell ist und wir sie nicht anfassen oder sehen können, können wir sie doch unmittelbar erfahren. Sie kann eine große Wirkung in unserem Leben entfalten und auf andere Menschen spürbar einwirken.

Sind wir mit Präsenz in Kontakt, fühlen wir uns belebt und ganz wach. Wir sind auf eine natürliche und entspannte Weise aufmerksam und gegenwärtig. Doch Präsenz ist mehr als Gegenwärtigsein. Wir können vollkommen gegenwärtig einem Vogelgesang lauschen, ohne Präsenz zu erfahren. Plötzlich kann es jedoch geschehen, dass sich beim Lauschen auf den Vogel der Moment verdichtet und eine besondere Intensität des Augenblicks entsteht. Wir spüren das SEIN, unsere Existenz.

Die Intensität des SEINS

Präsenz ist verdichtetes SEIN. Die Erfahrung unserer Existenz. Sie ist eine Kraft, die intensiv und erfüllend gleichzeitig ist. Der Moment kann sich auf eine Weise verdichten, dass wir eine immaterielle Substanz spüren, die in uns oder um uns herum spürbar wird. Diese Substanz kann sich realer anfühlen als unser materieller Körper und doch ist sie keine Materie, sondern verdichtetes formloses SEIN.

Die meisten Menschen kennen diese Art von Erfahrung und lieben ihre Intensität, ohne sich allerdings dessen bewusst zu sein, was die Ursache dieser Kraft ist. Denn trotz ihrer Intensität und Dichte ist sie immateriell und subtil. Präsenz ist kein greifbares Objekt wie andere Erfahrungen und so bleibt sie oft unerkannt im Hintergrund unseres Erlebens.

Es gibt viele Beispiele dafür, wie Menschen Präsenz erfahren und diese Intensität immer wieder aufsuchen, ohne sich dessen bewusst zu sein, welche Kraft sie in diesen Momenten erfüllt. Ich denke zum Beispiel an Sportler. Durch die große körperliche Anstrengung kann man im Sport aus dem Denken aussteigen und es kann sich dadurch ein erfüllender Moment des SEINS ereignen. Hier eröffnet sich uns die Kraft der Präsenz. Meist denken wir aber, dass der Grund für diese Erfüllung der Sport ist. Sport ist hier aber nur das Gefährt, das Hilfsmittel, um mit Präsenz in Kontakt zu kommen. Die eigentliche Erfüllung ist die Intensität der Präsenz, die in diesen Momenten erfahren wird.

Wo wir diesen Vorgang der Verwechslung noch beobachten können, ist bei Kriegsveteranen. Wie oft erzählen alte Männer häufig mit leuchtenden Augen vom Krieg. Warum tun sie das? Weil diese Erfahrung so schön war? Bestimmt nicht. Krieg ist immer schrecklich und konfrontiert alle Menschen mit Angst und Schmerz. Gleichzeitig werden Menschen aber in Kriegszeiten aus der gewohnten Welt herausgerissen und erfahren eine Intensität, die sie danach in der Routine des Alltags oft vermissen. Diese Intensität entspringt der Kraft der Präsenz. Männer, die im Krieg waren, haben diese Intensität im Krieg erfahren, also sprechen sie gerne vom Krieg. Es waren die dichtesten Momente ihres Lebens.

Alle Lebenskrisen haben das Potenzial, uns aus unserer Gewohnheit und unseren Gedankenmustern herauszureißen und uns in Kontakt mit Präsenz zu bringen. Obwohl wir diese Krisen oft als schmerzhaft erleben, erfahren wir doch eine Lebensintensität dabei, an die wir uns gerne immer wieder erinnern. Denn an was erinnern wir uns, wenn wir zurückschauen? An Momente der Intensität, sei es durch eine Liebesbegegnung, durch einen Verlust oder eine eindrückliche Reise. Wenn wir uns erinnern, schauen wir jedoch immer nur auf die Begleitumstände dieser Momente. Die Situation und die Umstände sind uns bewusst, aber nicht die Präsenz selbst.

Das führt oft dazu, dass wir versuchen, die Umstände zu wiederholen, um diese nährende Präsenz wieder zu erfahren. Wir planen wieder eine Reise ans Meer oder machen regelmäßig intensiv Sport. Im Extremfall entwickeln wir sogar eine Art Sucht nach der Situation, die uns Präsenz vermittelt hat und suchen sie immer und immer wieder auf. Wie wir wissen, ist dies keine Garantie dafür, dass wir Präsenz erneut erfahren, da letztlich nicht die Situation die Intensität erzeugt, sondern unser Geisteszustand in dieser Situation. Wir verwechseln Ursache und Wirkung.

Würden wir jedoch klar erkennen, dass die Intensität eine Frucht unseres Aufmerksamseins ist, hätten wir die Freiheit, in jedem Augenblick unseres Lebens größere Präsenz zu erfahren, indem wir uns auf das SEIN selbst ausrichten. Ob im Büro, in der Hängematte oder beim Sport, wir könnten uns an das SEIN erinnern und davon kosten, indem wir in ein ungerichtetes Lauschen eintauchen. Die Intensität von Präsenz, dieses intensive Lebendigsein, das wir so sehr lieben und das wir oft in der Alltagsroutine vermissen, könnte uns dann unabhängig von den aktuellen Lebensumständen von innen her nähren.

Reflektiere:

Welches waren Momente oder Phasen deines Lebens, in denen du am meisten Intensität erfahren hast?

Auf welche Weise suchst du nach Intensität in deinem Leben?

Welche äußeren Mittler (z. B. Sport, Reisen,...) zu Präsenz kennst du?

Erinnere dich an eine Situation von dichter Präsenz und erforsche die Präsenz selbst.

Sinn und Routine

Immer wieder beginnt die Lebensroutine die Kraft der Präsenz zu überdecken. Wir werden gleichsam eingelullt durch die Funktionalität des Alltags und das ewig kreisende Gedankenkarussell in unserem Kopf. Nichts kann uns die Frische und das Lebendigsein von Präsenz mehr verstellen als die alltäglichen Gewohnheiten unseres Lebens.

Dabei sind unsere Gewohnheiten nicht nur wichtig und hilfreich fürs Überleben, wir mögen sie auch. Sie vermitteln uns Halt und Sicherheit. Allerdings verleitet jede Gewohnheit dazu, weniger aufmerksam zu sein. Je automatischer wir agieren, desto reibungsloser läuft das Muster ab und wir benötigen nur noch wenig Aufmerksamkeit dafür. Das führt dazu, dass wir die Dinge, die uns ständig umgeben, kaum mehr wahrnehmen.

Gewohnheit frisst Aufmerksamkeit. Und so kann eine Phase unseres Lebens, in der alles glattläuft und unser Leben wie ein geruhsamer Fluss dahinfließt, sich zwar sehr angenehm und sicher anfühlen, aber mit der Zeit vermissen wir Lebensintensität und Sinn. Eine gähnende Öde und Sinnlosigkeit kann sich ausbreiten. Langeweile, Interesselosigkeit, Unzufriedenheit, Energielosigkeit, Wertlosigkeit und Schwermut sind typische Folgen eines längeren Mangels an Präsenz. Das alles sind Symptome einer unterschwelligen Sinnlosigkeit. Diese kann uns beschleichen, obwohl auf der Oberfläche unseres Lebens alles in Ordnung ist und wir vielleicht sogar äußerlich erfolgreich sind.

Der Grund dafür ist, dass das Gefühl von Sinn nicht davon abhängt, ob wir etwas Sinnvolles tun, sondern ob wir mit Lebensintensität – mit Präsenz – in Kontakt sind oder nicht. Fühlen wir dieses frische unmittelbare Lebendigsein, fragen wir uns nicht mehr nach dem Sinn des Lebens. Wir fühlen ihn, unmittelbar.

Doch wenn wir die Ursache unseres Mangels und unserer Sinnlosigkeit sowie den Zugang zu Präsenz nicht kennen, gehen wir im Außen auf die Suche nach der verlorengegangenen Intensität. Viele Menschen suchen dann zum Beispiel Abwechslung und Aufregung in Funparks oder Freizeitaktionen. Wir versuchen durch spektakuläre Aktionen unsere innere Langeweile zu überdecken. Vielleicht ist es symptomatisch für die funktionale westliche Welt, in der das Empfinden für wahren Sinn immer mehr verloren geht, dass im gleichen Maße unsere Unterhaltungsindustrie zu immer drastischeren Mitteln greifen muss, um uns immer wieder für kurze Zeit eine Lebensintensität zu vermitteln. Unsere Rummelplätze werden immer spektakulärer und unsere Filme und Videospiele immer dramatischer und brutaler. Es ist der Versuch, für Augenblicke eine künstlich hervorgerufene Intensität zu erzeugen, die uns über die gähnende Leere der Alltagsroutine hinwegtröstet.

Tatsächlich wird in diesen Momenten ein kurzes Aufbrechen unserer Routine erzeugt und wir spüren wieder Intensität, ohne uns aber der Präsenz bewusst zu sein. Wir sind viel zu sehr mit den spektakulären Erfahrungen, dem gewaltvollen Film oder dem Karussell beschäftigt, die diese Intensität vermitteln. So werden wir weiterhin auf die falsche Fährte gelockt. Wir suchen nach Intensität und Präsenz in der Dramatik von äußeren Erfahrungen und können die eigentliche Quelle für Sinn, die im schlichten Aufmerksamsein liegt, nicht entdecken.

Wie viel schlichter und doch lebendiger könnte doch unser Leben verlaufen, wenn wir Zugang zu Präsenz hätten. Menschen, die diese Intensität als innere Quelle kennen, fühlen sich nicht mehr so angezogen von spektakulären Ereignissen. Oft meiden sie diese sogar. Wer die Schlichtheit und Intensität von Präsenz kennt, fühlt sich eher abgelenkt und belastet durch laute äußere Sinnesreize.

Für diese Menschen sind die Routine und Gewohnheit des Lebens, welche sie von der Intensität trennt, kein wirkliches Problem. Im Gegenteil. Wer den direkten Zugang zu Präsenz kennt, kann die Dynamik der Gewohnheit sogar nutzen. Je stärker ein Handlungsablauf zur Gewohnheit geworden ist, desto weniger ist unser Aufmerksamsein durch das äußere Geschehen gebunden. Es ist damit frei, sich auf anderes zu richten. Das führt bei den meisten Menschen dazu, dass ihre Aufmerksamkeit ermüdet und sie gedankenverloren und gelangweilt sind. Wir könnten jedoch genauso diese Momente der Freiheit dazu nutzen, um tiefer ins Lauschen einzutauchen und uns in der Präsenz zu verankern.

Das ist wie beim Autofahren. In der Fahrschule sind wir noch völlig von den Handlungsabläufen – Kuppeln, Schalten, Lenken – vereinnahmt. Wir haben nur wenig Aufmerksamkeit zur Verfügung für die Situation auf der Straße, geschweige denn für anderes. Doch wenn die Handlungsabläufe beim Fahren zur Routine geworden sind, brauchen wir dafür nur noch einen kleinen Teil unserer Aufmerksamkeit. Dadurch können wir viel besser auf die Straße achten und gewinnen einen ganz anderen Überblick beim Fahren oder wir können nebenbei noch ein Gespräch führen. Eine neue Freiheit ist entstanden.

Routine gibt uns die Freiheit, uns mit Wesentlichem zu beschäftigen. Nur noch ein kleiner Teil unserer Aufmerksamkeit wird dann durch das jeweilige Geschehen beansprucht. Unsere Hauptaufmerksamkeit kann in der Präsenz verankert sein. Auf diese Weise kann die Routine unseres Lebens sogar einen Freiraum bieten, mitten im Alltag das SEIN zu kosten.

Experimentiere:

Experimentiere mit alltäglichen Routinehandlungen: Binde dich zuerst an Präsenz an und lass deine Hauptaufmerksamkeit während der ganzen Tätigkeit in der Präsenz verankert.

Das kreative Nichts

Präsenz ist erfüllend und gibt Sinn. Sie ist eine innere Kraftquelle, die immer sprudeln kann, wenn wir ihr Aufmerksamkeit schenken. Sie nährt uns einerseits, sie kann aber auch inspirieren und die Quelle für schöpferische Ideen und kreatives Handeln sein. Viele bedeutende Kunstwerke und Visionen sind aus Momenten von schlichter Präsenz hervorgegangen.

Kreativität ist keine Folge aus erworbenem Wissen oder logischem Nachdenken. Kreativität ist mehr als Logik. Hier wirkt eine andere Intelligenz –

die Intelligenz des SEINS. Diese kann sich erst entfalten, wenn wir gewohnte Denkbahnen verlassen und den Raum des Nicht-Wissens aufsuchen. Mit anderen Worten, auf einen Schöpfungsakt können wir uns dadurch am besten vorbereiten, indem wir uns leer machen. Wir verlassen die Perspektive des Denkens und des Wissens und lauschen auf das Nichts. Wir öffnen uns damit für die Weisheit der Präsenz.

Man könnte annehmen, dass, wenn wir dem Nichts lauschen, dann auch nichts weiter geschieht. „Von nichts kommt nichts", heißt es im Volksmund. Dieser Spruch stimmt für die Alltagswirklichkeit. Zum Beispiel muss ein Handwerker erst sein Handwerk gelernt haben, damit er es ausüben kann. Seine „Kunst" entsteht aus Wissen und Fertigkeiten. Aber wenn es uns um seelische Inspiration geht oder einen wirklichen kreativen Schöpfungsakt, stimmt diese Volksweisheit nicht. Im Gegenteil. Aus der spirituellen Perspektive müsste der Spruch ganz anders lauten, nämlich „Von nichts kommt alles". Aus dem unbedingten, ungeformten, nichtsubstanziellen Feld des SEINS geht jegliche Erscheinung hervor. Und nur wenn wir uns öffnen für das SEIN, geschieht ein Schöpfungsakt, eine Inspiration, die über das Gewohnte hinausweist.

Dieser Vorgang findet sich auch sprachlich in dem Wort „Einfall" wieder. Bei einem Einfall erzeugen nicht wir den Gedanken, sondern er fällt uns zu. Es ist ein Akt des Sich-Öffnens, des Empfangens und kein Akt des Wollens oder des Könnens. Alles, was dazu nötig ist, ist unsere Bereitschaft, eine Haltung des aufmerksamen Offenseins fürs Unbekannte einzunehmen.

Stellen wir uns ein Haus vor. Wenn jemand hereinkommen soll, müssen wir Fenster und Türen offen halten und nicht versuchen, die Besucher als Feinde zu betrachten. Erst dann kann das Neue – das Unbekannte – in uns Raum einnehmen und uns inspirieren. Das bedeutet jedoch auch, dass uns das Neue erweitern und verändern wird. Ein Schöpfungsakt ist eine Begegnung, die uns verändert. Nach einer Begegnung sind wir ein anderer. Wir sind über die alte Form und über das gewohnte Denken hinausgewachsen und gleichzeitig inspiriert durch das Neue.

Dieser Vorgang kann dem Ego jedoch Angst machen. Das Ego identifiziert sich mit dem Bekannten und hält daran fest. Das Neue verspricht

Veränderung und daher Unsicherheit. Deswegen verschließen wir zunächst oft die Tür und versuchen in gewohntem und vertrautem Terrain zu bleiben. Selbst wenn wir dadurch nicht zu einer wirklichen Lösung kommen, kreisen unsere Gedanken immer und immer wieder in den gleichen Bahnen. Oft kreisen wir lange vergebens, bis wir endlich aus Einsicht oder Erschöpfung unsere Tür öffnen.

Dazu ist nichts weiter nötig, als aus dem Denken und dem Wollen herauszutreten, und auf das SEIN zu lauschen. Das gelingt nur, wenn wir eine Haltung der Absichtslosigkeit einnehmen, denn Präsenz selbst ist absichtslos. Je tiefer wir uns fürs SEIN öffnen und je stärker Präsenz in uns auftaucht, desto weiter sind unsere Tore geöffnet für einen schöpferischen Einfall, der außerhalb unseres Denkens liegt.

Jetzt braucht es nur noch das Vertrauen und manchmal den Mut, dieser Inspiration zu folgen und ihr Gestalt zu geben. Das kann in Form eines Kunstwerkes, eines Projektes oder eines Lebensweges geschehen. Im Vollzug und der Gestaltwerdung der Eingebung werden wir eine tiefe Befriedigung erfahren, da wir ganz innenzentriert handeln. Wir folgen dann keinem äußeren Anspruch und keiner abhängigen Suche nach Anerkennung. Die Gestaltwerdung durch eine Eingebung ist ein ähnlich natürlicher Vorgang wie das Erblühen einer Blume. Sie ist vollkommen in Einklang mit dem SEIN und nicht gefärbt von unseren begrenzten Vorstellungen.

Experimentiere:

Wenn du nach einer kreativen Lösung eines Problems suchst oder wenn du künstlerisch tätig werden willst, lass alle Ideen darüber los und geh ganz ins Lauschen.

Verweile im Lauschen, bis eine Inspiration erfolgt. Lass sie Gestalt werden…

Die Mächtigkeit des SEINS

Kunstwerke und Projekte, die aus dem Einklang mit dem SEIN entstehen, entfalten eine große Kraft, die wiederum andere Menschen inspirieren kann. Manchmal können einzelne Menschen aus einer tiefen Inspiration heraus eine Bewegung anstoßen, die weit über ihre Person und sogar weit über ihr Leben hinausreicht. Man denke an die großen Religionsgründer.

Entscheidend ist hier sicherlich nicht, wie spektakulär eine Idee ist oder wie viel Werbung für eine Idee gemacht wird, sondern wie tief ein Mensch in seiner Inspiration gegründet ist. Wenn eine Person von einer Vision beseelt ist, handelt sie aus einer inneren Anbindung. Das macht die Person sehr unabhängig von äußeren Meinungen und Widrigkeiten, die auf jedem Weg geschehen.

So entfaltet sich langsam, aber unbeirrbar eine Wirkung, vergleichbar mit dem langsamen, aber kontinuierlichen Wachstum von Bäumen. Auch wenn mancher Sturm über einen Baum hinwegzieht und mancher harte Winter oder trockene Sommer kommt, er wächst unbeirrt weiter. In seinem Wachstum schaut er nicht auf äußere Umstände, sondern nur auf die lebensspendende Kraft, die sich in ihm ausdrücken will. Er ist vollkommen innenzentriert. So wirkt er im Laufe seines Lebens auf vielfältige Weise weit über sein begrenztes Dasein als Baum hinaus. Gelingt es uns, wie ein Baum aus der Tiefe unserer Inspiration zu leben, werden wir auf eine sehr unspektakuläre Weise weit über unseren begrenzten Radius als Person hinauswirken.

Doch das SEIN wirkt nicht nur in Visionen und Projekten, die aus Momenten von Präsenz entstehen. SEIN hat eine unmittelbare Mächtigkeit, die gespürt wird. Da betritt ein spirituelle Lehrerin die Bühne zu einem Vortrag und es entfaltet sich eine Präsenz im Raum, bevor die Person noch ein Wort gesagt hat. Viele der Zuhörerinnen tauchen in eine Stille ein und empfinden eine Intensität, ohne dass noch etwas geschehen ist oder gesagt wurde.

Hier spüren wir die Mächtigkeit von Präsenz. Tatsächlich wirkt häufig die Präsenz der Vortragenden stärker als der Inhalt, um den es geht. Ich habe schon oft in Vorträgen Menschen beobachtet, wie sie berührt und mit glänzenden Augen zuhören, ohne dass etwas Wesentliches oder Neues gesagt wurde. Sie waren gefesselt von der Präsenz der Vortragenden und nährten sich daran. Der Inhalt des Vortrags war nebensächlich.

Diese Erfahrung machen wir auch beim Hören eines Konzertes. Während manches schwierige und vielleicht sogar virtuos gespielte Solo uns nicht berührt, kann umgekehrt ein einfaches Lied, wenn es nur mit großer Präsenz gespielt oder gesungen wird, uns in seinen Bann ziehen. Was uns berührt und eintauchen lässt, ist nur bedingt die Musik selbst oder ihre technische Schwierigkeit. Ergriffen werden wir von der besonderen Präsenz, mit der ein Musiker diese Musik beseelt.

Besonders deutlich können wir dieses Phänomen bei Ritualen erkennen. Ein Ritual hat eine klare Form, die allen bekannt ist. Trotzdem kann sich auch hier in der gemeinsamen Konzentration auf den Vorgang eine Präsenz entfalten, die intensiv und nährend sein kann. Aber nicht der Inhalt des Rituals wirkt, der ist immer gleich, sondern eine lebendige Präsenz, die sich durch das Ritual entfalten kann.

Es gibt Ereignisse und rituelle Räume, die das Eintauchen in eine gemeinsam erfahrene Präsenz fördern. Große Events zum Beispiel entfalten oft diese Wirkung. Aus diesem Grund lieben es viele Menschen, in die Intensität von Großereignissen einzutauchen. Oft werden sogar Menschen, die an der Sache selbst nicht interessiert sind, in deren Bann gezogen und sind danach begeistert. Während der Fußballweltmeisterschaft 2006 in Deutschland hat sich in den Straßen eine friedliche Präsenz entfaltet, die viele Nicht-Fußballfans dazu gebracht hat, sich für Fußball zu interessieren.

In all diesen Fällen spüren wir die Mächtigkeit der Präsenz. Doch häufig sind wir uns dieses Vorgangs nicht bewusst. Wir denken, der Vortrag, die Musik, das Ritual oder das Fußballturnier hat uns erfüllt und merken nicht, dass all diese vordergründigen Geschehnisse Beiwerk für eine größere hintergründige Wirkkraft waren – für das SEIN selbst.

Spirituelle Lehrerinnen sind sich dieser Wirkkraft bewusst und lehren ihre Schülerinnen immer vom Ort der Präsenz aus, manchmal ohne Worte, nur durch „ihr“ SEIN. Dabei kann sich bei einer gewissen Reife der Schülerinnen die Präsenz der Lehrerin auf die Schülerinnen übertragen und sie taucht selbst in eine tiefe klare Erfahrung von Präsenz ein. Es wird ein dichtes nichtstoffliches Feld von SEIN erfahren, das jenseits aller Dinge existiert und doch alle Dinge umfasst. Dieser Vorgang wird als „direkte Übertragung“ zwischen Lehrerin und Schülerin bezeichnet und findet jenseits von Worten statt. Was hier wirkt, ist einzig und allein die Mächtigkeit des SEINS und die Fähigkeit der Lehrerin, sich an diese Macht anzubinden.

Die Kunst dabei ist, dass die Lehrerin mehr auf das SEIN schaut und lauscht, und nur sekundär sich auf das Tun des Lehrens oder auf die Schülerinnen konzentriert. Eine reife Lehrerin ist zuallererst da – vollständig. Sie lässt die Aufmerksamkeit weit werden und dehnt die Präsenz, ihr Dasein, ganz aus. In diesem Zustand nimmt die Person ihren Platz mit ihrer Aufmerksamkeit vollständig ein, nicht nur ein bisschen, vorsichtig oder zaghaft, sondern ganz.

Das bewirkt eine Ruhe und Selbstsicherheit, die nicht in ihrer Kompetenz, ihrem Tun oder in alten Überzeugungen („Ich kann oder weiß das“) wurzelt, sondern in der Kraft des SEINS. Sie ist zuallererst da, ganz da. Sie spürt das Feld des SEINS und fühlt sich dadurch getragen. Daher entfaltet sich ein Selbstvertrauen, das unabhängig ist von ihrem Tun und äußeren Reaktionen darauf. Dieses Selbstvertrauen ist unbeirrbar und unerschütterlich. Das hat Macht, die auch andere Menschen spüren und die entsprechend anzieht.

Wenn es uns gelingt, wie eine spirituelle Lehrerin unseren Fokus tief im SEIN verankert zu lassen und nicht immer wieder auf unser Tun oder auf unsere Wirkung auf andere zu schauen, fühlen wir die Kraft des SEINS als Macht, die uns trägt und daher eine unerschütterliche Sicherheit und ein Selbstvertrauen verleiht, von dem unser Ego sonst nur träumen kann. Dieses Selbstvertrauen ist bei genauerem Betrachten nicht persönlich. Es entsteht nicht aus dem Wissen um persönliche Fähigkeiten oder Eigenschaften, also „weil wir so gut, so klug oder so schön sind“. Wir sind wie immer, in aller Unvollkommenheit, und doch haben wir in diesen Momenten Zugang zu einem SEIN jenseits all dieser Fähigkeiten und Eigenschaften.

Dieses Selbstvertrauen kommt daher nicht aus uns, sondern aus dem SEIN selbst. Wir dürfen nur nicht den Fehler machen, diese Kraft als persönliche Fähigkeit oder als unser Verdienst zu betrachten, sonst führt dies zu einer persönlichen Überhöhung. Das kann schnell dazu führen, dass wir diese Kraft für unsere narzisstische Sehnsucht nach Bestätigung missbrauchen. Über kurz oder lang wird uns jede Egoaktivität, wie zum Beispiel das Sich-Erhöhen über andere, von Präsenz trennen.

Aus diesem Grund gilt im Buddhismus Stolz als eines der klassischen Hindernisse in der Meditation. Stolz ist nichts anderes als eine illusionäre Selbstüberschätzung. Meist ist mit Stolz viel Gedankenaktivität verbunden, in der wir um uns selbst und unseren Wert kreisen. An diesen Gedankenvorgängen können wir erkennen, wenn wir mit Stolz identifiziert sind. Denn das Selbstvertrauen, das aus dem SEIN kommt, kennt kein Gedankenkreisen um sich selbst. Im Gegenteil, wir sind eher im Nicht-Denken, in der Präsenz, zentriert.

Experimentiere:

Achte bei Konzerten oder Vorträgen, die dich sehr ergreifen, bewusst auf die Präsenz der Musiker oder Vortragenden und versuche diese von innen her zu spüren.

Nimm dir die Zeit, dich bei eigenen öffentlichen Aktivitäten tiefer an Präsenz anzubinden, bis du ganz „da" bist. Fokussiere auf das SEIN und lass die Aktivität entstehen.

1.5 Präsenz in Beziehungen

Präsenz ist eine Kraft. Das können wir nirgends besser beobachten als in Beziehungen. Dort erleben wir die unmittelbare Wirkung dieser Kraft. In der Liebesbegegnung oder in der Fußballarena suchen wir unbewusst die Kraft der Präsenz und nähren uns daran.

Begegnen wir einer Person, die eine starke Präsenz ausstrahlt, fühlen wir uns hingezogen und suchen ihre Nähe. Das ist nur natürlich, da auch unsere Präsenz – das Empfinden für unser Dasein, für Intensität und Wesentlichsein – im Feld der Präsenz einer anderen Person zunimmt. Wenn wir dagegen über längere Zeit nur Kontakte ohne Frische und Präsenz haben, fühlen wir uns nicht genährt und verlieren das Empfinden für unser grundlegendes Dasein. Wir erleben uns selbst gleichsam als Schatten, grau und ungreifbar.

Das Grundbedürfnis nach Bestätigung

Wo wir diesen Vorgang besonders deutlich beobachten können, ist bei Kindern. Kinder brauchen die Präsenz der Eltern für ihr seelisches Wachstum. Präsenz ist die grundlegendste seelische Nahrung für Menschen. Ohne diese verkümmert das Empfinden für das eigene Dasein und für den eigenen Wert.

Stellen wir uns vor, eine Mutter begegnet ihrem Kind aus der Präsenz heraus. Was geschieht bei diesem Vorgang genau? Die Mutter bindet sich ans SEIN an, vielleicht indem sie tiefer ins Lauschen geht. Sie ist.

Sie spürt ihr eigenes Dasein. In diesem Zustand ist sie ohne Wollen und ohne Vorstellung, einfach offen. Daher kann sie auch dem Kind ohne Wollen und ohne Vorstellung begegnen. In einem solchen Moment sieht sie das Wesen ihres Kindes. Sie schaut darauf, wie es ist, und nicht darauf, wie sie es gerne hätte.

Die Folge ist, dass sich das Kind gesehen und geliebt fühlt. Wenn uns jemand ohne Vorstellungen sieht und nimmt, fühlen wir uns geliebt und frei, zu sein, wer wir natürlicherweise sind. Wir können unser Wesen entfalten, ohne die üblichen Anpassungs- oder Schutzmechanismen unseres Egos. Wir haben das Gefühl, dass unser natürliches Sein von Interesse und damit wertvoll ist. So gewinnen wir ein gesundes Selbstvertrauen und werden unser Leben aus unserer inneren Wahrheit heraus gestalten können.

Umgekehrt, wenn Eltern ihren Kindern nur sehr wenig „seinshafte" Beachtung schenken können, fühlt sich das Kind weder gesehen noch geliebt. Es entwickelt die Überzeugung, dass das eigene Wesen nicht von Interesse ist, mit anderen Worten ohne Wert. Kinder brauchen aber trotzdem die Bestätigung der Eltern und suchen deren Aufmerksamkeit. Wenn sie diese nicht durch ihr natürliches Sein gewinnen können, beginnen sie sich an die Wertvorstellungen der Eltern anzupassen, um dadurch mehr Zuwendung zu bekommen.

Zum Beispiel könnte ein Kind merken, dass es in seiner Familie dann mehr Aufmerksamkeit bekommt, wenn es besondere Leistungen in einem bestimmten Bereich erbringt. Wenn dies im Bereich des Möglichen liegt, wird es sich wahrscheinlich in diese Richtung entwickeln, um mehr Aufmerksamkeit zu bekommen und in seinem Wert bestätigt zu werden. Allerdings entfernt es sich dabei vom natürlichen Wert, der in der Entfaltung des natürlichen Wesens liegt. Wir jagen einem Scheinwert hinterher, manchmal ein Leben lang.

Doch nicht immer versuchen Kinder sich den Vorstellungen der Eltern anzupassen, um Aufmerksamkeit zu bekommen. Manche Kinder gehen in den Widerstand und verweigern sich. Auch Widerstand zieht viel Aufmerksamkeit auf sich, wenn auch keine positive. Aber besser eine negative Aufmerksamkeit als gar keine. So können wir eine „Widerstandsidentität" bekommen, die unser weiteres Leben unbewusst bestimmen kann. Jedes Mal wenn wir eine neue Beziehung gestalten (besonders in hierarchischen Beziehungen), gehen wir in den Gegenpol oder in die Verweigerung und „ernten“ unbewusst viel Aufmerksamkeit.

Obwohl unser Widerstand unser natürliches Wesen schützen will und Anpassung verweigert, haben wir jedoch auch hier, solange wir mit dem Widerstandsmuster identifiziert sind, kaum eine Chance, uns in unserer Natürlichkeit zu entfalten. Wir sind nicht frei, wir selbst zu sein, sondern müssen aus einem inneren Zwang heraus dagegen sein. Im Innersten fühlen wir genauso ein Wertloch wie diejenigen, die sich an einen Scheinwert anpassen.

In beiden Fällen kennen wir unseren wahren Wert nicht, der in unserem SEIN liegt. Wir fühlen uns irgendwie verloren und können den natürlichen Impulsen unseres Wesens nicht vertrauen. „Was will ich wirklich? Wer bin ich eigentlich? Was gibt meinem Leben Sinn?“ sind die typischen Fragen, die wir uns stellen. Wie ein Schiff ohne Steuerruder treiben wir übers offene Meer und werden mal hierhin und mal dorthin gespült. So fühlt es sich an, wenn wir nicht aus unserer Wesenswahrheit heraus leben und dadurch keine innere Orientierung in den Wechselfällen des Lebens haben.

Reflektiere:

Kennst du Momente, in denen deine Eltern oder andere Menschen dich in deinem Wesen gesehen und angenommen haben?

Erforsche, wie du dich in diesen Momenten gefühlt hast: Wie war dein körperliches, seelische Erleben dabei? Wie erfährst du in diesen Augenblicken deinen Wert?

Wie könntest du dein Leben gestalten, wenn das immer dein Grundgefühl wäre?

Der Leidenskreislauf der Persönlichkeit

Aus diesem Grund besteht die große Herausforderung des Elternseins nicht darin, unsere Kinder zu erziehen (also sie an gesellschaftliche Konventionen anzupassen), sondern ihnen mit Präsenz zu begegnen. Das ist im Alltagsgetriebe nicht immer leicht, da wir unter Stress unsere Präsenz verlieren und meistens mit gewohnten Mustern reagieren.

Außerdem haben wir alle viele Vorstellungen davon, wie ein „gutes" Kind sein soll. Diese sind bereits aus unseren Herkunftsfamilien übernommen und prägen den Kontakt zu unseren Kindern daher meist vollkommen unbewusst. Viele dieser Vorstellungen sind bei Licht betrachtet nichts weiter als gesellschaftliche Konditionierungen und dienen nicht dem Wesen des Kindes, sondern nur der Entwicklung von Anpassungsstrategien. Manche dieser Vorstellungen sind vielleicht auch sinnvoll, aber alle noch so guten Erziehungsmaßnahmen beinhalten im Kern eine subtile Vorstellung davon, wie das Kind sein muss, damit es „in Ordnung" ist und wie nicht.

Subtil vermittelt also jede Erziehung, auch die sanfteste, dem Kind die Grundbotschaft: „Du bist nur unter bestimmten Dingen in Ordnung und damit geliebt." Es entsteht mehr oder weniger stark im Kind das Gefühl, in seinem ganzen Sein nicht angenommen und geliebt zu sein. Dieses Grundgefühl „nicht angenommen zu sein" ist die Basis unseres Egos und aller Anpassungsstrategien der Persönlichkeit. Denn wenn wir das Gefühl haben, nicht in Ordnung und damit wertlos zu sein, werden wir uns anstrengen dafür, wertvoll zu werden.

Diese Anstrengungen entfernen uns allerdings gleichzeitig von unserem natürlichen Sosein. Der Leidenskreislauf der Persönlichkeit beginnt: Ich fühle mich nicht angenommen… ich strenge mich an dafür, angenommen zu werden… ich entferne mich von meinem Wesen und fühle mich entfremdet… und selbst wenn ich für meine Anstrengung von anderen Anerkennung bekomme, wird dadurch nur bestätigt, dass man sich anstrengen muss, um angenommen zu sein… in meinem Wesen – in dem, was ich ohne Anstrengung bin – fühle ich mich weiterhin nicht angenommen… also werde ich mich noch mehr anstrengen dafür, angenommen zu werden…

Reflektiere:

Welche grundlegenden (vielleicht unausgesprochenen) Vorstellungen hatten deine Mutter und dein Vater davon, wie ein „gutes" Kind (oder guter Mensch) sein soll?

Wie strengst du dich an, um diese in deinem Leben zu erfüllen?

Was unsere Kinder also brauchen, ist nicht in erster Linie Lob und Anerkennung, um ein natürliches Selbstwertgefühl zu entwickeln, sondern unsere Präsenz als Eltern. Nur Präsenz bestätigt Kinder in ihrem natürlichen Sosein. Präsenz sieht, ohne zu wollen und zu werten. Präsenz schenkt Aufmerksamkeit und Interesse und vermittelt Kindern, dass sie sein dürfen und in ihrem Sein angenommen sind. Auf dieser Basis entwickelt sich im Kind ein Grundgefühl, in Ordnung und geliebt zu sein.

Natürlich muss ein Kind trotzdem noch manche kulturelle Anpassung vollziehen, um sich in soziale Gegebenheiten einfügen zu können. Aber wenn das Grundlegende an der Elternbeziehung die Erfahrung des Angenommenseins ist, wird sich dieses Grundgefühl immer mehr verankern, und notwendige Anpassungsleistungen werden vom Kind meist natürlich und leicht vollzogen. Kinder, die sich grundlegend angenommen fühlen, sind verankert in ihrem Wert und leben innenzentriert. Trotzdem fügen sie sich in einer natürlichen Weise ein, wenn es notwendig ist, ohne sich dabei zu verlieren.

Mit Kindern sein

Doch was bedeutet es konkret, Kindern mit Präsenz zu begegnen? Wenn unser Kind am Frühstückstisch sitzt und von seinen Träumen erzählt, sollen wir dann in die Stille lauschen und nicht zuhören? Natürlich ist diese Form der unbedingten Präsenz, wie sie in der Übung „Schauen ins Nichts" beschrieben wird, in der Begegnung mit Menschen meist nicht geeignet.

Aber wenn uns Präsenz als grundlegende Erfahrung vertraut und leicht zugänglich ist, können wir uns in jeder Situation mehr oder weniger stark an Präsenz anbinden und von dort aus handeln. Dazu ist lediglich notwendig, dass wir uns an die Präsenz erinnern und innerlich den Fokus unserer Aufmerksamkeit öffnen und mehr ins Lauschen gehen.

Jetzt zum Beispiel beim Lesen dieser Zeilen. Lies weiter, aber sei nicht vollkommen hypnotisiert durch den Text, sondern lass deine Aufmerksamkeit weiter werden. Geh ins Lauschen und lies weiter. Präsenz und lesen… Lesen in Präsenz…

Wenn unsere Aufmerksamkeit sehr fokussiert ist – das kann durch einen Text sein, durch ein Gespräch, eine innere Vorstellung oder eine Tätigkeit –, dann vergessen wir die Weite des SEINS – die Präsenz. Das geschieht natürlich auch in Begegnungen. Wenn unser Kind von seinen Träumen erzählt, hören wir zu und achten vielleicht nur noch auf den Inhalt der Erzählung. Oder wir denken daran, dass es sich fertig machen muss für die Schule. Wir sind vielleicht damit beschäftigt, das Pausenbrot zu machen oder wir ärgern uns darüber, dass unser Kind beim Essen schmatzt. In all diesen Fällen verhalten wir uns als fürsorgliche Eltern, aber unser Kind bekommt von uns keine Aufmerksamkeit für sein Wesen.

So können viele Mahlzeiten vergehen, ohne dass das Wesen des Kindes gesehen oder bestätigt wird. Wir lieben unsere Kinder und meinen es gut mit ihnen und geben ihnen doch oft die grundlegende Nahrung der Präsenz nicht.

Doch wie leicht wäre es, sich an Präsenz zu erinnern und den Fokus weiter zu machen? Uns nicht von der Geschichte, der augenblicklichen Tätigkeit oder unseren Vorstellungen hypnotisieren zu lassen und in der jetzt entstandenen Weite unser Kind zu sehen? Wir könnten dann das Sein des Kindes sehen und erst einmal damit sein, bevor wir reden, handeln, versorgen, loben oder maßregeln.

Die Grundübung im Kontakt mit unseren Kindern ist immer wieder, unsere Aufmerksamkeit weiter zu machen, mit unseren Kindern zu sein und sie in ihrem Sosein zu sehen. Mit den gleichen Augen, mit denen wir sie als

Babys angeschaut haben, unvoreingenommen und ohne Wollen und Vorstellungen uns von ihrer Vollkommenheit berühren zu lassen. Wie können wir unsere Kinder sehen, wenn wir nur durch die Brille unserer Vorstellungen schauen? Wie können wir ihr Wesen begreifen und bestätigen, wenn wir sie in eine bestimmte Richtung erziehen wollen? Wie sollen sich unsere Kinder verstanden und geliebt fühlen, wenn wir sie nicht wirklich sehen und nur immer wieder an ihnen herummachen, sei es durch Lob oder Kritik?

Experimentiere:

Erinnere dich in vielen alltäglichen Situationen mit deinen Kindern ans SEIN: Halte einen Moment inne und lass deine Aufmerksamkeit weiter werden... Geh ins Lauschen...

Lass alle Vorstellungen los und schau mit neuen Augen auf das Sein deines Kindes.

Mit der Not von Kindern sein

Mit Kindern auf diese grundlegende Art zu sein ist auch der Schlüssel dazu, sie in schwierigen Situationen zu begleiten. Wenn Kinder weinen oder schreien oder vielleicht sogar toben, dann brauchen sie in erster Linie von uns Eltern unsere Präsenz, nicht unser Eingreifen, unser Trösten, unser ärgerlich werden oder sonstige Reaktionen auf ihr Verhalten.

Natürlich ist ein Moment, in denen es unseren Kindern nicht gutgeht, zuerst unangenehm für uns Eltern. Sie sind laut und brüllen. Oder sie sind quengelig und lassen uns keine Ruhe. Wir fühlen uns in unserer Alltagsroutine gestört. Daher reagieren die meisten Eltern in solchen Situationen in einer Weise darauf, dass sie versuchen, durch alle möglichen Strategien das Kind wieder möglichst schnell aus diesem schwierigen Zustand der Unausgeglichenheit herauszubringen.

Doch egal, ob wir das Kind trösten oder ablenken, einsperren oder anbrüllen, immer versuchen wir nur die Situation möglichst schnell abzustellen, weil wir unsere eigenen unangenehmen Gefühle dabei nicht aushalten. Das bedeutet, all diese Handlungsweisen sind Abwehr- und Fluchtreaktionen, mit denen wir das Kind in Wirklichkeit allein lassen und in seiner Not weder sehen noch annehmen. Die Folge ist, dass das Kind die Überzeugung gewinnt, nur geliebt zu sein, wenn es ausgeglichen ist. Im Innersten entwickelt sich ein Gefühl von Einsamkeit und Verlassenheit.

Die meisten Menschen tragen in sich einen Ort von Einsamkeit, der hin und wieder aufscheint. Es ist das Gefühl, gerade in der Not, in der Schwäche und Ohnmacht, in den schmerzlichsten Situationen verlassen und unverstanden zu sein. Eine Folge immer wiederkehrender Erfahrungen von Alleingelassenwerden im Schmerz als Kind. Wie sehr sehnen wir uns doch alle zutiefst, dass uns Menschen in unserer Not aushalten und sich ganz für uns öffnen? Daher erleben wir meist die Rettungsversuche unserer Freunde, wenn wir in Not sind, nicht als Unterstützung, sondern nur als ein erneutes Verlassenwerden.

Reflektiere:

Wie sind deine Eltern mit dir umgegangen, wenn du unausgeglichen oder in Not warst?

Geh in diese Situationen hinein und spüre, wie du das erlebt hast. Was hast du daraus für Grundüberzeugungen und Grundgefühle entwickelt?

Menschen in Not, ob Kinder oder Erwachsene, brauchen unser Dasein, unser Einlassen auf den Moment der Ohnmacht. Sie sehnen sich nach unserer Präsenz, unserem „Damit-sein-Können“. Erst dann fühlen sie sich darin angenommen und müssen sich selbst nicht mehr so gegen den Schmerz, die Schwäche oder die Ohnmacht wehren. Sie können sich in diesen schwierigen Gefühlen niederlassen und mit der Zeit darin ihren Frieden und ihre Mitte wieder finden.

Ich kann immer wieder beobachten, wie sich Kinder relativ schnell beruhigen, wenn wir sie wirklich in einer Notsituation mit Präsenz begleiten. Präsenz ist eine ruhige Kraft, wo die Not sein darf und sich nicht ändern muss. Präsenz ist verbunden, da wir ganz mit der Person in ihrer Ohnmacht im Kontakt bleiben können. Präsenz beinhaltet eine tiefe Annahme, da wir der Person in Not durch unser Dasein vermitteln, dass sie in ihrer Ohnmacht in Ordnung ist. Präsenz hat aber auch eine große Klarheit, da wir nicht nach schnellen Lösungen suchen, sondern dem Prozess des „Sich-Versöhnens" mit der Ohnmacht, so wie er abläuft, Raum geben können.

Dabei sollten wir uns klarmachen, dass eine Person in Not typischerweise an einer inneren oder äußeren Grenze steht, die sie noch nicht annehmen kann. Hier geht es um einen Versöhnungsprozess, bei dem sie verschiedene Phasen durchschreitet, bis sie irgendwann innerlich zustimmen kann und sich an der Grenze entspannt. Zunächst wehrt sie sich dagegen. Sie sucht nach Lösungen, aus der Ohnmacht herauszukommen oder die Grenze zu überwinden. Sie kämpft gegen die Grenze an. Sie ist vielleicht unruhig oder wütend. Dann kommt eine Phase, in der sie realisiert, dass sie in diesem Kampf keine Chance hat, und sie fühlt den Schmerz darüber. Sie fühlt, dass sie (von ihrer Vorstellung) loslassen muss und erlebt dieses Loslassen als Verlust und Trauer. Schließlich aber kann sie sich immer mehr auf das, was ist, einlassen und entspannen und findet zu ihrer Überraschung dort einen inneren Frieden.

Diese Phasen des Sich-Versöhnens sind bei allen Grenzen, die uns mit Frustration, Enttäuschung und Ohnmacht konfrontieren, gleich und am Ende wartet immer ein undramatischer Friede auf uns. Das liegt daran, dass das eigentliche Leiden niemals aus der für uns schwierigen Grenze entsteht, sondern aus einer festgefügten Vorstellung, die der Situation widerspricht und an die wir uns klammern. Jede erlebte Grenze, ob innerlich oder äußerlich, zwingt uns also letztlich dazu, eine Vorstellung loszulassen und uns mit dem Verlust dieser Vorstellung zu versöhnen.

Genau dazu ist nichts hilfreicher als die Klarheit einer Begleiterin in Präsenz. Sie ist mit uns und gibt dem Prozess des Sich-Versöhnens Raum. Durch ihre absichtslose Präsenz kann sie einem Menschen auf eine Weise beistehen, dass der Verdauungsprozess ablaufen kann und es wieder zu einer inneren Versöhnung mit dem Augenblick kommt.

Experimentiere:

Wenn ein Kind einen schwierigen Moment hat, begegne ihm mit Präsenz: Stimme den eigenen schwierigen Gefühlen und denen des Kindes ganz zu und sei damit. Mach dir bewusst, dass jede Grenze und jedes „Nein" nicht das Ende eines Prozesses, sondern den Beginn eines seelischen Verdauungsprozesses darstellt.

Das Wesen der Liebe

Natürlich ist Präsenz nicht nur grundlegend in der Beziehung zu Kindern, sondern in jeder Beziehung. Wenn wir unsere Aufmerksamkeit weiten und nicht mehr auf den Inhalt des Gesprächs, auf innere Vorstellungen und Werturteile fokussiert sind, haben wir die Offenheit, den anderen Menschen in seinem Wesen zu sehen. Dieses Sehen ist frei, unvoreingenommen und annehmend. Es ist nichts anderes als Liebe.

Natürlich ist dies keine Liebe in einem romantischen Sinne. Wir empfinden keine Schmetterlinge im Bauch und müssen nicht ständig an die andere Person denken. Es ist auch keine bedürftige Liebe, die die andere Person braucht und ihr nahe sein will. Wir können sehr gut ohne die andere Person weiterleben. Es ist vielmehr eine Liebe im existenziellen

Sinne. „Ich liebe dich, da ich dich tief sehe und annehme." Wir können die andere Person in ihrem Wesen erkennen und ihr dort begegnen.

Wenn wir einer Person mit unvoreingenommenen Augen begegnen, werden wir sie in ihrer Vollkommenheit sehen können und in ihrer Schönheit. Vollkommenheit und Schönheit sind keine äußeren Maßstäbe und keine fixen Größen, sondern innere Dimensionen als Folge von Präsenz und Liebe. Vollkommenheit sehen wir, wenn wir frei von Vorstellung und Wertung auf das Sosein im Gegenüber schauen. Und dessen Schönheit erkennen wir, wenn wir mit Liebe schauen.

Mit Liebe zu schauen ist mehr als Präsenz. Präsenz öffnet unseren Geist. Wir sind ganz da. Wir spüren das SEIN. Wir sind Offenheit – unfokussiert, absichtslos, unvoreingenommen und weit. Liebe jedoch geht noch über diese Öffnung hinaus. Sie ist eine Herzensöffnung. Wir schauen durch unser Herz, mit Wärme. Wir lassen uns berühren und empfinden die Schönheit des SEINS.

Wenn wir daher längere Zeit die Vollkommenheit und Schönheit des Lebens und der Menschen nicht mehr empfinden können, liegt das nicht daran, dass Menschen so wenig perfekt sind und keinem Schönheitsideal entsprechen, sondern lediglich an unserer mangelnden Offenheit. Vielleicht könnten wir uns dann fragen, was gerade unseren Geist und unser Herz besetzt. Welche Vorstellungen, Ängste oder Ziele es auch immer sind, mit denen wir im Augenblick identifiziert sind, sie verstellen uns unseren Zugang zu Präsenz und Offenheit. Erst durch ein klares Erkennen unserer jeweiligen Identifizierung kann sich unser Geist wieder weiten und unser Herz sich öffnen.

Reflektiere:

Kannst du gerade die Vollkommenheit und Schönheit des Lebens und der Menschen empfinden?

Welche Vorstellungen, Ängste oder Ziele hindern dich daran, unvoreingenommen, annehmend und in Liebe zu schauen?

In Präsenz und Liebe andere Menschen zu sehen, ist nicht nur mit unserem Partner möglich. Es braucht keine besondere Situation dazu. Es braucht auch keine Erwiderung. Wir sind jederzeit frei, Menschen auf diese Weise zu begegnen und zu sehen. Das geht bei unseren Kindern genauso wie bei der Nachbarin, die uns ihre Leidensgeschichte erzählt. Bei den Liebsten ebenso wie bei unserer Chefin oder unseren Kolleginnen. Bei unseren Eltern ebenso wie bei der Bettlerin auf der Straße.

Immer werden sich die Menschen in unserer Gegenwart wohler fühlen und entspannen, da sie das Gefühl haben, sein zu können und angenommen zu sein. Sein lädt Sein ein. Wenn uns jemand annimmt und sieht, werden wir zunehmend entspannen und auf Masken und Anstrengungen verzichten. Wir können entspannen und fühlen uns auf eine schlichte Weise angenommen und geliebt. Diese Wirkung wird sich auch bei anderen mehr oder weniger immer einstellen, wenn wir Menschen aus einer Haltung von Präsenz und Liebe begegnen.

Was es ist

Es ist Unsinn
sagt die Vernunft
Es ist was es ist
sagt die Liebe
Es ist Unglück
sagt die Berechnung
Es ist nichts als Schmerz
sagt die Angst
Es ist aussichtslos
sagt die Einsicht
Es ist was es ist
sagt die Liebe
Es ist lächerlich
sagt der Stolz
Es ist leichtsinnig
sagt die Vorsicht
Es ist unmöglich
sagt die Erfahrung
Es ist was es ist
sagt die Liebe

ERICH FRIED[1]

Verändert euch nicht!
Der Drang nach Veränderung ist der Feind der Liebe. Meint nicht, euch selbst verändern zu müssen: nehmt euch an und liebt euch so wie ihr seid.
Verweigert euch dem Drang, andere ändern zu wollen: liebt alle anderen so, wie sie sind. Und verändert nicht die Welt: Sie ist in Gottes Hand, und Er weiß.
Wenn ihr euch so verhaltet, dann werden Veränderungen auf wunderbare Weise von selbst eintreten – zu ihrer eigenen Zeit. Gebt euch dem Strom des Lebens hin… frei und unbeschwert von Gepäck!

ANTHONY DE MELLO[2]

TEIL 2

Annahme

Auf einen Berg zu wandern kann eine heilsame Erfahrung sein: das schlichte Gehen, die Natürlichkeit der Landschaft und die Weite, die uns sichtbar und spürbar umgibt. Das Tal mit seinen alltäglichen Sorgen und Nöten lassen wir weit unter uns und mit der Zeit bekommen wir wieder ein Gefühl für uns als Mensch in unserer Einfachheit und Natürlichkeit.

Gehen ist eine Urerfahrung unseres Menschseins. Wir haben dabei die Freiheit, uns in jede Himmelsrichtung zu bewegen und doch stehen wir immer auf festem Grund. Die Erde trägt uns. Sie vermittelt uns, dass es etwas Verlässliches gibt, einen festen Boden unter den Füßen, der jeden Schritt aufnimmt.

Unsere Schritte können schnell oder langsam sein, unsicher oder fest, sanft oder kräftig, die Erde ist verlässlich da. Sie macht keinen Unterschied, wer darauf geht und wie unsere Schritte heute sind, sondern beantwortet diese mit ihrem Dasein – kontinuierlich, verlässlich und annehmend –, und mit der Zeit, durch das schlichte Gehen, werden unsere Schritte sicherer, natürlicher und freier.

Beim Wandern tanken wir mit jedem Schritt Angenommensein und wir können mit der Zeit entspannen. Was immer uns gerade beschäftigt, verliert an Bedeutung. Nicht, weil die Probleme unseres Lebens dadurch verschwinden oder gelöst sind, sondern weil wir spüren, dass wir auch mit dem, was uns seelisch beschäftigt, angenommen sind.

Wie oft ist uns im Alltag die Erde bewusst? Meist erscheint uns die Urerfahrung des Gehens und des Getragenseins als selbstverständlich. So selbstverständlich, dass wir sie vollkommen aus dem Blick verlieren. Den Kopf voller Gedanken und Probleme vergessen wir unsere Füße und den schlichten, wohltuenden Kontakt zum tragenden Boden. Daher gibt es manchmal, besonders wenn wir uns in Problemen verloren haben, nichts Heilsameres, als in der Natur zu wandern, bis wir im wahrsten Sinne des Wortes den Boden unter unseren Füßen wieder spüren können. Gehen erinnert uns daran, dass wir angenommen sind.

Anerkennen, was ist

Annahme ist eine Grundeigenschaft des SEINS. Die Dinge sind angenommen, weil sie sind. Wir sind angenommen, weil wir sind. Alles ist in seiner Existenz angenommen. „Es ist" ist daher eine der grundsätzlichsten Aussagen, die wir treffen können. Nicht „Es ist gut" oder „Es ist schlecht", sondern einfach nur „Es ist". Wir erkennen damit die Existenz der Dinge an und empfinden ihr fundamentales Angenommensein.

Dieses Anerkennen der Existenz der Dinge, so wie sie sind, ist grundlegender als alles, was wir sonst über das Leben sagen oder denken können. Alle Meinungen, alle Urteile und Vorlieben drücken nur einen subjektiven, individuellen Blickwinkel aufs Leben aus. Wenn wir etwas „gut" finden, zeigt dies nur, welche Vorliebe wir haben. Genauso verhält es sich, wenn wir etwas „schlecht" oder „schwierig" finden.

Für einen Gärtner, der Zierblumen züchten will, ist eine Pflanze, die nicht ins Bild passt, ein Unkraut und damit ein Problem. Er ärgert sich vielleicht sogar über diese „unnütze" Pflanze und versucht sie loszuwerden. Und doch gibt es etwas Grundsätzlicheres als die Ablehnung des Gärtners – die Existenz der Pflanze. Und dieses Sein ist unabhängig vom Urteil des Gärtners.

Natürlich könnten wir nun fragen: „Was heißt hier unabhängig? Der Gärtner wird die Pflanze ausrupfen." Doch auch dieser Vorgang ist angenommen, weil er ist. Die Pflanze, der Gärtner, das Urteil des Gärtners, die Handlung des Ausrupfens und der Tod der Pflanze sind. Alles ist Ausdruck der Schöpfung und tritt in Erscheinung. Daher ist das Grundsätzlichste, das wir „tun" können, die Existenz all dieser Vorgänge anzuerkennen: Sie sind.

Anerkennen, was ist, ist ein natürlicher und einfacher Vorgang, wenn auch keineswegs selbstverständlich für uns. Unser Ego ist ständig dabei, Dinge zu wollen oder abzulehnen, zu lieben oder zu hassen, den Dingen Wert zuzuschreiben oder abzusprechen. Und genauso gehen wir mit uns selbst um. Alles, was in uns auftaucht und was uns ausmacht, wird sofort aussortiert, für gut oder schlecht empfunden, hervorgehoben und ausgedrückt oder kontrolliert, versteckt und bekämpft.

Dabei wird dieser unablässige Vorgang des Aussortierens für uns zu einem Dschungel aus Meinungen und Vorlieben, in dem wir uns verstricken und verlieren. Am Ende glauben wir subjektiven Meinungen mehr als der Existenz des Lebens und kommen zu der Ansicht, dass diese Schöpfung unvollkommen ist. Und auch uns selbst betrachten wir als fehlerhaft und damit nicht in Ordnung.

Das Gefühl, die Existenz und auch wir selbst seien fehlerhaft, also nicht in Ordnung, ist ein zentrales Urgefühl des Egos. Es ist der Ausdruck dafür, dass wir den Zugang zur schlichten Tatsache der Existenz und damit dem Angenommensein aller Dinge verloren haben. Um aus dieser Verblendung auszusteigen und das grundsätzliche In-Ordnung-Sein aller Dinge wieder spüren zu können, gibt es einen einfachen, aber wirkungsvollen Schlüssel: anerkennen, was ist.

Experimentiere:

Gehe in die Natur und schaue in einer kontemplativen (betrachtenden) Haltung verschiedene Elemente an. Betrachte zum Beispiel eine Pflanze oder einen Stein und sage dir dabei: „Es ist." Was breitet sich mit der Zeit in dir aus?

Annahme und Gegenwärtigsein

Anerkennen, was ist, ist eine Praxis. Es ist ein sich stetiges Erinnern und Einstimmen auf das Angenommensein und damit das In-Ordnung-Sein aller Dinge. Anerkennen, was ist, ist die Praxis des Gegenwärtigseins.

Dabei sollten wir uns bewusst machen, dass Gegenwärtigsein wiederum das Herzstück jeglicher Meditation ist. Gleich ob unsere Meditation buddhistisch, christlich oder durch eine andere Religion gefärbt ist, ob wir Achtsamkeit auf den Atem oder offenes Gewahrsein praktizieren, ob wir dabei auf dem Kissen sitzen oder achtsam Gehmeditation betreiben, immer steht die Gegenwart im Zentrum unserer Aufmerksamkeit. Sie ist der Dreh- und Angelpunkt, auf den wir uns immer wieder ausrichten.

Im Buddhismus beispielsweise nimmt der Meditierende zu Beginn der Meditationspraxis Zuflucht zu Buddha, Dharma und Sangha. Dharma wird häufig übersetzt als die Mittel und Lehren des Buddhismus. Eine tiefgründigere Übersetzung von Dharma spricht jedoch von Dharma als der „Wirklichkeit, wie sie sich von Moment zu Moment zeigt". Wir nehmen damit Zuflucht zur gegenwärtigen Wirklichkeit. Die eigentliche Lehre ist also das Leben selbst.

Hier wird das Herzstück der Meditation beschrieben: die Hinwendung zur Gegenwart. Wir beziehen uns auf den konkreten Augenblick und nicht auf unsere Wünsche und Vorstellungen. Diese Haltung ist vollkommen unbedingt, unvoreingenommen, offen und annehmend. Sie ist das Wesen der Meditation: mit dem sein, was ist. Oder anders gesagt: anerkennen, was ist. Zu sein mit dem Angenehmen genauso wie mit dem Unangenehmen, mit dem Erwünschten wie mit dem Unerwünschten, mit dem scheinbar Falschen wie mit dem scheinbar Richtigen, mit dem „Profanen" genauso wie mit dem „Spirituellen". Wir öffnen uns für alles, was Schöpfung ist und in der Gegenwart in Erscheinung tritt.

Gegenwärtigsein – ein Mit-der-Gegenwart-Sein – ist daher nichts anderes als Annahme. Gegenwärtigsein und Annahme sind zwei Aspekte einer sehr einfachen und grundlegenden Praxis: die Praxis, mit den Dingen zu sein. Dadurch kommen wir in Einklang mit der Schöpfung und dem SEIN. Wenn wir Meditation auf diese Weise verstehen, wird sie zu einer Lebenshaltung, die weit über eine „Übung auf dem Kissen" hinausgeht. Gegenwärtigsein ist die grundlegende spirituelle Haltung dem Leben gegenüber: Es ist eine unbedingte Haltung, die nichts ausgrenzt, sondern alles einschließt und annimmt.

Experimentiere:

Gehe durch den Tag und sage innerlich zu allem, was geschieht oder dir begegnet: „Es ist.“ Wenn Urteile oder Gefühle zu den Situationen auftauchen, lass das Urteil oder die Gefühle zu und sage dazu: „Es ist.“

Reflektiere am Ende des Tages, wie diese Übung deine Haltung dem Leben gegenüber und dein Erleben verändert hat.

2.1 Ablehnung und Ego

Die Orientierung an der Gegenwart ist eine sehr unbestechliche Praxis. Es ist eine Haltung, die tatsächlichen Ereignisse als richtig und genügend anzusehen. Wenn wir diese Lebenshaltung immer wieder einnehmen, werden wir merken, wie oft ein Ereignis sich für uns falsch anfühlt und wie oft uns das Gegenwärtige nicht genügt. Erst in einer konsequenten Hinwendung zum Gegenwärtigen sehen wir unsere ständige Tendenz der Ablehnung.

Die Tendenz zur Ablehnung ist etwas sehr tief Verwurzeltes. Letztlich ist es nichts anderes als die Auswirkung unseres Egos. Das Ego ist kein Ding, sondern eine tief verwurzelte Überzeugung des Getrenntseins und damit geht ein Grundgefühl von „Falsch- und Ungeliebtsein“ einher. Solange wir vom Ego bestimmt werden, leben wir unbewusst in dem Glauben von Getrenntsein und Ungeliebtsein. Wir fühlen uns innerlich nicht in unserer Ganzheit angenommen und auch die Ereignisse des Lebens können wir in ihrer Ganzheit nicht annehmen. Ego ist letztlich eine ständige Aktivität der Ablehnung.

Meist ist uns zunächst gar nicht bewusst, wie komplex und vielfältig Ablehnung unser Leben durchwirkt und oft genug sogar bestimmt. Sie ist wie ein Medusenhaupt mit unendlich vielen Köpfen. Schlagen wir einen Kopf ab, wachsen an dieser Stelle zwei neue.

Wir bemerken beispielsweise, dass wir eine Nachbarin in ihrer lauten Art nicht mögen und ihr darum immer aus dem Weg gehen. Also sagen wir uns, weil wir uns auf die Haltung des Annehmens einstimmen wollen,

„Die Nachbarin ist", und versuchen sie in ihrer Art anzunehmen. Doch zu unserer Verblüffung entsteht keine Entspannung, sondern ein weiterer Konflikt. Die Nachbarin regt uns immer noch mit ihrer lauten Stimme auf, aber wir bekämpfen gleichzeitig diese Tendenz der Ablehnung in uns. Zusätzlich bewerten wir uns dafür, dass uns das Annehmen nicht gelingen will. Aber auch dieses Bewerten wollen wir nicht haben und werden innerlich ärgerlich. Irgendwann sind wir sauer auf die Nachbarin, die immer noch so laut ist, auf uns, weil wir sie nicht annehmen können, und auf den inneren Richter, der uns dafür bewertet, und schließlich auf die Übung des Annehmens, die nicht funktioniert.

Aus dem Versuch, eine Ablehnung zu beenden, ist ein Bündel an neuen „Medusenköpfen" entstanden. Ablehnung erzeugt wiederum Ablehnung und in dem zunehmenden Gewirr neuer Ablehnungen verstricken wir uns.

Reflektiere:

Erinnere dich an eine Situation, die für dich unangenehm war und betrachte, was du innerlich und äußerlich unternommen hast, um diese Situation zu verändern. Was hatte das für eine Wirkung?

Die Ablehnung annehmen

Die Tendenz der Ablehnung folgt uns auf Schritt und Tritt. Sie ist wie ein Schatten, der unsere Wege begleitet und oft genug bestimmt: der Schatten unseres Egos. Dieser Schatten lässt sich nicht abschütteln oder ausmerzen durch eine einmalige tiefe Erkenntnis, sondern kann nur allmählich in einem kontinuierlichen Bewusstheitsprozess transformiert werden.

Einen Schatten löst man nicht dadurch auf, dass man versucht, ihm davonzulaufen, ihn loszuwerden oder zu vernichten, sondern nur dadurch, dass wir Licht hinschicken, das Licht unserer Bewusstheit. Übertragen wir dieses Bild auf unsere Tendenz der Ablehnung, bedeutet dies, dass wir systematisch die Ablehnung beobachten. Nicht einmal, sondern immer und immer wieder. Nicht um sie loszuwerden, sondern um ihrer bewusst zu werden.

Mit unserer Bewusstheit nehmen wir die Ablehnung an und sagen „Sie ist" und stimmen uns damit wiederum ein auf die Praxis des Anerkennens, was ist. Die für uns unangenehme Situation ist und unsere Ablehnung ist auch. Wenn unsere Bewusstheit und damit unsere Annahme beides umfasst, das Schwierige und die Ablehnung, wird es weiter in uns und wir stimmen uns ein auf eine umfassende Annahme, die in der Existenz aller Dinge liegt. Alle Dinge sind und auch die Ablehnung ist. Eine solche Annahme hat Platz für die persönliche Ablehnung des Egos. Nur so erzeugen wir mit unserer Praxis des Anerkennens, was ist, keinen neuen Konflikt, sondern entwickeln uns mit zunehmender Bewusstheit in eine immer größere Annahme und Offenheit hinein.

Es braucht oft eine gewisse Zeit, bis wir diese umfassende Annahme in unserer Seele begreifen und schließlich zunehmend verinnerlichen. Eine solche Annahme ist unserem „normalen" Verständnis sehr fremd. Etwas anzunehmen scheint das Gegenteil von Ablehnung zu sein. Es ist eine Aktivität, bei der wir einer Situation zustimmen, wenn wir sie wollen. Bei diesem Verständnis von Annahme haben wir noch eine Wahl. Wir könnten die Situation auch ablehnen. Doch Annahme in einem umfassenden Sinne lässt uns keine Wahl. Die Dinge sind bereits da. Die unangenehme Situation und unsere innere ablehnende Reaktion darauf existieren und genau aus diesem Grund sind sie auf eine fundamentale Art angenommen. Hier gibt es kein Für oder Wider, sondern nur eine Bewusstheit über das, was ist.

Annahme in einem umfassenden Sinne ist letztlich nichts anderes als die Natur von Bewusstheit. Die Dinge sehen und sie in ihrer Existenz anerkennen. Bewusstsein kennt kein Für und Wider. Die Sonne wählt nicht aus, wem sie ihr Licht schenkt, sondern wärmt alles gleichermaßen und auch der stille See spiegelt auf seiner Oberfläche alles ohne Unterschied zurück. Genauso offen und unbedingt ist die Natur unseres Bewusstseins: sehen, was angenehm ist und sehen, was unangenehm ist; sehen, wie unser Verstand zustimmt und sehen, wie er ablehnt.

Experimentiere:

Achte auf Situationen, die für dich unangenehm sind. Experimentiere hier mit der Praxis des Anerkennens, was ist: Nimm die Situation an, so wie sie ist, und deine Gefühle dazu. Nimm auch deine Ablehnung an. Was breitet sich aus, wenn die Situation in ihrer Ganzheit sein darf?

Verantwortung übernehmen

Wenn wir unsere Tendenz der Ablehnung langsam aber stetig verwandeln wollen, geht es darum, diese immer und immer wieder zu sehen. Das ist aber gar nicht so einfach, wie es im ersten Moment klingt. Der Schatten der Ablehnung begleitet uns so selbstverständlich, dass wir oft vollständig damit identifiziert sind. Wir bemerken gar nicht, dass wir ablehnen, obwohl wir gleichzeitig unter der Ablehnung leiden.

Kürzlich leitete ich einen Schweigekurs, in dem eine Teilnehmerin unter einem heftigen Husten litt. Die Stille der Meditation wurde Immer wieder durch die lauten Hustenanfälle unterbrochen. Nach kurzer Zeit fühlten sich mehrere Meditierende von den Hustenanfällen gestört und waren innerlich mit Ärger auf die Hustende, mit Ängsten, krank zu werden, mit Diskussionen und Gedanken an Abreise beschäftigt. Sie fühlten sich regelrecht vom Husten bedroht und waren überzeugt davon, dass sie unter dem Lärm des Hustens litten und auch, dass es bei solchen

Bedingungen unmöglich sei, eine innere Stille zu finden. Sie fühlten sich mit ihrem Bedürfnis nach Stille im Recht und hatten das Gefühl, einen Anspruch auf eine ruhige Umgebung zu haben.

Doch nicht alle Meditierende reagierten so. Manche bemerkten den Husten kaum. Er hatte für sie keine Bedeutung. Andere Meditierende reagierten zunächst auf den Husten, fanden dann aber einen guten Weg, den Hustenlärm in ihre Meditation zu integrieren und fühlten sich dadurch nicht mehr in ihrer Meditation gestört.

Wir sehen an diesem Beispiel, dass wir oft lange Zeit unsere Ablehnung nicht bemerken. Wir sind so verhaftet mit unserer Vorstellung einer Störung von außen, dass wir nicht bemerken, worunter wir eigentlich leiden, nämlich an der Ablehnung der Situation. Dieser Vorgang ist sehr alltäglich und wir können lange Zeit in einem Widerstand feststecken und darunter leiden, ohne die eigentliche Ursache unseres Leidens zu sehen.

Wir können uns stundenlang über äußeren Lärm aufregen, bis wir bemerken, dass der Lärm in uns ist, in unserem Widerstand gegen die äußere Unruhe und unserem Anspruch auf Ruhe. Wir können uns tagelang über die Ungerechtigkeit der Welt aufregen und nicht erkennen, welche sehr subjektive Sichtweise von Gerechtigkeit wir haben und wie wir dadurch das, was ist, ablehnen. Manche Menschen leiden jahrzehntelang unter ihren Eltern, obwohl sie schon lange nicht mehr mit ihnen zusammenleben. Aber in unseren Gedanken wollen wir sie immer noch anders haben und leiden darunter.

In all diesen Fällen ist uns nicht bewusst, worunter wir eigentlich leiden. Wir projizieren die Ursache unseres Leidens nach außen und bekämpfen das Unerwünschte mehr oder weniger erfolglos. Dabei übersehen wir, dass eine Situation erst dann zur Störung wird, wenn wir eine bestimmte Vorstellung haben, die der Situation widerspricht, wir uns also dagegen wehren. Es gibt keine Störung an sich. Was eine Situation zur Störung werden lässt, ist subjektiv und ein Ausdruck unserer Vorlieben und Vorstellungen.

Den Menschen erregen nicht die Dinge selbst,
sondern seine Sicht der Dinge.

Epiktet

Worunter wir leiden, ist nicht die äußere Situation. Diese ist, wie sie ist. Nein, eigentlich leiden wir unter unserem Widerstand gegen diese Situation. In gewissem Sinne könnte man sagen, wir sind die Störung, nicht das, was uns schwierig erscheint.

Jede sogenannte Störung oder äußere Schwierigkeit ist daher ein Hinweis auf eine innere Vorstellung und einen Widerstand. Wenn wir diese Situation als Chance nutzen, nach innen zu schauen und Verantwortung für unser Leiden zu übernehmen, können wir mehr und mehr Bewusstheit für unsere Tendenz der Ablehnung entwickeln und dadurch Schritt für Schritt freier werden. Der erste große Schritt dazu ist, die äußere Störung als einen Hinweis auf eine innere Ablehnung zu begreifen.

Reflektiere:

Was hat dich heute gestört? Oder was stört dich immer wieder in deinem Leben?

Welche Ablehnung verbirgt sich darin und wie wirkt sich diese in dir aus?

Welche Vorstellung oder welcher Anspruch liegt der Ablehnung zugrunde?

Woran wir die Ablehnung erkennen können

Widerstände sind nicht nur nach außen gerichtet, sondern letztlich immer nach innen, gegen unsere eigenen unangenehmen Gefühle. Das Äußere bringt uns in Kontakt mit etwas Unerwünschtem in uns, zum Beispiel Ohnmacht, und wir versuchen es dann loszuwerden, indem wir das Äußere bekämpfen oder das Unerwünschte in uns unterdrücken.

Dieser Vorgang ist uns aber meist nicht bewusst. Wir bemerken oft nur die Auswirkungen unseres Widerstandes, quasi seine Symptome, nicht aber die Ursache selbst: die Ablehnung, die uns gereizt oder wütend sein lässt. Widerstand erzeugt immer Reibung und diese Reibung bringt Emotionen hervor, unter denen wir dann leiden.

Erst durch den Widerstand wird etwas unangenehm, störend oder schmerzlich.

J. Krishnamurti

Solange wir gegen etwas ankämpfen, fühlen wir Aufbegehren, Gereiztheit, Wut, Trotz und Rebellion. Wenn wir etwas nicht wollen, aber keine Möglichkeit sehen, das zu ändern, entstehen Desinteresse, Frustration, Unlust, Resignation, Abschalten, Müdigkeit und Energielosigkeit. Wenn wir etwas in uns nicht zulassen und unbewusst unterdrücken, überfällt uns Unruhe und Rastlosigkeit. Zweifel hingegen tauchen dann auf, wenn wir etwas von uns fernhalten wollen, weil es uns unangenehm ist, und schließlich sind wir mit Trauer und emotionalem Schmerz in Kontakt, wenn wir etwas loslassen müssen, aber dem Verlust noch nicht ganz zustimmen können.

Letztlich sind alle Emotionen Ausdruck von Widerständen und daher können wir sie dazu nutzen, innere Ablehnung bewusst zu machen und dabei genauer zu erforschen, was wir in uns nicht zulassen wollen.

Experimentiere:

Nimm dir Zeit, wenn Emotionen auftauchen, sie mit folgenden Fragen genauer zu untersuchen:

Was in mir will ich nicht zulassen?

Welche Wirkung hat das in mir?

Geh tief in das hinein, was du nicht zulässt: Wie erfährst du das von innen her?

Finde einen körperlichen Ausdruck dafür: Hineinschlüpfen und erforschen, was sich dabei ausbreitet.

Doch nicht nur Emotionen weisen uns auf Ablehnung hin. Auch Anstrengung ist ein wichtiges Indiz dafür, dass Widerstände in uns wirken. Anstrengung in unserem Leben zu beobachten und zu erforschen kann sehr lohnend sein. Wir werden entdecken, dass die meiste Anstrengung nicht notwendig wäre und wir in der Regel ein Leben führen könnten, das einfach, entspannt und leicht sein könnte. Wer wünscht sich das nicht?

Wenn wir die Ursache von Anstrengung genauer untersuchen, beobachten wir zwei Arten von Anstrengung: natürliche Anstrengung und psychische Anstrengung durch Widerstand. Natürliche Anstrengung entsteht, wenn wir uns körperlich anstrengen wie zum Beispiel durch Sport oder durch starke geistige Aktivität. Auch starke Konzentration, wie wir sie benötigen, um eine Sprache zu erlernen, bewirkt Anstrengung. Diese Arten der Anstrengung sind natürlich und hinterlassen meist ein angenehmes Gefühl der Erschöpfung und der Erfüllung. Obwohl wir danach müde sind, haben wir nicht das Gefühl, dass uns Energie genommen wurde.

Ganz anders dagegen die Anstrengung, die aus Widerstand entsteht. Sie erschöpft uns auf eine Weise, die uns unerfüllt und ausgelaugt zurücklässt. Wir können oft nicht abschalten und kreisen gedanklich weiter um die schwierige Situation. Letztlich wird uns dadurch viel Energie abgezogen, obwohl das objektiv gar nicht nötig wäre.

Ein typisches Beispiel hierfür ist die Meditation. In Schweigekursen beobachte ich immer wieder, dass Einzelne unter großer Anstrengung leiden. Obwohl objektiv weder eine große körperliche noch eine geistige Anstrengung gefordert ist, kämpfen manche Meditierende oft tagelang mit körperlichen Schmerzen, Anstrengung und Energielosigkeit. Doch bei näherer Betrachtung stellt sich immer wieder heraus, dass es nicht die Situation ist, die sie anstrengt, sondern unbewusste Widerstände gegen das Sitzen, gegen die Struktur eines Retreats oder gegen innere Emotionen, die sie nicht zulassen.

Es ist überaus lohnend, Bewusstheit in unsere Anstrengungen zu bringen. Bei der Arbeit, mit Freunden oder mit unseren Kindern, immer wieder entdecken wir bei genauem Hinschauen Anstrengung, die wir oft übergehen und glauben „durchstehen" zu müssen, ohne uns dabei bewusst zu machen, wie unnötig und „hausgemacht" diese sind. Auch können sich in manchen Situationen natürliche und psychische Anstrengung mischen und uns glauben lassen, dass wir unter einer echten Anstrengung leiden.

Doch leiden werden wir immer nur am Widerstand. Wenn wir zum Beispiel etwas lernen müssen, das uns nicht interessiert, werden wir nicht am Lernen leiden, sondern an unserer Ablehnung. Genauso verhält es sich, wenn wir einen Sport machen, zu dem wir gerade keine Lust haben. Das bedeutet, immer wenn wir unter Anstrengung leiden, ist es auf jeden Fall sinnvoll, die Anstrengung genauer zu betrachten.

Wie bei den Emotionen gilt auch hier bei der Anstrengung: Jede Anstrengung ist ein guter Moment, um sich eines Widerstandes bewusst zu werden. Dann kann es freier, leichter und einfacher werden.

Reflektiere:

In welcher Situation oder Beziehung strengst du dich an?

Wie erfährst du diese Anstrengung genau?

Was bist du ohne diese Anstrengung?

Vorstellungen, Vorlieben und Selbstbilder

Widerstände wirken nicht ohne Grund in uns, auch wenn uns häufig die Ursachen dieser Widerstände zunächst nicht bewusst sind. Erst wenn es uns gelingt, unsere Aufmerksamkeit von den „äußeren" Störungen abzuziehen und wir den Blick nach innen wenden und die Widerstände genauer untersuchen, entdecken wir, dass darin immer Vorstellungen, Vorlieben oder Selbstbilder verborgen sind. Zunehmende Bewusstheit für unsere Ablehnung führt uns zwangsläufig dahin, dass wir uns auch unserer Vorstellungen, Vorlieben und Selbstbilder bewusster werden.

Vorstellungen sind innere Überzeugungen, wie das Leben zu sein hat und wie nicht. Wir sind oft empört, wenn sich eine wichtige Vorstellung nicht erfüllt. Dabei muss man sich klarmachen, dass Vorstellungen immer irgendwie starr und begrenzt und damit lebensfern sind, unabhängig davon, wie sich unsere Vorstellungen gebildet haben und durch welche kulturelle Brille wir schauen. Schließlich ist das Leben lebendig und naturgemäß immer größer als unsere Bilder vom Leben.

Wenn uns als aufgeklärten Westeuropäern manche religiöse Praktik des Ostens rückständig oder sogar menschenverachtend vorkommt, bleibt uns trotzdem nichts anderes übrig, als anzuerkennen, dass Leben auch diese Formen der religiösen Ausübung hervorbringt. Unser Bild eines aufgeklärten Lebens ist nichts anderes als eine kulturell geformte Idee. Das Leben ist komplexer als ein irgendwie geartetes Bild und solange wir das nicht anerkennen, führt dies zu Widerstand und Emotionen in uns und zu Ablehnung, Bewertung, Kampf und Verfolgung und damit letztlich zu Krieg im Außen.

Auch Vorlieben sind Vorstellungen, aber emotional aufgeladene Vorstellungen, die sich in Verlangen und Ablehnung ausdrücken. In den Vorlieben wirken oft nicht hinterfragte Bedürfnisse, Sehnsüchte und Wünsche. Viele dieser Wünsche entstehen aus unbewussten Annahmen darüber, was uns glücklich und erfüllt machen könnte und was nicht.

Grundsätzlich ist es vollkommen natürlich, als Mensch Bedürfnisse, Sehnsüchte und Wünsche zu haben und sie auch ernst zu nehmen. Schwierig wird es aber, wenn wir diese mit einem Anspruch verbinden. Jedes Mal wenn ein Wunsch zu einem Anspruch wird, werden wir innerlich fixiert und eng, und wir neigen dazu, um die Erfüllung unseres Wunsches zu kämpfen mit all den negativen Folgen für uns und andere.

Doch genauso wie sich das Leben nicht um unsere begrenzten Vorstellungen kümmert, werden auch unsere Vorlieben nur manchmal erfüllt. Wenn wir uns also nicht zum Opfer machen wollen, geht es darum, unsere Wünsche und Sehnsüchte anzunehmen und ernst zu nehmen, und gleichzeitig offen zu bleiben für eine lebendige Wirklichkeit.

Selbstbilder schließlich sind innere, oft unbewusste Überzeugungen davon, wer wir sind. Selbstbilder sind die Grundlage für unsere normale Identität als Person. Sie beinhalten Rollen, die wir bekleiden, genauso wie verschiedene Charaktereigenschaften.

Doch Rollen können (und werden) sich ändern und auch Charaktereigenschaften sind oft zu eng gefasst. Manche Eigenschaften und manche Gefühle, die in uns auftauchen, entsprechen nicht unseren Selbstbildern. In solch einem Moment werden wir damit konfrontiert, dass wir anders sind, als wir dachten, und die alte Identität, das alte Selbstbild, muss geschützt werden. Es entstehen starke Widerstände gegen das Neue oder Abweichende, das wir nicht sein wollen.

Wenn wir zum Beispiel das Bild von uns haben, stark und leistungsfähig zu sein, werden wir große Schwierigkeiten damit haben, krank zu sein oder unsere Arbeit zu verlieren. Bei genauerer Betrachtung leiden wir mehr unter dem Verlust eines Selbstbildes als unter der konkreten Situation, sei es eine Krankheit oder eine unfreiwillige Arbeitslosigkeit.

Solange die eigentlichen Ursachen unserer Widerstände im Dunkeln liegen, kann es sein, dass es uns nicht gelingt, aus dem hausgemachten Leiden unserer Ablehnung auszusteigen. Erst wenn wir klar erkennen, unter welcher Vorstellung, Vorliebe oder welchem Selbstbild wir leiden, entsteht mehr Bewusstheit und die Chance auf innere Freiheit.

Denn letztlich leiden wir nicht an einer Vorstellung oder einer Vorliebe, sondern an der Identifikation mit dieser Vorstellung bzw. Vorliebe. Wir sind damit verklebt. Mit zunehmender Bewusstheit löst sich die Identifikation von selbst auf und es entsteht mehr Raum, mehr Weite, mehr Freiheit in uns.

Reflektiere:

Erforsche einen Widerstand genauer:

Welcher innere Widerstand verbirgt sich darin?

Welche Vorstellung und welche Vorliebe, welcher Anspruch oder welches Selbstbild drücken sich in dem Widerstand aus?

Was ist der Hintergrund der/s Vorstellung/Vorliebe/Anspruchs/Selbstbildes? Wie ist sie/er entstanden?

Welche Wirkung hat der Widerstand?

Was bist du ohne diesen Widerstand?

Die Leichtigkeit des Seins

Sich systematisch der eigenen Widerstände bewusst zu werden führt dazu, dass wir unsere Widerstände und ihre Ursachen immer klarer erkennen und sie loslassen können. Unser innerer Raum wird dadurch weiter, freier und offener. Auf der anderen Seite geschieht dadurch ein allmählicher Vorgang der Transformation unseres Egos. Denn das, was man Ego oder Persönlichkeit nennt, ist nichts anderes als unsere Identifikation mit Widerständen und unser Verhaftetsein an Vorstellungen, Vorlieben und Selbstbildern.

Die Ausrichtung auf die Grundhaltung der Annahme ist daher nicht nur eine Erinnerung daran, dass alles angenommen ist, sondern auch ein praktischer Weg, der uns Stück für Stück innerlich freier werden lässt. Es ist ein Prozess der Läuterung und des systematischen Umbaus unserer Egotendenzen.

Jeder Moment unseres Lebens, in dem wir mit Emotionen oder Widerständen reagieren, wird so zu einem kostbaren Moment, um bewusster und freier zu werden. Allerdings nur dann, wenn wir diese kleinen Momente der Ablehnung nutzen, unsere Egotendenzen tiefer zu betrachten und die Kraft unserer Bewusstheit dazu einsetzen.

Dieser schleichende und zunächst undramatische Transformationsprozess verändert uns auf Dauer tiefer, als wir zunächst glauben. Meist suchen wir intensive Erfahrungen von Im-Einklang-Sein oder tiefe Einblicke in unsere Seinsnatur. Wie intensiv einzelne Erfahrungen jedoch auch sein mögen, wir können sie nicht festhalten. Dagegen durchdringt eine allmähliche Transformation unseres Egos und eine zunehmende Verkörperung von Annahme unser ganzes Leben und hat letztlich eine viel größere Wirkung: Unser Leben wird einfacher.

Erkenntnis kommt auf leisen Sohlen.

Unbekannt

Diese Einfachheit bedeutet nicht, dass es keine äußeren Schwierigkeiten mehr geben wird. Nein, Schwierigkeiten wie Krankheiten, äußere Konflikte, Verluste, Unfälle, Schicksalsschläge werden weiterhin auftreten, aber mit zunehmender Verkörperung einer annehmenden Haltung gibt es weniger Reibung in uns. Es wird einfacher, da unsere Widerstände und Emotionen abnehmen und wir gelassener sind.

Je umfassender wir die Haltung der Annahme bereits verinnerlicht haben, desto entspannter werden wir sein. Entspannung, Gelassenheit und das Gefühl von Leichtigkeit sind die typischen Grundgefühle, die sich immer mehr einstellen. Umgekehrt können wir sehr leicht erkennen, wie tief wir die Haltung von Annahme bereits verkörpern. Wir brauchen nur darauf schauen, ob unser Lebensgefühl von Emotionen und dem Gefühl der Anstrengung geprägt ist oder von dem Gefühl der Entspannung und der Leichtigkeit.

2.2 Selbstannahme

Besonders spürbar wird die innere Entspannung werden, wenn sich die Grundhaltung der Annahme auf uns selbst ausdehnt. Anerkennen, was ist, bezieht sich nicht nur auf Situationen und andere Menschen, sondern auch auf uns selbst, auf unser Menschsein in unserer Ganzheit.

Das ist gar nicht so selbstverständlich, wie es auf den ersten Blick erscheint. Das Grundgefühl des Egos, das Gefühl von „falsch und ungeliebt sein" ist sehr tief in uns verankert und prägt unser Lebensgefühl und unser Handeln oft stärker, als uns das bewusst ist. Die Folge ist eine subtile Anspannung in unserem Körper und unserer Seele. Die grundlegende Wirkung des Egos ist immer, dass es uns eng macht. Unser Körper verkrampft sich bis in die Zellen hinein, unsere Wahrnehmung schrumpft und ist auf einen sehr engen Blickwinkel fixiert und der Seelenraum wird klein und abgeschottet.

Wir können dieses Phänomen sehr leicht beobachten, wenn wir in ein Beziehungsfeld kommen, in dem wir uns abgelehnt fühlen. Das Grundgefühl des Egos wird in so einem Umfeld von Ablehnung bestätigt und sofort wird unsere Seele sich verkrampfen und kontrahieren. Umgekehrt wird sich unsere Seele entspannen, wenn wir in ein Umfeld kommen, in dem wir uns wirklich angenommen fühlen.

Stellen wir uns das doch einmal konkret vor: Ich komme zu Menschen, von denen ich weiß, dass sie mich in meiner Ganzheit mögen und annehmen. Es ist wie ein seelisches Heimkommen. Wir können in so einem Umfeld loslassen, entspannen und durchatmen. Je tiefer das Erleben von

Angenommensein und Heimkommen wirkt, desto tiefer wird die Entspannung sein. Bis hinein in unsere Zellen wird sich die Entspannung ausdehnen und der innere Raum der Seele wird sich öffnen und entfalten wie die Flügel eines Schmetterlings. Das Grundgefühl ist Loslassen, Entspannen, Sein-Können, Auftanken und Ausdehnung.

Die gleichen Phänomene von Verkrampfung oder Ausdehnung werden natürlich nicht nur durch ein äußeres Umfeld ausgelöst, sondern auch durch unsere innere Haltung uns selbst gegenüber. Wenn wir eine Haltung von Ablehnung uns selbst gegenüber einnehmen, ist die Wirkung Kontraktion und Enge, wenn wir dagegen eine Haltung von Annahme uns selbst gegenüber einnehmen, werden wir uns innerlich entspannen und ausdehnen können.

Bei den meisten Menschen schwankt die Selbstannahme zwischen den Polen von Ablehnung und Annahme mit entsprechender innerer Wirkung. Mal sind wir mit uns zufrieden und wir entspannen ein wenig. Ein anderes Mal sind wir von uns enttäuscht und ärgern uns über uns, und schon fühlen wir Enge und Energielosigkeit. Nur sehr selten gibt es Augenblicke, in denen sich Menschen tief in ihrer Ganzheit annehmen und sich eine Tiefenentspannung einstellt.

Doch jenseits dieser Schwankungen und besonderen Situationen gibt es meist ein Grundgefühl von Selbstannahme, das uns unterschwellig begleitet. Es kann sehr unterschiedlich sein: von einem chronischen Gefühl einer seelischen Enge bis hin zu einer innerer Weite ist alles möglich. Wie alle Grundgefühle nehmen wir auch diese in der Regel nicht mehr bewusst wahr. Sie sind ein Teil unserer Identität geworden. So selbstverständlich wie unser Körperbild.

Reflektiere:

Wie ist dein Grundgefühl von Entspannung und Ausdehnung im Leben? Wie korreliert dieses Grundgefühl mit deiner Selbstannahme?

Erinnere dich an einen Augenblick deines Lebens, in dem du tiefe Annahme gespürt hast und erforsche, wie das innere Erleben dabei war.

Bedingte und unbedingte Liebe

Unser normales Gefühl von Selbstannahme, das zwischen den Polen schwankt, ist sehr bedingt. Kaum machen wir einen Fehler oder versagen bei einer Tätigkeit, schon sinkt unsere Selbstannahme in den Keller. Wenn uns dagegen etwas glückt, können wir uns annehmen oder finden uns sogar toll. Entsprechend labil ist das Grundgefühl von Selbstannahme in äußeren Beziehungen. Wird uns Annahme von außen entgegengebracht, entspannen wir, und wenn wir kritisiert werden, verkrampfen wir uns.

Dies liegt in der Regel daran, dass wir Annahme in unserer Kindheit als etwas sehr Bedingtes erfahren haben. Manche Seiten von uns wurden angenommen und bestätigt und andere nicht. Natürlich gibt es in Familien unterschiedliche Gepflogenheiten, was bestätigt wird und was nicht. Aber es gibt selten Familien, in denen zuallererst eine unbedingte Annahme gelebt und vermittelt wird.

Unbedingte Annahme bedeutet, dass das Kind in seiner Ganzheit angenommen und bestätigt wird. Das ist nur dann möglich, wenn wir als Eltern auf das Sein des Kindes jenseits unserer Wertmaßstäbe schauen. Wenn wir ein Kind als Baby im Arm halten, ist es meist sehr leicht, auf das Sein im Kind zu schauen und das Wunder des Lebens zu sehen, das sich hier offenbart. Wir staunen über jegliche Regung und lieben es bedingungslos.

Aber kaum wird das Kind etwas älter, schon wird uns das Sein des Kindes zur Selbstverständlichkeit und wir schauen immer mehr auf die Oberfläche und das Verhalten des Kindes: wie es aussieht, wie es sich verhält und ob es sich gemäß unseren Wertmaßstäben richtig verhält oder nicht. In vielen Familien sind die Eltern irgendwann mehr mit den Hausaufgaben des Kindes beschäftigt als mit seinem seelischen Wohl, geschweige denn mit seinem Sein. Das heißt, Eltern verlieren meist sehr schnell das Sein des Kindes aus dem Blick und bestätigen es nicht mehr. Dagegen konzentrieren sie sich immer mehr auf das Tun des Kindes, gleichen es mit ihren Wertvorstellungen ab und vermitteln dadurch eine bedingte Liebe.

Ein Stück weit ist dieser Vorgang ganz normal und es wäre Unsinn zu meinen, wir könnten uns als Eltern von dieser Dynamik ganz frei machen. Wir sind alle Menschen und unsere Sorge darüber, dass unsere Kinder in der Welt funktionieren, lässt uns meist sehr schnell die bedingungslose Liebe vergessen. Tatsächlich ist das Bemühen der Eltern um das Benehmen und das Verhalten ihrer Kinder berechtigt und wichtig. Das kindliche Verhalten braucht die Wahrnehmung, Bestätigung und Orientierung der Eltern. Aber neben der klassischen Aufgabe des Erziehens ist es durchaus möglich, dass sich Eltern immer wieder darauf besinnen, dass ihre Kinder zuallererst eine Bestätigung für ihr Sein an sich brauchen und erst in zweiter Linie eine Bestätigung dafür, wie sie sind.

Bei den meisten Eltern kehrt sich dieses Verhältnis um. Sie schenken ab einem gewissen Zeitpunkt fast nur noch dem Verhalten der Kinder Aufmerksamkeit und nicht mehr ihrem grundlegendem Dasein. Aber im Grunde ist es nicht schwer, sich als Eltern immer wieder daran zu erinnern, das Wunder in unseren Kindern zu sehen. Es ist immer da und braucht nur einen kurzen Augenblick, in dem wir unseren Fokus ein wenig verändern. Wir müssen nur unseren Blick ein wenig weiten und unsere Kinder wieder mit neuen und staunenden Augen betrachten.

Das ist durchaus möglich. Der wichtigste Schritt dazu ist wahrscheinlich, den Schleier der Selbstverständlichkeit abzulegen. Gewohnheit ist ein Schleier, der sich über alles legen kann und die Berührbarkeit unserer Sinne und unseres Herzens zudeckt. Sobald unsere Kinder ein selbstverständlicher Teil unseres Lebens geworden sind, fühlen wir die Kostbarkeit und das Wunder ihres Daseins nicht mehr unmittelbar. Wenn wir jedoch den Schleier der Selbstverständlichkeit bewusst lüften, öffnen sich unsere Augen und unser Herz, und die bedingungslose Liebe für unsere Kinder, die unter dem Schleier verborgen lag, wird wieder spürbar.

Reflektiere:

Wie hast du auf deine Kinder in den ersten Tagen und Wochen ihres Lebens geschaut?

Wie empfindest du deine Kinder, wenn du nicht auf ihr Verhalten, sondern auf ihr grundlegendes Dasein schaust?

2.3 Die Kraft der Annahme in Beziehungen

Die Kraft der Annahme hat nicht nur eine zentrale Bedeutung in der Beziehung zwischen Eltern und Kindern, sondern in all unseren Beziehungen. Beziehungen gestalten sich anders, wenn die Annahme die Grundlage für die Begegnung ist. Dann können sich Menschen vertrauensvoll öffnen und ungeschützt und authentisch zeigen. Dann fühlen sich Menschen gesehen und bestätigt und fühlen ihren natürlichen Wert.

Auf der Basis von Annahme werden sich Beziehungen vertiefen und Menschen konstruktiv zusammenarbeiten. Gruppen und ganze Gemeinschaften bekommen sofort einen ganz anderen Charakter, je nachdem ob die Atmosphäre durch Konkurrenz, Kritik und Missgunst geprägt ist oder durch eine annehmende Grundhaltung.

In der gesamten Pädagogik spielt die Annahme eine Schlüsselrolle. Wie sollen sich Kinder entfalten, wenn sie sich nicht von dem Erzieher oder dem Lehrer wertgeschätzt fühlen? Wie soll Freude am Lernen entstehen, wenn Schüler sich nicht mit ihren Fehlern angenommen fühlen? Es gibt eine ganze Phase der Entwicklung, in der das Kind vor allem aus Liebe zum Erwachsenen bereit ist, den vorgegebenen Stoff zu lernen. Wenn das Kind in dieser Phase nicht fühlt, dass die Lehrer wirklich an ihm interessiert sind, wird es die Motivation verlieren.

Welche Beziehungssituation wir auch immer betrachten, die Grundhaltung der Annahme wirkt in jeder Kommunikation. Sie ist die Basis, auf der Kommunikation und auch Professionalität erst fruchtbar wird. Dabei ist die Annahme selbst oft nur implizit sichtbar und spürbar. Im Vordergrund eines Gesprächs geht es zum Beispiel um ein Thema oder um verschiedene Bedürfnisse. Es wird meist mit keiner Silbe erwähnt, dass sich jemand angenommen fühlt oder nicht. Trotzdem wird sofort spürbar, ob die Basis für das Gespräch die Annahme ist oder nicht.

Wie alle Grundhaltungen ist auch die Annahme eine hintergründige Kraft. Und doch ist sie die entscheidende Kraft, die einen Austausch zwischen Menschen an der Oberfläche einer Begegnung fruchtbar macht. Erst durch die Haltung der Annahme findet eine echte Anteilnahme an der Welt des Gegenübers statt.

Wir können das vergleichen mit der Schwerkraft. Sie ist eine zentrale hintergründige Kraft, die das Leben auf diesem Planeten erst möglich macht. Obwohl sie immer wirkt, wird sie in aller Regel nicht wahrgenommen. Doch was würde passieren, wenn die Schwerkraft aussetzen würde? Und was passiert zwischen Menschen, wenn die hintergründige Kraft der Annahme nicht mehr wirkt? In beiden Fällen setzt sofort ein Auseinanderdriften ein.

Auf Menschen bezogen liegt das daran, dass wir uns erst in der echten Anteilnahme und Annahme mit dem Gegenüber seelisch verbinden. Nähe und echtes Verständnis, ein inneres, empathisches Verstehen des Gegenübers, sind die Folge. Wir können mit Menschen diskutieren und kommunizieren, aber ohne Empathie und echte Anteilnahme entsteht dadurch keine Nähe, sondern das Gegenteil: Distanz. Die Welten driften auseinander und nach kurzer Zeit finden wir uns im Unverständnis oder sogar im Konflikt wieder.

Gott sei Dank können wir diesen Vorgang des Auseinanderdriftens jederzeit umkehren. In jedem Augenblick einer Beziehung haben wir die Möglichkeit, uns wieder auf die verbindende Kraft der Annahme zu besinnen und uns wieder neu für die andere Person zu öffnen. Wenn wir daher in Beziehungen nicht oder nicht mehr das Gefühl haben, dass eine echte Nähe vorhanden ist, liegt es an uns, zu betrachten, wie wir uns in der Beziehung verschließen, um uns dann wieder ganz neu auf die andere Person mit Anteilnahme einzulassen. In der Regel wird es dann nicht lange dauern, bis sich auch die andere Person wieder mehr öffnet und sich die seelischen Welten fühlbar verbinden.

Reflektiere:

Betrachte verschiedene Beziehungen aus deinem Leben: Wie ist die Grundatmosphäre? Sind diese Beziehungen von Annahme getragen? Wie merkst du das?

Sensibilisiere dich immer mehr dafür, zu bemerken, wann in Gesprächen die Haltung von Annahme verlassen wird.

Empfangen und umfassen

Annahme ist eine Haltung der Empfänglichkeit. Wenn ich das Gegenüber annehme und diesen Vorgang körperlich ausdrücken würde, würde ich meine Arme weit öffnen. Ich öffne mich mit meiner Seele und meinem Herzen für die Welt des Gegenübers und nehme sie oder ihn in mich auf.

Martin Buber bezeichnet diesen Vorgang als ein „Die-andere-Person-Umfassen“. Ein etwas altertümlicher Begriff, der aber sehr plastisch den Vorgang der Annahme beschreibt. Umfassen bedeutet hier, dass ich mich innerlich weit mache und öffne, um die andere Person in ihrer Ganzheit, das Sichtbare und das Unsichtbare, das Angenehme und das, was für mich schwierig ist, in mir aufzunehmen.

Ist das nicht sehr anspruchsvoll? Ja, die Haltung der Annahme ist anspruchsvoll, da ich bereit sein muss, meine Ideen und Vorlieben, die ich in Bezug auf die andere Person habe, auf die Seite zu stellen. Aber wenn ich dazu bereit bin, meine Ideen nicht so wichtig zu nehmen und mich lieber für eine andere Welt zu öffnen, werde ich schnell entdecken, dass ich dabei nichts verliere, sondern eine enorme Erweiterung meiner Welt erfahre.

Ist das überhaupt möglich, die andere Person in ihrer Ganzheit in uns aufzunehmen? Ja, das ist dann möglich, wenn ich mir bewusst mache, dass es nur um Empfänglichkeit und Empathie geht und nicht darum, etwas zu tun. Jemanden zu umfassen ist eine Haltung des Seins. Wir brauchen ihm nicht zu helfen, keine Ratschläge geben und das, was wir sehen oder empfinden, nicht ändern oder verbessern. Erst wenn wir uns bewusst sind, dass die zentrale Verantwortung in Beziehung Anteilnahme ist und daraus nicht notwendigerweise eine Handlung folgen muss, haben wir die innere Freiheit, das Gegenüber in seiner Ganzheit zu umfassen.

Experimentiere:

Sprich die Worte: „das Gegenüber in seiner Ganzheit umfassen" in dich hinein und lass zu diesen Worten eine Gebärde auftauchen.

Nimm diese Gebärde ein und erforsche: Welche Körperempfindungen, Gefühle und inneren Bilder hast du in dieser Grundhaltung? Wie schaust du auf die andere Person aus dieser Haltung?

Konflikte entschärfen

Wenn Welten auseinanderdriften, dann entsteht zunächst Distanz und Beziehungslosigkeit. Das ist erst einmal noch nicht destruktiv. In dieser Phase gibt es kein „Miteinander“, sondern es herrscht ein Zustand von „Nebeneinander“ und Desinteresse. Viele Beziehungen zwischen einzelnen Menschen, aber auch zwischen Religionsgemeinschaften oder ganzen Völkern sind von der Grundatmosphäre eines „Nebeneinander“ geprägt.

In diesem Zustand gibt es keinen offenen Konflikt und keinen Krieg, aber es herrscht auch kein echter Friede. Ein lebendiger Friede braucht Interesse, Anteilnahme und ein echtes Miteinander. Der Zustand des „Nebeneinander" ist also ein Zwischenzustand, eine Art „kalter Krieg".

Desinteresse zwischen Menschen ist die Vorstufe zum Konflikt und das Desinteresse zwischen Völkern oder Religionsgemeinschaften ist die Vorstufe zum Krieg. Wie schnell kann es geschehen, dass mich jemand, der mich im Grunde nicht interessiert, aufregt? Ich will ihn oder sie einfach loshaben. Nichts anderes bedeutet im Kern die Haltung von Desinteresse. Der andere interessiert mich nicht. Er erscheint mir sowieso als komisch oder falsch und im Grunde will ich nichts mit ihm zu tun haben.

Solange es möglich ist, den anderen auszublenden und auf Distanz zu halten, entsteht in diesem Zustand noch kein offener Konflikt. Aber in dem Moment, wo dies nicht mehr möglich ist, geht der Zwischenzustand von Desinteresse sehr schnell in Aggressivität über. Jetzt muss ich mich plötzlich beziehen, obwohl ich im Grunde gar nicht will. Jetzt muss ich in Beziehung treten, dort, wo ich mich eigentlich abgrenzen will. Macht das nicht allein schon aggressiv? Und wenn ich mich jetzt aus der Haltung von Desinteresse und Aggression auf das Gegenüber beziehe, führt das nicht automatisch zu Missverständnissen?

In einem Klima von unterschwelligem Desinteresse und Aggression wird das eigene Land verteidigt und alles Fremde sofort als Angriff auf das eigene Territorium verstanden. Sofort fließt die ganze Energie in Verteidigung und Schutzmechanismen. Wobei Verteidigungsstrategien keineswegs nur ein passives Sich-vor-dem-anderen-Schützen sind, sondern meistens einen direkten Angriff auf das Gegenüber mit einschließen. Nach dem Motto: „Wenn mich jemand angreift, dann darf oder muss ich auch zurückschlagen."

In Konflikten entsteht sehr häufig der Zustand, dass nur noch die Verteidigungslinien der Konfliktparteien miteinander kommunizieren und dies wechselseitig als Angriff empfunden wird. Es ist eine Situation, als ob nur noch die Armeen von Ländern miteinander kommunizieren würden und nicht mehr die Politiker und die Bürger. Wenn sich dieser

Vorgang aufschaukelt, kann sich zwischen Menschen oder auch Völkern eine extreme Destruktivität entwickeln.

Wie können wir Konflikte und Kriege entschärfen und vielleicht sogar wieder in einen Zustand von Miteinander überführen? Letztlich ist das nur durch die Kraft der Annahme möglich. Professionelle Konfliktberater in aller Welt wissen, dass bei kleinen und großen Konflikten der Schlüssel zur Entschärfung nur in der Annahme und im Verständnis füreinander zu finden ist.

Sie setzen alles daran, um die Konfliktparteien, die in ihrer Verhärtung besonders destruktiv wirken, in ihrem Grundanliegen zu verstehen und dieses anzuerkennen. Erst dadurch können sich Verhärtungen und Verteidigungsstrategien, die das Grundanliegen schützen, entspannen, und die Bereitschaft, sich für die andere Konfliktpartei zu öffnen, wächst.

Interesse, Anteilnahme, Verständnis und Annahme sind die Schlüssel dafür, destruktive Beziehungsprozesse wieder umzudrehen. Wenn Konflikte bereits sehr verhärtet sind, braucht es dazu „neutrale" Personen, die die Bereitschaft und Fähigkeit besitzen, sich auch den destruktiven Konfliktparteien mit Offenheit und Empathie zuzuwenden. Wenn Konflikte erst im Entstehen sind, können sie jedoch ohne äußere Hilfe entschärft werden. Es genügt, wenn eine Konfliktpartei die Fähigkeit hat, das Eigene für einen Augenblick zur Seite zu stellen, und sich dem Gegenüber annehmend zuzuwenden.

Reflektiere:

Welche Beziehungen gibt es in deinem Leben, in denen ein echtes Miteinander wirkt und in welchen Beziehungen ist es mehr ein Nebeneinander?

Wie könntest du Beziehungen von Nebeneinander mit Interesse und Anteilnahme anreichern?

Hast du die Bereitschaft und die Fähigkeit, in Konflikten das Eigene für eine gewisse Zeit zur Seite zu stellen und dich empathisch dem Grundanliegen des Gegenübers zuzuwenden?

Das heilende Feld der Annahme

Nicht nur in Konflikten, sondern auch in Situationen, in denen wir seelisch oder körperlich belastet oder sogar krank sind, kommt der Kraft der Annahme eine besondere Bedeutung zu. Tatsächlich ist Heilung ohne Annahme kaum möglich. Denn nur in Räumen des Angenommenseins kann sich unser Organismus entspannen. Und nur dort, in der Entspannung, regenerieren wir und können zu einer inneren Balance zurückfinden.

Annahme, Entspannung und Heilung hängen unmittelbar zusammen. Ohne Annahme gibt es keine Entspannung und ohne Entspannung kann sich unser Organismus weder auf der körperlichen noch auf der geistigen und seelischen Ebene regenerieren. Für innere Heilung können wir den Aspekt der Entspannung gar nicht genug wertschätzen. Entspannung ist keineswegs etwas Oberflächliches, sondern der zentrale Zustand, in dem sich unser Organismus erholt und auftankt.

Wann regenerieren wir körperlich? Im Schlaf. Aber auch tagsüber, nämlich immer dann, wenn der Parasympathikus aktiv ist. Wann regenerieren wir geistig? In Augenblicken des Nichtdenkens, wenn wir aus der beständigen Gedankenaktivität für Momente aussteigen können. Und wann regenerieren wir seelisch? Durch innere Entspannung, wenn wir das

Gefühl haben, nichts bringen oder darstellen zu müssen, sondern sein zu dürfen, so wie wir gerade sind. Das wiederum geschieht nur in Räumen des Angenommenseins.

Alle Menschen suchen und lieben unbewusst diese heilsamen Momente der Annahme. Wir können sie an den unterschiedlichsten Orten finden: durch einen schönen Spaziergang in der Natur oder eine liebevolle Berührung, durch ein Gespräch, in dem wir uns verstanden fühlen, durch eine berührende Musik oder einen Moment der Stille, durch kreative Beschäftigung oder Schwimmen in einem kühlen Bergsee. Heilsame Momente müssen nicht spektakulär sein. Es sind oft kleine, unscheinbare Momente von Einklang, die kostbar sind und uns nähren.

Wenn wir diese Augenblicke genauer betrachten und dabei nicht auf die äußere Situation schauen, sondern nach innen, auf das, was in uns dabei geschieht, werden wir feststellen, dass typischerweise eine Entspannung einsetzt und wir uns gleichzeitig tiefer und wahrhaftiger fühlen.

Für unsere Seele sind „Räume der Entspannung", in denen wir uns in unserem Sosein angenommen fühlen, enorm wichtig und heilsam. Ob wir dieses Gefühl in der Natur erfahren, durch die Zuwendung eines guten Freundes oder in der Meditation, spielt dabei keine Rolle. Wenn wir das Gefühl haben, bedingungslos angenommen zu sein, lösen sich subtile Verkrampfungen und Anstrengungen in unserer Seele und wir können uns innerlich ausbreiten. Jetzt wird unsere Lebensenergie nicht mehr durch die Kontraktion unseres Egos verbraucht, sondern kann sich frei entfalten und uns nähren.

Gleichzeitig entsteht genau hier, in der Entspannung, wo wir „einfach sein dürfen", ein völlig anderer Zugang nach innen. Solange wir innerlich mit einer Anstrengung oder einer Kontraktion identifiziert sind, gibt es kaum die Möglichkeit für eine feine und differenzierte Wahrnehmung nach innen. Erst im Loslassen entsteht eine Sensitivität für das gegenwärtige Erleben und ermöglicht einen intensiven Kontakt und ein Berührtsein vom gegenwärtigen Augenblick.

Wir kennen diesen Unterschied zwischen oberflächlicher Wahrnehmung und echter Sensitivität alle: Wir können zum Beispiel eine Blüte oberflächlich wahrnehmen, und es kann geschehen, dass uns die gleiche Blüte zu Tränen rührt. Im Zustand der Entspannung, der Muße und des inneren Loslassens werden unsere Sinne und unsere Seele erst empfänglich. Mit dieser inneren Empfänglichkeit geht einher, dass wir unsere innere Wahrheit und unseren inneren Rhythmus besser spüren und entsprechend leben können.

Wenn wir daher körperlich, geistig oder seelisch gesunden wollen, gibt es nichts Heilsameres, als Räume der Entspannung aufzusuchen. Räume, in denen wir uns angenommen fühlen, in denen wir uns fallen lassen können und unsere Selbstheilungskräfte und unsere Lebenskraft nicht durch Anspannung und Kontraktion unnötig verbraucht werden, sondern frei fließen können.

Reflektiere:

Gibst du der Entspannung und dem Loslassen genug Raum in deinem Leben? Schätzt du die Entspannung und die Muße genauso wert wie die Aktivität?

Ist die Grundhaltung, aus der heraus du meditierst, ein angespanntes Tun und Wollen oder ein Raum von „sein dürfen"?

Wo findest du „Räume von Angenommensein" und wie kannst du sie nähren?

Der eigenen Ohnmacht zustimmen

Professionelle Helfer wissen um die Bedeutung der Annahme für die Heilung. In jeder helfenden Beziehung ist der Schlüssel zur Heilung ein wertungsfreier, annehmender Raum. Es spielt dabei keine Rolle, ob wir zum Psychotherapeuten gehen, uns einem Arzt anvertrauen oder ob uns ein Krankenpfleger betreut. Natürlich braucht es die jeweilige Kompetenz des Helfers, aber immer ist die Annahme die Grundlage, ohne die sich kein Mensch einem anderen Menschen anvertrauen kann und ohne die sich niemand entspannen und zu Balance und neuer Kraft finden kann.

Dies gilt natürlich nicht nur für professionelle Helfer, sondern auch für jede Situation, in der wir einem Menschen in der Krise oder in schwierigen Situationen beistehen. Je mehr wir als Begleiter ein Feld der Annahme und des Verständnisses aufbauen können, desto leichter kann ein Mensch in Not seine Gefühle ausdrücken und sich in seiner Not zumuten.

Dabei ist entscheidend, dass wir eine empfangende Haltung einnehmen und den Schmerz, das Leid, die Ohnmacht oder vielleicht sogar Ausweglosigkeit der anderen Person in uns aufnehmen können. Wir sind dann wie das Meer, das das Wasser der Flüsse empfängt. Dieser heilsame Vorgang braucht keine besonderen Fähigkeiten und keine professionelle Ausbildung. Die Voraussetzung ist jedoch, dass wir der Not und dem Leiden der anderen Person zustimmen.

Bedingungslose Annahme heißt dem zuzustimmen, was ist, und nicht, die momentane Wirklichkeit ändern oder verbessern zu wollen. Wenn wir diese Haltung einnehmen, brauchen wir uns in der Begleitung von Menschen in Not nicht anzustrengen. Wir brauchen nichts zu wissen und nichts zu können, um die Person in ihrer Not zu unterstützen. Es braucht keine Lösungswege oder Ratschläge von uns. Wir können sie und ihre Gefühle einfach empfangen und mit unserem Mitgefühl und unserer Präsenz umfassen.

Ist das überhaupt möglich? Kann man sein Herz für die Not einer anderen Person weit öffnen und sich davon berühren lassen und gleichzeitig „nur" empfangen? Hat man nicht die Verpflichtung, etwas zu tun, wenn man das Leiden einer anderen Person spürt?

Die erste Verantwortung im Kontakt mit einer leidenden Person ist, unser Herz für sie in ihrem Leiden zu öffnen. Das bedeutet, all unseren reflexartigen Strategien, das Leiden der anderen Person nicht aushalten zu müssen, zu widerstehen. Letztlich ertragen wir nämlich die eigene Hilflosigkeit nicht und genauso wenig die unangenehmen Gefühle, die das Leiden der anderen Person in uns erzeugt. Um also einer anderen Person in Not wirklich begegnen zu können und sie in dieser schwierigen Situation mit unserem Herzen umfassen zu können, müssen wir auch der eigenen Ohnmacht zustimmen.

Erst wenn wir der eigenen Ohnmacht und dem Leiden der anderen Person zustimmen, entsteht ein Raum für echte Wahrnehmung, in der sich eine natürliche Intelligenz entfalten kann. Dann spüren wir meist sehr deutlich, ob es in der Situation tatsächlich für uns als Begleiter etwas zu tun gibt oder nicht. Sehr oft ist das Einzige, das es zu tun gibt, die Not der anderen Person zu empfangen, also schlicht damit zu sein und darauf zu vertrauen, dass die Heilkraft der Annahme ihre Wirkung entfaltet.

Das Leben heilt und nicht wir. Die Lebenskraft findet ihre eigenen Wege, sich zu entfalten und wieder auszubalancieren. Oft können wir nicht mehr tun, als dieser Lebenskraft und den ganz eigenen Wegen, die sie geht, zu vertrauen. Und doch ist dieses Vertrauen in die Lebenskraft ein entscheidender Faktor, der es uns ermöglicht, einem anderen Menschen in Not beizustehen. Dieses Vertrauen gibt uns die Kraft, der eigenen Hilflosigkeit zuzustimmen und gleichzeitig im Kontakt zu bleiben und ein heilsames Feld von bedingungsloser Annahme aufzubauen.

Reflektiere:

Wie reagierst du reflexhaft, wenn du mit dem Leiden einer anderen Person konfrontiert bist? Was sind deine typischen Strategien, um dem Leiden der anderen Person auszuweichen oder es ändern?

Wie fühlt es sich in dir an, wenn du dein Herz für eine leidende Person öffnest und gleichzeitig deiner Ohnmacht zustimmst, also beides sein darf?

Zuhören als Praxis der Annahme

Annahme ist eine empfangende Grundhaltung, mit der wir die Situation oder den Menschen, der gerade vor uns ist, in uns aufnehmen oder wie Martin Buber sagt: umfassen. Aus diesem Grund ist das Zuhören der konkret gelebte Ausdruck der Annahme in Beziehungen.

Zuhören bedeutet, sich zu öffnen und die Welt des anderen in mich aufzunehmen. Es ist die direkte Entsprechung einer empfangenden Haltung und daher die zentrale Praxis, die es in unseren Beziehungen zu leben gilt. Erst wenn wir einem anderen Menschen präsent und empathisch zuhören, wenn wir wirklich Anteil nehmen an seiner Welt und die Person das fühlen kann, entsteht in ihr das Gefühl, angenommen zu sein.

Dabei spielt es keine Rolle, ob es eine geschäftliche oder familiäre Beziehung ist, ob es ein politischer Diskurs oder ein intimer Austausch ist, ob wir einer Person in einer schwierigen Situation beistehen wollen oder ob es ein lockerer Austausch über den letzten Urlaub ist, die Qualität der Begegnung und ihre Wirkung auf die Gesprächspartner hängt entscheidend davon ab, ob wahrhaftig zugehört wird.

Wie fühlen wir uns, wenn ein naher Mensch uns nicht aufrichtig zuhört, sondern nur seine Kommentare und seine Sicht der Dinge zum Besten gibt? Fühlen wir uns dann gesehen? Fühlen wir uns angenommen? Fühlen wir nach so einem Kontakt mehr oder weniger Nähe zur anderen Person?

Obwohl es offensichtlich ist, dass die Basis für ein gutes Gespräch das Zuhören als konkreter Ausdruck einer gelebten Annahme ist und dies auch vielen Menschen bewusst ist, kann man doch erstaunlich viele Gespräche beobachten, in denen dieses einfache Grundprinzip nicht beachtet wird.

Manchmal liegt es daran, dass das eigene Mitteilungsbedürfnis so groß ist, dass kein Raum und kein Interesse für die andere Person vorhanden sind. Manchmal liegt es eher daran, dass wir so von unserer eigenen Meinung überzeugt sind, dass wir nicht die Offenheit besitzen, auch die Meinung eines anderen Menschen in uns aufzunehmen. Vielleicht liegt es manchmal schlicht daran, dass ein eloquentes Auftreten „sichtbarer" und damit wertvoller zu sein scheint als das „unsichtbare", stille und hintergründige Zuhören.

Was auch immer der Grund für unser mangelndes Zuhören ist, wir zahlen einen hohen Preis, denn ohne offene und empathische Ohren verlieren wir den Kontakt zum Gegenüber. Es entstehen Distanz und Entfremdung. Was sollen ein Gespräch oder ein Kontakt für einen Sinn haben, wenn man nicht beieinander ankommt? Niemand wünscht sich Distanz, niemand wünscht sich Desinteresse und Unverständnis und doch streuen viele Menschen unbewusst die Samen von Distanz und Unverständnis aus, indem sie nicht oder nur oberflächlich zuhören.

Wenn wir wirklich daran interessiert sind, eine Gesellschaft des Friedens und der Annahme zu werden, sollten wir gerade unseren Kindern zu Hause oder in der Schule aufmerksam zuhören und ihnen den Wert einer annehmenden Grundhaltung durch Zuhören im Gespräch vermitteln. Das Vorbild durch Eltern und Pädagogen wirkt hier prägend. Es ist daher entscheidend, wie wir unseren Kindern und unseren Partnern zuhören.

Gibt es Rituale des Zuhörens in unserer Familie, zum Beispiel Familienkonferenzen, in denen alle Bedürfnisse und Meinungen gehört werden oder werden die Dinge von einer Person ungefragt entschieden? Gibt es in Konfliktsituationen das aufrichtige Bemühen, dem Konfliktpartner zuzuhören und in seinem Anliegen zu verstehen? Gibt es regelmäßig „Räume des Zuhörens“, in denen ohne Zeitdruck und mit Interesse Familienmitglieder in ihrer aktuellen Befindlichkeit und mit den Themen, die sie gerade beschäftigen, gehört werden?

Reflektiere:

Wie fühlst du dich nach einem Gespräch, in dem dir nicht wirklich zugehört wurde?

Betrachte verschiedene Gespräche mit wichtigen Menschen deines Lebens: In welchen Momenten steigst du aus der empfangenden Haltung des Zuhörens aus?

Anregung: Frage deine Gesprächspartner nach wichtigen Gesprächen, ob sie sich wirklich gehört und verstanden fühlen.

2.4 Annahme und Handeln

Annahme heißt Empfangen. Empfangen ist jedoch keine Aktivität, sondern ist eine Art Hingabe. Doch wie verträgt sich das mit unserem Handeln? Was ist mit unserer Fähigkeit, uns aktiv zu beziehen? Hat das Handeln in der Grundhaltung der Annahme Platz?

Selbstverständlich werden und müssen wir als Menschen weiterhin handeln und uns aktiv auf Situationen beziehen. Die Grundhaltung der Annahme bedeutet nicht, nur noch passiv das Leben entgegenzunehmen. Genauso wie es nicht darum gehen kann, nur noch zuzuhören und nicht auch das Eigene mitzuteilen. Es geht (wie fast immer) nicht um ein „Entweder - oder", sondern darum, die empfangende Grundhaltung mit unserer Fähigkeit zu handeln in Einklang zu bringen.

Das kann nur geschehen, wenn wir anerkennen, dass die empfangende Haltung und die Annahme die Grundlagen sind für eine Handlung in Bezogenheit. Nur eine Handlung in Bezogenheit kann letztlich eine echte Antwort auf eine Situation sein und entsprechend konstruktiv wirken.

Die Haltung der Annahme ist die Basis, aus der die Handlung natürlicherweise erfolgt. Eine Handlung ohne Zustimmung ist jedoch wie ein Haus ohne Fundament. Es schwebt in der Luft und steht nicht auf dem Boden der Wirklichkeit. Wie ein Luftschloss, das eine Art isolierte Blase bildet, die über den Dingen schwebt, ist auch eine Handlung ohne Annahme nicht wirklich bezogen und damit kontaktlos. Die Folge ist in jedem Fall eine Unverbundenheit und eine starke Spannung zwischen unserer Vorstellung und der jeweiligen realen Situation.

Doch wie können wir etwas tiefer wahrnehmen, wenn wir es zunächst nicht so nehmen, wie es ist? Wie können wir eine Person sehen, wenn wir sie ablehnen? Und wie können wir uns intelligent auf die Gegenwart beziehen, wenn unsere Wahrnehmung durch die Ablehnung und die Nicht-Bezogenheit verstellt wird?

Verneinung einer Situation bewirkt grundsätzlich eine Verzerrung unserer Wahrnehmung. Durch die Ablehnung entsteht sofort eine Art Tunnelblick, der wie ein Filter wirkt. Es wird nur noch durchgelassen, was unsere Ablehnung bestätigt. Wenn wir einen Menschen ablehnen, erscheint uns alles an ihm unangenehm und es fällt uns schwer, ihm in die Augen zu schauen.

Erst durch die Annahme sind unsere Sinne frei, die Situation oder die andere Person tiefer wahrzunehmen. Annahme und Wahrnehmung sind daher zwei Seiten einer Münze. Das eine ohne das andere ist nicht möglich. Und beides ist die Basis dafür, bezogen und damit verantwortlich zu handeln, also auf eine Situation konstruktiv zu antworten.

Reflektiere:

Lass verschiedene Situationen auftauchen und betrachte, ob die Annahme oder die Ablehnung die Basis für dein Handeln in dieser Situation war.

Welche Wirkung hatte es jeweils?

Reaktion und Antwort

Annahme schließt Handeln also nicht aus. Im Gegenteil. Annehmen bedeutet ein aktives Gestalten oder Mitgestalten des Lebens. Aber eben nicht aus der Verneinung einer Situation heraus, sondern aus der Grundhaltung der Annahme.

Wenn wir eine Situation ablehnen, sie verneinen, dann sind wir im Kampf mit dieser Situation. Die Folge sind Emotionen wie Enttäuschung, Ärger, Wut, Entrüstung und Vorwürfe. Alles Gefühle, die auf eine Ablehnung hinweisen. Wenn wir jetzt aus der Ablehnung und der damit einhergehenden Emotion heraus handeln und unsere Emotionen ausagieren, hat dies typischerweise eine destruktive Wirkung. Die andere Person fühlt sich angegriffen oder abgelehnt und wird sich in der Regel wehren.

Handlungen, die aus einer Negation der Gegenwart heraus entstehen, werden in der Transpersonalen Prozessarbeit „Reaktion" genannt. Es sind meistens automatische Abwehrmuster, die typischerweise dazu führen, dass auch die andere Person mit automatisierten Abwehrmustern reagiert, denn Ablehnung bewirkt Verteidigung und wiederum Ablehnung. Reaktion bringt daher Reaktion hervor. Die Folge ist Unverständnis, Distanz, Verstrickung und Konflikt.

Ganz anders die Wirkung einer Antwort, also einer Handlung, die aus der Annahme heraus geschieht. Die andere Person fühlt sich gesehen und ernst genommen und muss sich daher nicht verteidigen. Sie wird damit eingeladen, sich authentisch und offen zu zeigen und zu beziehen. Mit anderen Worten: Eine Antwort hat typischerweise wieder eine Antwort zur Folge.

Ist das nicht hoffnungsvoll? Der Schlüssel, um Beziehungen konstruktiv zu gestalten, liegt damit in unseren Händen. Unsere Fähigkeit, aus der Annahme heraus zu handeln, trägt entscheidend dazu bei, wie sich wiederum die andere Person uns gegenüber verhalten wird und wie sich die Beziehung langfristig entwickelt.

Das Bewusstsein über diesen Mechanismus ist jedoch mehr als eine Chance. Es beinhaltet eine Verantwortung. Wir können nicht mehr die andere Person dafür verantwortlich machen, wenn eine Beziehung sich nicht konstruktiv entfaltet. Denn selbst wenn die andere Person nur aus der Ablehnung heraus agiert, also in einer Reaktion gefangen ist, steht es uns jederzeit frei, den destruktiven Kreislauf von Reaktionen zu verlassen und die Beziehungsdynamik dadurch zu verändern, dass wir selbst aus der Annahme heraus handeln, also antworten.

Das ist nicht immer einfach. Manchmal braucht es eine große Entschlossenheit, auf einen Vorwurf oder einen Angriff nicht zu reagieren, sondern zu antworten. Zu gern würden wir uns herausreden und unsere eigene Reaktion damit entschuldigen, dass die andere Person uns doch angegriffen habe. Dürfen wir uns dann nicht verteidigen und zurückschlagen?

Natürlich dürfen wir das, aber es hat einen Preis, den wir bezahlen werden. Wir feuern nämlich durch unsere Reaktion den destruktiven Kreislauf, in dem Reaktion auf Reaktion folgt, an. Letztlich können wir nicht der anderen Person die Verantwortung dafür zuschieben, den Kreislauf einer destruktiven Reaktionskette zu unterbrechen. Wir sind genauso dafür verantwortlich und haben jederzeit die Möglichkeit, das Aufschaukeln der Reaktionen von unserer Seite aus zu beenden.

Reflektiere:

Betrachte Konfliktsituationen: Steigst du bereitwillig auf eine Reaktion mit einer eigenen Reaktion ein oder bist du bereit, darum zu ringen, aus dem Reagieren auszusteigen und zu antworten.

Die Antwort reifen lassen

Der erste Schritt, um zu einer echten Antwort zu finden, ist, unsere erste innere Reaktion auf eine schwierige Situation und die Gefühle, die damit verbunden sind, nicht auszuagieren. Das kann manchmal sehr anspruchsvoll sein. Besonders für impulsive Menschen ist dies besonders schwierig. Wenn uns eine Situation gegen den Strich geht oder wir uns angegriffen fühlen, gibt es immer zunächst eine mehr oder weniger heftige innere Reaktion mit starken Gefühlsschwankungen.

Und da sollen wir eine Antwort finden? Darum ringen, die Situation anzunehmen? Wie soll das gehen? Bevor wir die Möglichkeit haben, eine Antwort auf eine Situation zu finden, ist die Voraussetzung dazu, dass wir den Emotionen, die in uns auftauchen, Raum geben: Wir dürfen enttäuscht sein. Wir dürfen verletzt und ärgerlich sein. Welche Gefühle auch immer auftauchen, sie sind menschlich und dürfen sein.

Wenn wir gegen die Emotionen ankämpfen oder sie unterdrücken, werden wir sicherlich nicht zu einer annehmenden Haltung finden. Zunächst gilt es also, uns selbst mit unseren Gefühlen anzunehmen. Das bedeutet jedoch nicht, diese Gefühle nach außen auszuagieren und daraus zu handeln. Etwas in sich zuzulassen und es nach außen auszuagieren sind zwei verschiedene Dinge.

Solange wir uns dieser Differenzierung nicht bewusst sind und nicht die Fähigkeit entwickeln, unsere Reaktionen in uns zuzulassen und gleichzeitig aber nicht daraus zu handeln, werden wir nicht zu einer echten Antwort finden. Gerade in für uns schwierigen und unangenehmen Situationen tauchen spontan nur Reaktionen auf, also emotionale Handlungen, die auf einer Ablehnung fußen. Die Antwort jedoch muss reifen und braucht Zeit.

Wie die Früchte nicht im Frühjahr fallen, sondern erst nach einer Zeit der Reife, so entstehen echte Antworten, wenn wir die Geduld haben, eine Situation in uns reifen zu lassen. Zu diesem Reifeprozess gehört das Zulassen der eigenen Emotionen ohne sie auszuagieren. Dann werden die Gefühle in uns aufsteigen und sich auch wieder beruhigen, bis wir unsere innere Mitte wiederfinden. Erst hier wird unser Blick auf die Situation wieder klar und wir haben die Möglichkeit, erst mal anzuerkennen, was ist, also die Haltung des Zustimmens aufzusuchen.

Natürlich würden wir gerne den Prozess der eigenen Reaktion und der oft heftigen Gefühle abkürzen und gleich in die Haltung des Zustimmens kommen. Wie viel einfacher und leichter wäre es doch, wenn wir nicht emotional reagieren würden? Doch es hilft nichts. Innere Reaktionen sind ein Ausdruck für innere Begrenzungen und Identifikationen. Solange wir nicht völlig frei von Identifikationen sind (und wer ist das schon?), werden wir daher immer wieder emotional reagieren. Es ist besser, sich das wahrhaftig ein- und zuzugestehen, als über diese Gefühle hinwegzugehen und in einer Scheingelassenheit Zuflucht zu nehmen.

Reflektiere:

Erlaubst du dir deine Emotionen?

Kannst du sie in dir zulassen, ihnen Raum geben und darüber sprechen, ohne sie am anderen auszuagieren?

Antworten und das Leben gestalten

Vor ein paar Jahren übernachtete ich mit meiner Familie auf einem Campingplatz. Direkt neben unserem Platz befand sich ein kleiner Spielplatz. Als wir nachts schlafen gehen wollten, bemerkten wir, dass dieser Spielplatz Treffpunkt einer Gruppe von Jugendlichen war, die dort mit viel Lachen und Grölen die Nacht durchfeierten. In stündlichem Abstand ging ich zu den Jugendlichen und bat sie, leiser zu sein oder einen anderen Platz für ihr nächtliches Treffen zu suchen. Ohne Erfolg. Die Jugendlichen blieben und meine Familie konnte weiterhin nicht schlafen.

Eine kleine, aber typische Begebenheit, die verdeutlicht, wie herausfordernd es sein kann, in Alltagssituationen annehmend zu sein und darum zu ringen, eine Antwort auf eine schwierige Situation zu finden. Dabei bedeutet, annehmend auf eine Situation zu antworten, keineswegs eine schicksalhafte Ergebenheit. Auf eine Situation zu antworten ist mehr als ein passives Empfangen. Ein typisches Missverständnis bezüglich Annahme, das immer wieder auftaucht.

Schicksalhafte Ergebenheit hat keinen Platz für Eigenes und für ein aktives Gestalten der Lebenssituation. In Indien zum Beispiel sehen wir deutlich, was es für eine Wirkung haben kann, wenn ein Volk zwar durch seine Religion stark in einer Annahme verankert ist, aber das eigene Gestaltungspotenzial außer Acht lässt. Dann verhungern Menschen neben Kühen und es gibt keine Notwendigkeit, eine soziale Infrastruktur einzurichten. Dann bleiben Menschen in niedrigen und entwürdigenden Kasten, ohne dagegen aufzubegehren.

Ist das Annahme? Ja, es ist die Annahme einer äußeren Situation, aber es ist gleichzeitig die Verleugnung der eigenen Bedürfnisse und der eigenen Gestaltungsfähigkeit. Aus diesem Grund ist diese Form der Annahme keine Antwort in unserem Sinne, sondern ein passives Hinnehmen, bei dem ich meinen Standpunkt und mein Bedürfnis übergehe.

Eine Antwort jedoch bezieht sich auf die Ganzheit einer Situation und das schließt mich, meinen Standpunkt und mein Bedürfnis, mit ein. Mit anderen Worten: Ich nehme die Situation und die andere Person an, so wie sie ist, und nehme mich an, so wie ich bin. Schließlich nehme ich auch die Spannung oder die Unvereinbarkeit an, die zwischen mir und der Situation, so wie sie ist, besteht.

Erst wenn ich die Ganzheit einer Situation annehme und von dort aus handle, kann ich eine klare Position beziehen, ohne dabei die andere Person zu entwerten oder ins Unrecht zu setzen. Dadurch muss sich die andere Person nicht schützen oder verteidigen und es kann zum Dialog, zu einer echten Begegnung kommen.

Ich muss mich also zweierlei fragen. Zum einen: Was ist richtig an der eigenen Position und an meinem Bedürfnis? Und was ist das Grundanliegen darin? Zum anderen muss ich mich aber auch fragen: Was ist richtig an der anderen Position und an ihrem Bedürfnis? Was ist ihr Grundanliegen?

Erst wenn ich die Grundanliegen beider Positionen tiefer sehen und anerkennen kann, kann daraus eine Antwort reifen. Im Falle der Jugendlichen auf dem Campingplatz konnte ich schnell das Anliegen der Jugendlichen sehen, einen nächtlichen Platz zum Feiern und zum geselligen Austausch zu haben (wer war nicht einmal jung?). Mein eigenes Anliegen war jedoch, dass meine Familie und ich in Ruhe schlafen konnten. Nachdem ich die Jugendlichen mehrmals ermahnt hatte, ruhiger zu sein oder einen Platz zu suchen, an dem sie niemanden störten und sie zwar versprachen, leiser zu sein, aber die Unterhaltung in der gleichen Lautstärke weiterging, hatte ich irgendwann plötzlich die entscheidende Idee. Ich ging zu den Jugendlichen und setzte mich stumm dazu. Jetzt konnten sie die Tatsache, dass jemand nicht schlafen konnte, nicht mehr ausblenden und ich musste trotzdem weder aggressiv werden noch die Polizei rufen. Die Folge war, dass nach kurzer Zeit ein echtes, respektvolles Gespräch zustande kam und die Jugendlichen dann mit erhobenem Haupt den Platz verließen, um sich einen anderen zu suchen.

Antworten bedeutet nicht, die Dinge hinzunehmen und sich selbst zu unterdrücken, sondern sich ernst zu nehmen, das Eigene in die Beziehung einzubringen und gleichzeitig offenzubleiben für den anderen, auch seine Position und sein Bedürfnis anzuerkennen und in der Tiefe zu sehen.

Das ist manchmal alles andere als einfach und braucht daher oft auch ein Ringen darum. Aber hat dieses Ringen um echte Antworten auf Lebenssituationen nicht auch einen Reiz? Wie gehen wir aus Situationen heraus, in denen es durch unsere Antwort gelungen ist, entscheidende Impulse für echte Konfliktlösung und Zusammenarbeit zu setzen? Lohnt es sich nicht, sich für ein Miteinander und einen lebendigen Frieden in unseren Beziehungen einzusetzen, auch wenn es uns manchmal herausfordert?

Menschen, die sich für dieses Miteinander einsetzen und dabei gleichzeitig ihrer eigenen Wahrheit treu sind, sind manchmal alles andere als bequem für ihre Mitmenschen. Denken wir an Jesus oder Gandhi. Was waren das doch für engagierte und rebellische Menschen? Viele der damals üblichen Verhältnisse und Regeln haben sie gebrochen. Und doch war ihre Grundhaltung dabei annehmend und gewaltlos. Nie versuchten sie das eigene Anliegen auf Kosten von anderen oder des „Gegners" durchzusetzen. Sie waren bereit, alles, sogar ihr Leben, für ihre Anliegen zu geben, ohne dabei andere Menschen ins Unrecht zu setzen oder ihnen Gewalt anzutun. Sind das nicht leuchtende Beispiele dafür, dass Annehmen alles andere als Hinnehmen bedeutet?

Reflektiere:

Wie ist deine Grundtendenz in schwierigen Situationen: Gibst du schnell auf und fügst dich in die Situation ein oder kämpfst du um dein Anliegen? Bist du bereit, für das Eigene zu kämpfen und gleichzeitig das andere anzuerkennen?

Welche Situationen aus deinem Leben kennst du, in denen es dir gelungen ist, eine echte Antwort auf eine Situation zu finden?

Mach kleine Schritte!

Es lohnt sich, um Antworten, die sich auf die Ganzheit einer Situation beziehen, zu ringen. Und doch werden wir niemals die Ganzheit überschauen können. Situationen, Motivationen und Einflüsse sind so komplex, dass unsere Klarheit bezüglich einer Situation letztlich immer ein Stückwerk bleiben wird. Noch weniger können wir die Wirkung unseres Handelns abschätzen. Selbst wenn wir das Gefühl haben, unsere Handlung sei im Einklang mit unserer Herzenswahrheit und der Ganzheit einer Situation, wissen wir nie, wie sie tatsächlich wirkt. Das Leben ist viel zu komplex, um Wirkungen überschauen zu können, denn Wirkungen entfalten sich in einer komplexen und lebendigen Welt niemals linear.

Das beginnt schon im Kleinen. Wir können aus bester Absicht heraus jemandem etwas mitteilen und doch reagiert die Person für uns ganz überraschend verletzt. Wir treffen Entscheidungen für unsere Kinder und müssen dann plötzlich feststellen, dass sich unsere Kinder in der Folge vollkommen anders verhalten, als erwartet. Wir treffen Entscheidungen, um ein Herzensprojekt voranzutreiben und es stellt sich heraus, dass sie alles andere als die gewünschte Wirkung haben. Was können wir also tun, wenn wir uns auf die Ganzheit beziehen wollen, aber sie niemals auch nur ansatzweise überschauen können?

Wenn wir uns nicht vom ganzheitlichen Geschehen abkoppeln wollen, dann müssen wir nach jeder Handlung, die wir durchgeführt haben, innehalten und uns wieder weit und empfänglich machen, um zu sehen, welche Wirkung daraus entsteht. Wir machen gleichsam nur einen Schritt, um dann erst wieder innezuhalten und unsere Wahrnehmung zu öffnen: Wie hat sich unser Handeln ausgewirkt? Was ist dadurch entstanden?

Erst wenn wir die Wirkung klar sehen und ihr zustimmen, können wir uns darauf beziehen und wieder im Einklang mit ihr den nächsten Schritt tätigen.

Wenn du handelst, mach kleine Schritte!
Die verantwortliche Nutzung der Willensfreiheit heißt:
Kleine Schritte machen und abwarten,
wie es sich im Verbund entwickelt!

Hans Peter Dürr

Verantwortlich und damit bezogen zu handeln braucht immer wieder ein Innehalten und in die Wahrnehmung gehen. Wir binden uns dabei nach innen und nach außen an. Dieses feine Spiel zwischen Wahrnehmen und Lauschen nach innen und nach außen, um dann bezogen zu handeln, um sich dann wieder als Nächstes aufzumachen und zu lauschen, ist die große Kunst einer ganzheitlich bezogenen und damit heilsamen Handlung.

Das gilt für alle Lebensbereiche. Für eine therapeutische Begleitung genauso wie für ein großes Herzensprojekt, für den Kontakt mit unserem Partner oder unserer Partnerin genauso wie für den Kontakt mit Kollegen und Kolleginnen.

Lauschen und dann handeln und wieder lauschen und handeln…

Diese Pendelbewegung zwischen offener Wahrnehmung und zielgerichteter Handlung ist deshalb so wesentlich, weil wir als Menschen nicht beides gleichzeitig können. In der Aktivität wird automatisch unser Wahrnehmungskreis kleiner. Je aktiver und schneller wir sind, desto eingeschränkter und geringer wird unsere Wahrnehmungsfähigkeit. Wenn dann unser Handeln noch von Engagement, emotionaler Beteiligung oder Überzeugungen angereichert ist, entsteht schnell ein Tunnelblick. Erst durch eine passive Grundhaltung, eine empfangende Haltung, kann sich unsere Wahrnehmungsfähigkeit wieder entfalten.

Aus diesem Grund müssen wir bewusst zwischen der Aktion und der passiven Grundhaltung des Empfangens hin- und herwechseln. Erst dann können wir beide Potenziale - empfangen und aktiv sein, wahrnehmen und entscheiden, annehmen und gestalten - voll ausschöpfen und bezogen handeln.

Experimentiere:

Lass eine Gebärde für „Innehalten und Wahrnehmen" auftauchen und dann eine Gebärde für „zielgerichtetes Handeln".

Spüre, wie sich jede Gebärde von innen her anfühlt und wechsle immer wieder zwischen diesen beiden Gebärden hin und her.

Betrachte konkrete Projekte von dir und frage dich, ob du dir genügend Zeit nimmst, immer wieder die Wirkung deiner Handlungen wahrzunehmen, um dich neu auszurichten.

Bei der Hingabe bildet der gegenwärtige Augenblick die einzige Richtschnur.
Die Seele verhält sich dabei leicht wie eine Feder, flüssig wie Wasser, schlicht wie ein Kind. Sie bleibt beweglich wie ein Ball, um jeden Antrieb der Gnade zu empfangen und auszuführen. Flüssigem Metall gleich, weisen solche Seelen keinen Widerstand und keine Härten mehr auf. Wie dieses alle Formen des Models annimmt, in das man es gießt, so nehmen sie widerstandslos alle Formen an, die Gott ihnen geben will. Ihre Haltung gleicht der Luft, die jedem Windhauch offensteht; sie gleicht dem Wasser, das sich an jedes Gefäß anschmiegt.
Seelen in diesem Zustand bieten sich Gott als vollkommen einheitliche und schlichte Leinwand dar. Sie grübeln nicht lange darüber nach, wie Gott sie wohl bemalen will. Sie vertrauen sich ihm an und geben sich ihm hin.

P. Jean-Pierre de Caussade S.J. (1675–1751)

Teil 3

Offensein

Ist es nicht ein besonderes Erlebnis, im Gras zu liegen und in den Himmel zu schauen? Wie weit, wie unermesslich groß und wie lebendig ist er doch. Wenn wir im Gras liegen und den Himmel in uns aufnehmen, können wir nur staunen über die Größe des Lebens.

Wie klein dagegen ist doch oft unsere Alltagswelt. Im alltäglichen Leben ist unser Blick meist auf die konkreten Dinge vor uns gerichtet. Die Weite des Himmels, die Größe des Lebens, die Lebendigkeit der Schöpfung wird ausgeblendet.

Die Weite des Himmels können wir besonders leicht spüren, wenn wir in den nächtlichen Sternenhimmel blicken. Hier bekommen wir eine Ahnung von der unermesslichen Tiefe des Raumes. Die leuchtenden Sterne sind eben keine Lichtpunkte, die an der Decke eines Sternenzeltes aufgehängt sind. Der Himmel hat keine Decke und kennt keine Grenzen, sondern nur unendlichen Raum, der sich in alle Richtungen ausdehnt. Die Planeten und Sterne aller Galaxien sind darin enthalten.

Doch auch tagsüber kann uns der Himmel zum Staunen bringen. Besonders das Spiel der Wolken vermittelt uns die lebendige Kraft der Schöpfung. Gerade im Herbst, wenn der Wind bizarre Wolkenformationen vor sich herjagt und fortwährend zu neuen Gebilden formt, kann es faszinierend sein, in das Spiel von Licht, Wind und Himmelsgestalten einzutauchen.

Ein beliebtes Spiel von Kindern ist es, in dem bewegten Wolkenmeer Tiere oder Gesichter zu erkennen. Die Silhouette eines Drachens taucht auf und verändert sich im nächsten Moment zu einem niedlichen Hündchen, nur um sich dann wieder zu einer bedrohlichen, dunklen Gestalt aufzuballen.

Ist dieses ungeheure komplexe und lebendige Geschehen nicht eine tiefe Metapher für die Schöpfungskraft des Lebens? Spiegelt sie nicht gleichzeitig die Komplexität und Lebendigkeit unserer Innenwelt wider? Wabern nicht auch unsere Gefühle in ähnlicher Weise durch die Weiten unseres Bewusstseins? Kurzzeitig bilden sich innerlich greifbare Gestalten, nur um sich im nächsten Moment wieder zu verändern und sich zu einem neuen Gefühlsgebilde zu formen.

Wie wenig haben wir doch diese inneren Gefühlsformationen im Griff. Wie schnell können sie sich verändern. Wie unfassbar sind doch manche Zustände, wie wabernde Wolkenmassen am Himmel, denen wir noch keine Gestalt zuordnen können.

Und doch sind wir immer beides: weiter offener Bewusstseinsraum, der alle Facetten von Lebendigkeit umfassen kann und gleichzeitig immerwährende Bewegung, die sich in immer neuen inneren und äußeren Gestalten formt.

Der innere Himmel

Der Himmel ist die zentrale Metapher für die Natur des Bewusstseins. Wobei sich hier das Wort „Bewusstsein" nicht auf die Bewusstseinsinhalte bezieht, sondern auf den Raum, in dem alle inneren und äußeren Phänomene auftauchen. Dieser innere Himmel dehnt sich genauso grenzenlos aus wie der äußere. Er kann alles umfassen und beinhaltet ein grundlegendes Potenzial für Bewusstheit.

Um deutlich zu machen, dass es sich hier um eine spezifische Qualität des Bewusstseins handelt, benütze ich dafür das Wort „Gewahrsein". Bei dem Begriff „Gewahrsein" erfassen wir intuitiv, dass er unsere alltägliche Wahrnehmung übersteigt. Gewahrsein ist mehr als Dinge sehen, Geräusche hören oder sich der Gedanken bewusst sein. Im Gewahrsein werden wir uns des inneren Raumes bewusst, in dem alle Erfahrungen enthalten sind. Der innere Horizont dehnt sich aus, wir lauschen in den Raum hinein und schmecken dabei den Seinsgrund, der jeder konkreten Erfahrung zugrunde liegt.

Das verändert unser inneres Erleben auf eine ähnliche Weise, als wenn wir uns plötzlich mitten im alltäglichen Getriebe des Lebens der Weite des Himmels bewusst werden und spüren, dass die konkreten Dinge unseres Lebens in einen viel größeren Kontext eingebettet sind. Sofort verringert sich innerlich das Gefühl der Aktivität und des „Selbst-machen-Müssens" und wir werden empfänglicher für die Kraft des Lebens. Im Gewahrsein lassen wir die Dinge kommen und entstehen. Wir suchen sie nicht und wir machen sie nicht. Was hätte es auch für einen Sinn, angesichts unserer Kleinheit in der Größe und Weite des Lebens die Dinge machen oder kontrollieren zu wollen?

Im Zen werden die Eigenschaften des Gewahrseins mit den Worten „offene Weite" beschrieben. Wenn wir diesen Ausdruck näher betrachten, setzt er sich aus zwei Begriffen zusammen: aus Offenheit und Weite. Diese Begriffe sind verwandt, aber nicht identisch. Offenheit ist die grundlegende Eigenschaft des Gewahrseins, aus der heraus sich die Erfahrung der Weite ergibt. Offenheit meint, dass der Bewusstseinsraum genauso wenig festgelegt ist wie der Himmelsraum. Alles kann hier in Erscheinung treten und sich auf seine eigene, natürliche Weise verändern und wieder auflösen. Sogar das Nichts ist darin eingeschlossen.

Offenheit ist eine Eigenschaft des Seins, sie ist keine Erfahrung. Wir sind offen und dadurch entstehen die Erfahrungen von Weite und Ausdehnung. Nur durch die totale Offenheit und Transparenz als grundlegende Eigenschaft des Himmels können wir die Tiefe des Raumes und die grenzenlose Weite erfassen. Wenn im Zen also von „offener Weite" gesprochen wird, wird hier die Grundeigenschaft des Gewahrseins und die Erfahrungsebene gleichzeitig angesprochen. Das ist sehr treffend, da es uns einen konkreten Geschmack davon gibt, wie der Raum des Bewusstseins, der innere Himmel, erfahren wird.

Allerdings ist es wichtig, nie zu vergessen, dass es letztlich nicht darum geht, die Erfahrung von Weite oder Ausdehnung zu genießen, sondern darum, die Grundeigenschaft der Offenheit, einer totalen Transparenz, zu verkörpern. Das Gewahrsein in der Tiefe verstehen und daraus leben können wir nur, wenn wir in diese grundlegende Offenheit eintauchen, die wir zuinnerst sind.

Experimentiere:

Lausche eine Zeit lang auf den Raum um dich herum. Spüre dabei so konkret wie möglich, wie frei und transparent er ist. Wie verändert sich dein Erleben dabei?

Offenheit und Hingabe

Offenheit bedeutet jedoch mehr, als sich der Weite und Transparenz des Raumes bewusst zu sein. Solange wir nur auf die Weite des Himmels schauen, erscheinen uns die Wolkenbewegungen und die menschlichen Vorgänge auf der Erde als klein, unbedeutend und traumgleich. Aus dieser Perspektive kann leicht eine subtile Abwehr entstehen. Die Unbegrenztheit und Weite des Himmels scheint um so viel größer und realer zu sein als alle konkreten Phänomene und Bewegungen, die darin enthalten sind. Ist es da nicht verlockend, sich nur noch auf die Freiheit zu beziehen, die in dieser Unberührtheit und Unbegrenztheit des Himmels liegt?

An dieser Stelle kann auf dem spirituellen Weg leicht ein Missverständnis entstehen, das unseren inneren Weg zur Sackgasse werden lässt. Je mehr wir nämlich die vollkommene Offenheit des inneren Himmels suchen, desto mehr idealisieren wir einen Zustand, in dem wir uns nicht mehr von den konkreten inneren und äußeren Vorgängen berühren lassen. Wir lehnen die inneren Wolkenbewegungen unserer Gefühle, Gedanken und Wahrnehmungen ab. Das Ergebnis ist dabei keine Offenheit, sondern ein subtiler Widerstand gegen das Konkrete.

So wie wir ursprünglich vom Blick auf das konkrete Erleben unseres alltäglichen Lebens gefangen waren und die Dimension des Gewahrseins nicht erfassen konnten, so sind wir jetzt fixiert auf die Weite des Bewusstseinsraumes und vergessen dabei, uns gleichermaßen für das konkrete Erleben zu öffnen. Wirklich offen zu sein beinhaltet jedoch die Fähigkeit, sich auf alles einlassen zu können und ist damit viel mehr als ein unberührtes Dasein. Im Gegenteil: Im Offensein können wir uns von allem berühren und bewegen lassen. Offensein ist nichts anderes als die Fähigkeit zur vollständigen Hingabe.

Betrachten wir diese zwei Aspekte von Offenheit noch mal in der Metapher des Himmels. Der Himmel ist totale Transparenz. Der weite Raum ist niemals verstellt durch die Wolkenbewegungen. Er bleibt in sich frei. Doch genau durch diese Transparenz hat er die Fähigkeit, alle Wolkenstimmungen in sich aufzunehmen und sich in seinem Charakter verändern zu lassen. Er nimmt eine Gewitterstimmung genauso in sich auf wie zarte Schäfchenwolken und verändert dadurch ständig seine reale Gestalt.

Dabei bedeutet „in sich aufnehmen“ mehr als ein bloßes Widerspiegeln. Ein Spiegel zum Beispiel nimmt die Dinge in sich auf und bleibt davon unberührt. Auch ein Spiegel verkörpert totale Transparenz. Aber er verändert sich in seiner Grundsubstanz nicht und bleibt jenseitig. Der Himmel dagegen verkörpert eine Offenheit, die nicht jenseits der Dinge, sondern in den Dingen ist und sie durchdringt. Er lässt sich vollkommen ein und verändert dadurch fortwährend seine Grundsubstanz und damit seine Gestalt.

Die Offenheit des Himmels verkörpert Transparenz und Hingabe gleichzeitig. Sie ist nicht getrennt von der lebendigen und schöpferischen Natur des Lebens. Tatsächlich bedingen und durchdringen sich die Transparenz und Weite des Himmels mit der schöpferischen Bewegung der Wolken und Planeten.

Was wir am Himmel beobachten können, lässt sich direkt auf den Bewusstseinsraum übertragen. Das Gewahrsein selbst ist vollkommene Transparenz und dehnt sich zeitlos und unbegrenzt aus. Gleichzeitig lebt im Gewahrsein der lebendige Fluss von inneren und äußeren Bewegungen und färbt es unablässig wie Wolkenstimmungen ein. Gibt es einen Himmel ohne eine atmosphärische Stimmung? Gibt es den Bewusstseinsraum ohne eine seelische Gestimmtheit? Wie können wir da denken, dass Offenheit nur Unberührtsein bedeutet und die ganze Bewegung des Lebens dabei ausklammern?

Das Wesen der Spiritualität

Offenheit bedeutet Hingabe. Es bedeutet eben nicht nur, aus der sicheren Distanz die Wolken am Himmel oder die inneren Gefühlsstimmungen zu betrachten, sondern die Bereitschaft, sie ganz in sich aufzunehmen und sich davon verändern zu lassen. Es macht einen großen Unterschied, ob wir beispielsweise eine Gewitterwolke betrachten oder ob wir in diese Wolke eintauchen und die Wucht darin in uns fühlen und zulassen. Genauso macht es einen Unterschied, ob wir eine Gefühlsstimmung wie Ärger möglichst auf Abstand halten, oder ob wir uns wirklich davon berühren lassen und seine aufbrausende Energie in uns zulassen. Dann betrachten wir nicht nur das Gefühl und die Kraft darin, sondern geben ihm in uns Raum, sich zu entfalten. Wir tauchen in diese Wucht ein, bis sie sich von innen heraus verändert und wieder auflöst.

Das gilt natürlich nicht nur für innere Gewitterstimmungen, sondern für jede Art von seelischer Bewegung. Vielleicht beginnen wir an dieser Stelle zu ahnen, wie herausfordernd und zutiefst transformierend die Grundhaltung der Offenheit ist. Sie fordert von uns die vollkommene Bereitschaft, uns aufs Leben in seiner Ganzheit einzulassen und uns davon durchdringen zu lassen. Die Idee eines „spirituellen" Zustandes, der jenseitig und unberührt vom Auf und Ab des Lebens ist, wird dabei vollkommen aufgebrochen und im wahrsten Sinne des Wortes vom Wasser des Lebens über Bord gespült.

Spiritualität ist hier keine Suche nach Transzendenz und dem Jenseitigen, sondern ein innerer Weg, der uns mit der lebendigen Natur des Lebens in Einklang kommen lässt. Genau darauf weist uns der Begriff „Spiritualität" hin. Sein Wortstamm bezieht sich auf das lateinische „spiritus" und bedeutet wörtlich übersetzt „lebendiger Atem". Spiritualität ist das Erspüren des Atems des Lebens und bezieht sich damit nicht auf das Jenseitige, sondern auf das existenzielle Jetzt - die konkrete, schöpferische Bewegung des Lebens, die sich in diesem Augenblick lebendig in uns und durch uns und in allem entfaltet.

Die Grundhaltung der Offenheit ist der Schlüssel, um den schöpferischen Atem des Lebens unmittelbar zu erfahren und damit in Einklang zu kommen. Wenn wir uns dem Jetzt hingeben und von der augenblicklichen „Atembewegung" durchdringen lassen, lösen wir uns darin auf und werden eins damit. Genau hier verkörpern wir eine Offenheit, die nicht jenseits der Dinge liegt, sondern in den Dingen eine vollkommene Durchlässigkeit ermöglicht. Erst hier kennt die Offenheit keine Grenzen mehr, da sie die Erscheinungen des Lebens einschließt und durchdringt.

Steht die Hingabe, das Eintauchen in die Dinge, im Widerspruch zu der Unbegrenztheit und Weite des Gewahrseins? Im Gegenteil. Erst durch die Bereitschaft zur Hingabe verwirklichen wir die Transparenz des Bewusstseins vollständig. Erst dann werden wir der Unbegrenztheit des Bewusstseinsraumes gewahr und sind gleichzeitig eins mit der schöpferischen Lebendigkeit, die in jedem Augenblick wirkt.

Erst hier überwinden wir den scheinbaren Widerspruch zwischen dem Jenseits und dem Diesseits, zwischen Ewigkeit und Zeitlichkeit, zwischen Gott und der Welt, zwischen grenzenlosem Bewusstsein und begrenztem Menschsein. Und zwar dadurch, dass wir immer mehr erkennen, wie sich beide Ebenen bedingen und durchdringen. Oder wie Jesus es ausdrückte: „Ich und der Vater sind eins." (Johannes 10,30)

Was ist dann das Ziel eines spirituellen Weges, wenn es nicht mehr in erster Linie um das Erkennen der offenen Weite im Gewahrsein geht, sondern im Zentrum die Offenheit für die schöpferische Bewegung des Lebens steht? Kann es überhaupt noch ein Ziel geben, wenn es um das Eintauchen in den lebendigen Fluss des Lebens geht? Das Erkennen des unbegrenzten Bewusstseinsraumes oder anders ausgedrückt: das Aufwachen in die Dimension des Gewahrseins kann ein Ziel sein, aber die Hingabe an die schöpferische Bewegung des Lebens ist eine Bewegung ohne Ende und ohne Ankommen. Hier lösen sich alle Ziele auf und Spiritualität wird zu einer Lebenshaltung der Hingabe.

Experimentiere:

Lausche eine Zeit lang auf den Raum um dich herum. Spüre dabei so konkret wie möglich, wie frei und transparent er ist. Wie verändert sich dein Erleben dabei?

Dann lausche auf das Lebendigsein in diesem Augenblick? Wie spürst du es jetzt unmittelbar, dass du lebendig bist? Tauche jetzt in das konkrete Erleben von Lebendigsein ganz ein und spüre, wie sich dein Erleben dabei verändert.

3.1 Nicht-Tun

Im Urlaub beobachtete ich am Strand das Treiben einer Wellenreiterin. Geduldig und wach ließ sie Welle um Welle vorüberziehen und wartete auf den Moment, wo sich eine Welle genügend hoch und an der für sie optimalen Stelle aufbaute. Im entscheidenden Moment richtete sie sich auf und glitt auf dem Wellenkamm landeinwärts. Der Wellenritt strahlte eine eigene Schönheit aus, ein anmutiger Tanz in Harmonie mit dem Element des Wassers.

Wellenreiten ist das Spiel mit der Hingabe an die Kraft des Lebens. Die Kraft der Welle, die die Wellenreiterin trägt, ist nicht ihre eigene. Sie kann diese Kraft weder erzeugen noch lenken, noch kontrollieren. Die Welle ist nicht das Produkt ihrer Fantasie und ihrer Wünsche. Aber sie kann sie mit Geduld, Mut und Geschick erwarten, auf ihr reiten und sich tragen lassen.

Die Grundhaltung der Wellenreiterin ist identisch mit der spirituellen Grundhaltung des Nicht-Tuns. Nicht-Tun ist die Hingabe an die aktuelle „Welle“ des Lebens. Nicht unsere Pläne und nicht unsere Wünsche stehen dabei im Mittelpunkt, sondern die Offenheit für das Leben, so wie es tatsächlich in diesem Augenblick in Erscheinung tritt und sich entfaltet.

Offenheit ist hier der Boden, aus dem heraus wir durch Nicht-Tun wirken. Denn Nicht-Tun heißt nicht, dass wir nicht mehr handeln, sondern dass wir im Einklang mit der natürlichen Bewegung des Lebens handeln. Dann empfinden wir mitten in der Handlung eine innere Stille.

Stille ist keine Bewegungslosigkeit und nichts Totes. Sie kann inmitten von Lebendigkeit berührt werden. Im Rascheln der Blätter, im Tosen eines Wasserfalles, im Ruf eines Vogels können wir Stille berühren. Sogar mitten in einer Handlung kann Stille auftauchen, wenn wir eins mit der natürlichen Bewegung des Lebens sind. Einklang ist Stille und Offenheit.

Die Stille, die wir hier empfinden, entsteht, da in unserem Geist das schweigt, was normalerweise Unruhe und Dissonanz erzeugt. Im Einklang gibt es keine Vorlieben und kein Reagieren. Wir schieben das Leben nicht an und wir bremsen es nicht. Wir wehren uns nicht und diskutieren nicht darüber, ob es gut oder schlecht ist, was gerade stattfindet. Sprich: Das ganze Wollen und Nicht-Wollen in unserem Geist schweigt.

Wir alle kennen Momente von Einklang. Die Dinge geschehen dann ohne Anstrengung. Handlungen sind dann mühelos und geschehen wie von selbst – ein natürliches Fließen. In diesen Momenten sind wir erstaunlich kreativ. Plötzlich wissen wir Antworten auf Fragen oder Probleme, die wir lange nicht beantworten konnten. Plötzlich fließen uns die Dinge zu und das Leben entwickelt sich wie von alleine. Wir haben das Gefühl, als ob lauter Geschenke auf unserem Weg liegen würden. Im Nicht-Tun, wenn wir im Einklang sind, ist das Leben leicht.

Viele Musikerinnen berichten, dass sie für diese magischen Momente des Nicht-Tuns, wenn die Musik plötzlich wie von selbst entsteht, leben. Sie tauchen dabei in den Klang ein und lösen sich in der Musik auf. In diesen Momenten spielen sie nicht mehr die Musik, sondern sie entfaltet sich wie von selbst und die Musikerin wird zum Instrument.

Aber Nicht-Tun kann mehr sein als ein paar magische Momente des Einklangs. Es ist die grundlegende Lebenspraxis eines spirituellen Lebens im Zeichen der Offenheit. Die Grundhaltung des Nicht-Tuns hat die Kraft, unser gesamtes Lebensgefühl und unsere Art, in der Welt zu wirken, zu transformieren.

Dazu müssen wir aber diese Lebenspraxis in ihren Grundzügen erfassen und mit der Zeit immer tiefer verinnerlichen. Das ist oft nicht so einfach, wie es im ersten Moment scheint, denn es gibt im Ego und in der Gesellschaft, in der wir leben, tiefsitzende Überzeugungen und Haltungen, die unsere Offenheit verschließen und dem Nicht-Tun entgegenstehen. Im Folgenden werde ich daher typische Hindernisse für eine Lebensweise des Nicht-Tuns aufgreifen und die jeweiligen transformierenden Aspekte einer Haltung der Offenheit aufzeigen.

Reflektiere:

Erinnere dich so plastisch wie möglich an einen Moment von „im Einklang sein" und schlüpfe dann innerlich ganz in diesen Moment hinein. Wie erfährst du diesen Augenblick und wie erfährst du dich dabei?

Abstand und Unmittelbarkeit

Nicht-Tun sind Momente der Hingabe - an eine Musik, an einen tiefen Kontakt mit einem Menschen, an eine Tätigkeit oder an das Lauschen auf Blätter im Wind. Wir tauchen in das gegenwärtige Geschehen ein und überlassen uns. Das ist der Schlüssel.

Gleichzeitig ist dies aber alles andere als selbstverständlich, denn unser Geist ist so geschaffen, dass unentwegt eine gedankliche Abstraktionstätigkeit stattfindet. Wir können zwar in ein Geschehen unmittelbar eintauchen, aber im nächsten Moment treten wir gedanklich aus dem Geschehen heraus, ordnen es ein und bewerten es. Unser Geist erschafft von jeder Erfahrung eine gedankliche Landkarte. Diese Landkarten werden verglichen und zusammengesetzt und helfen uns als Mensch, uns im Leben zu orientieren und zurechtzufinden. Dieses Geschehen ist natürlich und notwendig, um als Mensch in dieser Welt zu bestehen.

Allerdings, wenn uns diese geistigen Landkarten immer mehr bestimmen und sie zum Mittelpunkt unserer Welt werden anstelle der unmittelbaren Begegnung mit der Landschaft, dann sind wir wie ein Wanderer, der auf dem schönsten Weg nur einen Blick für seine Landkarten hat und nicht das tatsächliche Panorama genießt. In der Routine unseres alltäglichen Lebens sind wir alle in Gefahr, dieser Wanderer zu sein. Wie viel unmittelbare Begegnung findet in unserem Alltag statt? Wie oft sehen wir die Einzigartigkeit und Kostbarkeit der nächsten Menschen in unserem Leben? Wie oft empfinden wir das Wunder eines Apfels, wenn wir ihn essen?

Ein typisches alltägliches Beispiel für den Unterschied zwischen unmittelbarem Kontakt und dem Verlust von Unmittelbarkeit sind Alltagsgespräche. Meistens kommunizieren Menschen auf eine Weise, indem sie innerlich auf Abstand gehen und über die Dinge sprechen. Diese Art von Gesprächen über die Dinge ist regelrecht eine gesellschaftliche Konvention. Wir sprechen über den letzten Urlaub, über einen Konflikt oder über ein Buch. Dabei wird das unmittelbare Erleben davon weder gespürt noch mitgeteilt. Natürlich kann auch ein Gespräch über die Dinge verbindend und entspannend sein, aber unsere Seele wird dabei nicht wirklich genährt. Sie sucht den unmittelbaren Kontakt. Nur dort empfindet die Seele Nahrung, nur dort kann sie sich entfalten.

Wenn wir längere Zeit nur noch in Gedankenwelten und in der Funktionalität des Alltags unterwegs sind, werden wir automatisch innerlich unzufriedener. Unabhängig davon, ob sich unser Leben äußerlich gut entwickelt und wir vielleicht sogar erfolgreich sind, leidet unsere Seele an Hunger. Manchmal zetteln wir dann unbewusst einen Konflikt oder ein inneres Drama an, nur um uns wieder direkt zu spüren. Das, was uns jedoch eigentlich fehlt, ist der unmittelbare seelische Kontakt.

Wenn uns der Unterschied zwischen innerem Abstand und Unmittelbarkeit, zwischen über den Dingen sein und in den Dingen sein, zwischen Denken und Hingabe bewusst ist, dann haben wir auch die Möglichkeit, bewusst die Gedankenrealität zur Seite zu stellen und in das augenblickliche Erleben einzutauchen und wieder die Frische und Lebendigkeit des Augenblicks zu schmecken.

Dabei ist es nicht so, dass sich Denken und Hingabe ausschließen. Besonders deutlich wird dies beim Vorgang des Dichtens. Ein Gedicht besteht aus Gedanken und wenn der Dichter nicht das Denken gelernt hätte, könnte er auch nicht dichten. Allerdings geschieht der Vorgang des Dichtens selbst nicht aus einer Funktionalität heraus, sondern ist ein schöpferischer Akt des Nicht-Tuns. Alles, was wir gelernt haben, so auch das Denken, wird in einem schöpferischen Akt nicht vergessen, sondern auf eine neue, intelligente und kreative Weise verwendet.

Wenn wir also mehr aus dem Nicht-Tun und aus dem Einklang mit dem Augenblick leben wollen, geht es nicht darum, das Denken abzulehnen, sondern sich zu fragen, aus welcher Perspektive wir den Moment leben: Sind wir gerade im Verstand zentriert und dient die Erfahrung als Objekt der inneren Einordnung? Oder geben wir uns dem Augenblick hin, tauchen wir darin ein und erfahren ihn von innen her und die Fähigkeit des Verstandes dient diesem unmittelbaren und schöpferischen Akt?

Reflektiere:

Betrachte verschiedene Gespräche mit nahen Menschen. Wurde dabei „über die Dinge" gesprochen oder hat das Gespräch eine Wende genommen, in der das jetzige unmittelbare Erleben Platz gefunden hat? Wie könntest du das Unmittelbare mehr in deinem Leben nähren?

Stolz und Demut

Unmittelbarkeit und Hingabe an den Augenblick ist ein Vorgang des Sich-Überlassens. Dabei stehen nicht unser Können und die Kontrolle im Vordergrund, sondern das Sich-Anvertrauen und die Fähigkeit zum Kontrollverlust. Wie wollen wir als Musiker eine Musik schöpferisch interpretieren, wenn wir krampfhaft an eingelernten Mustern festhalten? In Momenten des Nicht-Tuns vertrauen wir uns an, überlassen uns und plötzlich wird die Musik durch uns gespielt. „Es spielt, es atmet, es handelt, es denkt..." Das ist die innere Erfahrung im Nicht-Tun.

Insofern ist das Nicht-Tun diametral entgegengesetzt zu der Lebenshaltung des Egos. Das Ego hat klare Ideen und Vorstellungen davon, was richtig und was falsch ist. Sein Instrument ist Kontrolle, nicht Vertrauen und Hingabe. Bei der Kontrolle bauen wir nur auf uns, auf unsere Fertigkeiten und unser Können. Das Ich steht hier im Zentrum. Wenn uns etwas gelingt, sind wir auf uns stolz, dagegen wenn uns etwas misslingt, nagt dies an unserem Selbstwertgefühl. Wie anstrengend ist doch eine Welt, in der wir alles auf das kleine Ich aufbauen und die Kraft und die Ganzheit des Lebens ausblenden?

Eine Musikerin, die nur auf das eigene Können baut, wird sich im Konzert krampfhaft nur auf sich selbst konzentrieren und daran denken, was sie eingeübt hat. Eine Musikerin jedoch, die auf die Kraft des Lebens vertraut, wird sich vom Orchester, der Atmosphäre auf der Bühne, dem Klang der Instrumente und der Aufmerksamkeit des Publikums tragen lassen. Das eigene Können ist hier nur ein untergeordneter Teil in der Ganzheit und Vollkommenheit des Augenblicks. In diesem Beispiel lassen sich zwei gegensätzliche Grundhaltungen erkennen: die des Stolzes und die der Demut.

Stolz kommt aus dem Grundgefühl, dass wir die Dinge hervorbringen. Dabei ist Stolz bei Weitem nicht so ein positives Gefühl, wie es im ersten Moment zu sein scheint. Wir bauen im Stolz nur auf die eigene Stärke und heben uns damit aus der Ganzheit der Schöpfung heraus. Der Wert unseres kleinen Ichs wird dabei hervorgehoben. Gleichzeitig trennen wir uns aber vom Eingebundensein und vom Vertrauen in die Schöpfung ab. Ist es da ein Wunder, dass wir der Kontrolle mehr vertrauen als der Hingabe? Hingabe braucht das Wissen um etwas Größeres, das uns trägt. Würden wir uns fallen lassen, wenn wir nicht sicher wären, dass da etwas ist, das uns auffängt?

Erst durch die Grundhaltung der Demut ordnen wir uns in die Ganzheit des Lebens ein und spüren dabei, wie uns das Leben trägt und durch uns wirkt. In der Demut wissen und akzeptieren wir, dass nicht wir die Dinge hervorbringen, sondern eine größere Kraft. Wie klein sind doch unsere Pläne und Wünsche gegen die Größe und Vielfalt des Lebens? Wie beschränkt ist doch unser Können und unsere Kontrolle gegen die Komplexität und die schöpferische Kraft des Lebens? Wir können die Dinge nicht hervorbringen und nur sehr begrenzt formen.

Doch im Akzeptieren unserer Kleinheit als Mensch können wir uns immer wieder an die Kraft des Lebens hingeben und mitfließen. Wie wunderbar fühlt es sich doch an, wenn wir dann spüren, dass die ganze Kraft des Lebens mit uns ist und uns trägt? Das meint Nicht-Tun. Es ist eine Offenheit, die nicht nur auf das eigene Vermögen und die Kontrolle baut, sondern in Demut sich der Ganzheit des Lebens bewusst wird und sich anvertraut.

Schon in der schlichten Bewegung des Atmens können wir die Haltung des Nicht-Tuns studieren. Jeder Atemzug ist eine konkrete Welle der Lebendigkeit, die nicht wir hervorbringen, sondern die aus den Tiefen des Körpers aufsteigt. Das Bewusstsein ist der Wellenreiter. Es kann sich auf andere Dinge konzentrieren und die Wellen des Atmens unbemerkt vorüberziehen lassen. Es kann aber auch wach und geduldig den Atemwellen lauschen. Und es kann noch mehr: Es kann sich einer Atemwelle hingeben. Wir tauchen dabei in das Atmen ein und werden eins mit der Welle. Erst hier spüren wir unmittelbar, wie uns das Leben auf eine wundersame Weise nährt und trägt.

Experimentiere:

Lausche der Atembewegung.

Beginne jetzt den Atem zu kontrollieren und denke dabei: „Ich atme." Stell dir vor, du würdest das längere Zeit machen. Wie verändert sich dein Erleben dabei?

Dann lass den Atem wieder natürlich fließen und denke dabei: „Es atmet. Sich dem Atmen überlassen." Wie verändert sich hier das Erleben?

Ziele und Absichtslosigkeit

Die Bewegung des Lebens wirkt nicht nur im Atem, sondern in allem. In jedem noch so alltäglichen Geschehen können wir daher die unterstützende Lebenskraft spüren oder uns davon abtrennen. Ein entscheidender Faktor, der es verhindern kann, aus der Haltung des Nicht-Tuns zu leben, sind unsere Zielvorstellungen. Je klarer wir ein Ziel vor Augen haben, desto unfreier sind wir, im Augenblick anwesend zu sein und dem zu folgen, was wirklich aus dem Augenblick heraus entstehen will.

Nicht-Tun und Hingabe können daher nur gelingen aus einer Haltung der Absichtslosigkeit. Absichtslosigkeit meint eine innere Disziplin. Es ist die Entscheidung dafür, nicht mit den eigenen Plänen und Zielvorstellungen verhaftet zu sein, sondern sich immer wieder an die Grundhaltung der Offenheit zu erinnern.

Manche Menschen glauben, wenn eine Person absichtslos ist, hat sie keine Wünsche und keine Disziplin. Sie lässt sich dann willenlos treiben wie ein Stück Holz auf dem Wasser. Das ist jedoch falsch. Wirklich absichtslos zu sein heißt nicht, ohne Visionen, ohne Intuition oder ohne Sehnsüchte zu leben, vielmehr bedeutet es, die Disziplin und die Freiheit zu haben, diese Visionen oder Sehnsüchte nicht mit Kontrolle und Anstrengung zu verfolgen, sondern sie einerseits im Herzen zu tragen und andererseits offen zu bleiben für die tatsächliche Bewegung des Lebens.

Genau durch diese Disziplin der Absichtslosigkeit entsteht eine Harmonie und wir können auf der aktuellen Welle des Lebens reiten. Wenn wir jedoch dem Augenblick unseren Willen und unsere Ziele aufzwingen wollen, leben wir in einer Welt der Anstrengung und des Kampfes. Müssen wir uns da wundern, dass wir dann immer wieder frustriert und erschöpft sind?

Wenn wir die derzeitige Grundeinstellung in der westlichen Welt betrachten, stellen wir fest, dass die Überzeugung, Ziele zu brauchen und darum zu ringen, tief in unserer Kultur verankert ist. Managerinnen setzen sich Ziele und erwarten von den Mitarbeiterinnen, dass diese erreicht werden. Auch das persönliche Leben wird oft von selbst gesteckten Zielen und Lebensplänen bestimmt. Die Folge ist eine kollektive Erschöpfung, die sich zurzeit bei vielen Menschen als Burn-out offenbart.

Das Leben ist so unendlich komplex und vielfältig und unsere Pläne und Zielvorstellungen dagegen so klein, dass die Idee des Egos, durch Kontrolle, Festhalten und Kampf seine Ziele erreichen zu wollen, absurd erscheint. Betrachten wir nur einmal das eigene Leben: Welche Lebenspläne und Visionen hatten wir als junger Mensch und wo hat uns das Leben tatsächlich im Laufe der Zeit hingespült? Natürlich gibt es Themen und Sehnsüchte, die sich wie ein roter Faden durch unser Leben ziehen, aber die konkrete Ausgestaltung dieser Themen hat sich doch meist sehr viel anders vollzogen als in der eigenen Vorstellung.

Nicht-Tun ist daher die Kunst, innerlich mit den eigenen Sehnsüchten und Visionen im Kontakt zu sein, aber sich gleichzeitig nicht auf eine bestimmte Vorstellung von Erfüllung dieser Sehnsüchte, also auf ein bestimmtes Ziel, zu fixieren. Dann sind wir offen und können absichtslos unser Leben führen. Dann sind wir frei, in Harmonie mit der aktuellen Kraft des Lebens zu sein.

Und schließlich verändert sich auch unsere Wertigkeit. Nicht das Ziel und der Erfolg, also das Erreichen des Zieles, stehen dann im Zentrum unserer Aufmerksamkeit, sondern das „Auf-dem-Weg-sein". Wir freuen uns über die einzelnen Schritte und Wegabschnitte. Die sogenannten Ziele verlieren dann an Bedeutung und gliedern sich als ein Wegabschnitt unter vielen ein.

Erst wenn sich unsere Wertigkeit verändert und wir dem Prozess mehr Liebe entgegenbringen als den vermeintlichen Zielen, werden wir entdecken, welche Freiheit, welche Lebendigkeit und welche Kreativität sich hier entfalten können. Tatsächlich gibt es für eine prozessorientierte Sicht- und Lebensweise kein Ziel, sondern eine immerwährende, mit allem verbundene Bewegung, die zwar Übergänge, aber kein Ende und keinen Tod kennt.

Reflektiere:

In welchen Lebensbereichen habe ich klare Ziele?

Wie erfahre ich es, wenn ich versuche, mit aller Macht an Zielen und Plänen festzuhalten und diese durchzusetzen?

Wie erfahre ich es, wenn ich diese Ziele in meinem Herzen bewahre und gleichzeitig mich offen aufs Leben einlasse und mich überraschen lasse, was sich entwickelt?

Zeit und Muße

Ein weiterer Aspekt, der der Grundhaltung von Offenheit und Nicht-Tun entgegenstehen kann, ist die Idee von Zeit. Die Uhrzeit, Termine und eine strenge Zeittaktung bestimmen das moderne Leben in einer nie gekannten Weise. Wir sind heute geprägt von Schnelligkeit, Effektivitätsdenken und Zeitdruck. Die Zeit scheint dabei immer schneller zu laufen und die Menge der Eindrücke und Aufgaben, das „Viele" des äußeren Lebens, nimmt stetig zu. Gleichzeitig fühlen sich immer mehr Menschen von außen bestimmt und reagieren mit dem Gefühl der Überforderung. Hier kann nur eine Kurskorrektur helfen: Wir müssen der altmodischen Qualität der Muße wieder mehr Wert geben.

Ist es nicht erstaunlich, wie sehr die Zeit von uns Menschen Besitz genommen hat? Kein Betrieb und kein persönliches Leben scheint mehr ohne Zeitmanagement auszukommen, was nichts anderes heißt, als die Planung, die begrenzte Arbeits- oder Lebenszeit möglichst effektiv auszunutzen. Selbst die Freizeit und die eigene Fitness werden per Apps durchgeplant.

Man könnte meinen, dass wir durch diese Schnelligkeit und Effektivität enorm viel Zeit sparen und daher mehr Zeit in unserem Leben zur Verfügung haben. Das Gegenteil ist jedoch der Fall. Je schneller das Leben wird, desto weniger Zeit haben wir, da wir jetzt noch mehr

Dinge in die verbleibende Zeit pressen können. Die Logik der heutigen Gesellschaft verführt uns dazu, immer noch schneller und noch effektiver zu werden.

Ein wesentlicher Faktor für Effektivität ist eine Zeittaktung. Wir kennen das vom Controlling in der Industrie. Hier wird genau gemessen, welcher Arbeitsschritt wie viel Zeit benötigt und die verschiedenen Arbeitsabläufe werden auf diese Weise effektiv aufeinander abgestimmt. Das bedeutet aber auch, dass die einzelne Mitarbeiterin sich dieser Zeittaktung unterwerfen muss, ob es ihr gerade entspricht oder nicht.

Dazu muss man sich natürlich fragen: Hat ein Mensch immer den gleichen Rhythmus und die gleiche Geschwindigkeit und haben verschiedene Menschen grundsätzlich die gleiche Geschwindigkeit, oder sind manche grundsätzlich schneller und manche langsamer?

Mit anderen Worten: Zeitmanagement und Controlling funktionieren, wenn es uns darum geht, immer effektiver zu werden. Aber es lässt den natürlichen Rhythmus eines Menschen, das innere Zeitempfinden, außer Acht und damit verliert die Einzelne, die sich dieser Zeittaktung und dem Zeitdruck, der daraus resultiert, unterwirft, immer mehr den inneren Kontakt.

Dabei muss man sich klarmachen, dass es Zeit in der heutigen Form erst seit etwa 500 Jahren, seit der Erfindung der Uhr, gibt. Vorher gab es nur Rhythmen, wie den Tag-Nacht-Rhythmus oder den Rhythmus der Jahreszeiten. So auch der Rhythmus, der daraus entsteht, wenn man eine bestimmte Arbeit nicht taktet, sondern ihr im eigenen Tempo folgt.

Rhythmus ist eine innere und eine flexible Größe. Sie entfaltet sich aus dem Kontakt mit einer Aufgabe und dem Kontakt nach innen. Uhrzeit ist dagegen eine äußere Größe. Sie ist immer gleich. Sie wird uns von außen gegeben und oft genug denken wir selbst in dieser Kategorie.

Das bedeutet: Wenn wir uns an äußeren Zeitvorstellungen orientieren und diese zum Maßstab unseres Handelns machen, entsteht automatisch eine innere Entfremdung und immer wieder Zeitdruck. Wir können dabei nicht mehr unserem inneren Rhythmus und unserem inneren Tempo folgen. Das ist vielleicht effektiv, aber nicht gesund.

Ausgleichsbewegungen, wie Phasen der Erholung oder des Rückzugs, die eine gesunde Seele automatisch und natürlich vollzieht, haben hier keinen Platz mehr.

Wir können diesem Teufelskreislauf nur entkommen, wenn wir nicht die Effektivität als das höchste Ziel ansehen, sondern den Kontakt mit uns selbst und mit unserem seelischen, inneren Tempo. Das ist nur möglich, wenn wir aus der Qualität der Muße heraus die Dinge sich entwickeln lassen. Wir lösen uns vom Diktat der Zeit und lassen die Dinge organisch entstehen. Das bedeutet Nicht-Tun.

Muße ist ein Zustand von Losgelöstsein von äußerer Zeit und von Zeitdruck. Hier können sich Dinge natürlich in ihrem eigenen gesunden Rhythmus entwickeln. Vielleicht sind wir dann manchmal etwas langsamer und weniger effektiv, aber sicherlich gesünder. Langfristig sind auch unsere Projekte dadurch stabiler, vergleichbar mit einem Baum, der vollkommen organisch wächst. Er legt Jahr für Jahr nur einen Ring zu, um dann eine Wachstumspause einzulegen. Baut er nicht gerade durch dieses rhythmische Vorgehen eine enorme Stabilität auf?

Eine der großen Herausforderungen in der heutigen Zeit ist es daher, mehr Muße in unser Leben zu holen und sehr wachsam zu beobachten, wann wir diese Muße im Alltag verlieren. Denn immer, wenn wir die Muße verlieren, verlieren wir auch die Grundhaltung des Nicht-Tuns und der Offenheit.

Reflektiere:

Wie erfährst du Momente von Muße?

Wie gehst du aus der Haltung der Muße deinen Aufgaben nach?

Was unterstützt dich darin, immer wieder mußevoll zu sein?

Ehrgeiz und Bescheidenheit

Ein weiterer Aspekt, der uns vom natürlichen Rhythmus unseres Lebens abbringen kann und ein Leben aus dem Nicht-Tun heraus verhindert, ist der Ehrgeiz. Er wurzelt in den Wertvorstellungen des Über-Ichs und genießt gesellschaftlich eine hohe Anerkennung.

Wir alle tragen in uns eine Grundsehnsucht nach Wert und entwickeln im Laufe unseres Lebens Wertvorstellungen, nach denen wir uns ausrichten. Diese Wertvorstellungen, wie immer sie auch aussehen, haben mit unserem essenziellen Wert nichts gemein. Dieser liegt in unserem natürlichen Sosein und ist nicht abhängig davon, ob wir Wertvorstellungen erfüllen oder nicht. Aber die meisten Menschen glauben unbewusst den Verlockungen des Über-Ichs, das uns vorgaukelt, wir seien nur dann wertvoll, wenn wir den Idealvorstellungen entsprechen.

Um die Wertvorstellungen des Über-Ichs zu erfüllen, laufen viele Menschen in die Falle des Ehrgeizes. Ehrgeiz ist eine Lebenshaltung, die versucht, durch Anstrengung und Selbstkontrolle möglichst schnell und möglichst effektiv die eigenen Egoziele, sprich unsere Ideale, zu erreichen. Dabei können sich diese Idealvorstellungen auf die unterschiedlichsten Ziele richten. Man kann alles daransetzen, berühmt zu werden oder die ganze Kraft dafür einsetzen, anderen Menschen zu helfen. Es gibt Menschen, die unbedingt einen Achttausender besteigen wollen und andere, die möglichst schnell erleuchtet werden wollen. Jeder Wunsch kann vom Über-Ich zu einem Ideal erklärt werden, auf das sich dann der Ehrgeiz stürzt.

Wenn der Ehrgeiz uns antreibt, achten wir nicht mehr auf das natürliche Wachstum und das Tempo, das uns gemäß ist, sondern treiben uns an. Entsprechend bemerken wir auch nicht die Signale der Seele und des Körpers, wenn wir über eigene Grenzen gehen. Doch nicht nur uns selbst übergehen wir im Ehrgeiz oft, auch die Grenzen anderer Menschen werden ausgeblendet und missachtet.

Ehrgeiz denkt an Schnelligkeit und an Quantität. Wir wollen möglichst schnell möglichst viel erreichen. Das widerspricht den Gesetzmäßigkeiten eines natürlichen Wachstums, das weder an Schnelligkeit noch an Quantität orientiert ist. Natürliches Wachstum verläuft nicht linear, sondern ist rhythmisch und organisch.

In der Natur lässt sich natürliches Wachstum leicht studieren. Ein Baum wächst im ersten Jahr vor allem nach unten und verwurzelt sich, um dann langsam, Jahr für Jahr, ein kleines Stück zu wachsen. Dieses Wachstum vollzieht sich nicht kontinuierlich und immer gleich. Es ist vielmehr im Einklang mit den äußeren Bedingungen, die sich ständig ändern. Außerdem wird nach jeder Wachstumsphase eine Phase der Ruhe und Konsolidierung eingelegt. Nur so wächst der Baum gesund und kann eine enorme Stabilität erlangen, die ihn eine Zeit der Krise, zum Beispiel Sturm oder Trockenheit, gut überstehen lässt.

Wie anders sind doch die Ideale unserer Wirtschaft, die in erster Linie auf schnelles Wachstum, Profit und Quantität setzt. Doch schnelles Wachstum macht anfällig. Das ist im persönlichen Leben genauso wie in einem Betrieb. Ohne Ruhepausen und Zeiten der Konsolidierung hat ein System auch nicht die Stabilität, Krisen gut zu überstehen.

Aus diesem Grund stellen Ehrgeiz und das Streben nach Größe eine große Verführung dar. Hier kann das Ego unser natürliches Wachstum verhindern und sich unserer Projekte bemächtigen. Um nicht in die Falle des Ehrgeizes zu tappen, ist es zunächst wichtig, zu erkennen, dass uns das Erreichen von Idealen keinen Wert gibt. Dann müssen wir keinem Phantomziel nachjagen und unser System kann sich entspannen.

Die entscheidenden Tugenden, um die Krankheit des Ehrgeizes zu transformieren, sind Geduld und Bescheidenheit. Offenheit braucht Geduld. Erst dann ziehen wir nicht mehr an den Pflänzchen, um das Wachstum zu beschleunigen, sondern haben den Blick für das, was natürlicherweise entsteht, und können es nähren. Genauso verhält es sich mit der Bescheidenheit. Erst im Wertschätzen der kleinen Schritte können wir in Einklang mit dem natürlichen Lebensfluss sein und aus der Haltung des Nicht-Tuns heraus wirken und uns entfalten.

> Reflektiere:
>
> Betrachte einzelne Projekte von dir: Welche Ideale wirken hier?
> Wie merkst du es, wenn dich der Ehrgeiz packt?
>
> Wie verhältst du dich aus der Haltung von Geduld und Bescheidenheit?

Wissen und Vertrauen

Die zentralen Qualitäten einer Haltung des Nicht-Tuns wie Unmittelbarkeit, Demut, Absichtslosigkeit, Muße, Geduld und Bescheidenheit führen automatisch zu einer Entschleunigung und zu einer Öffnung. Wir sind weniger von einengenden Vorstellungen und Idealen besetzt und getrieben. Entsprechend öffnet sich unser Blick für die natürliche Bewegung des Lebens und wir können mitfließen.

Nicht-Tun ist eine Lebenshaltung, die dem tatsächlichen Lebensfluss mehr vertraut als unserem Verstand, der immer zu wissen glaubt, in welche Richtung der Fluss fließen soll. Sie führt uns damit aus der Herrschaft des Denkens und des vermeintlichen Wissens heraus und fördert ein grundlegendes Lebensvertrauen. Erst dann, wenn wir vertrauen, werden wir uns der jetzigen konkreten Entwicklung des Lebens hingeben können.

Eine solche Hingabe ist manchmal für uns geradezu unvorstellbar. Besonders dann, wenn sich das konkrete Leben in eine ganz andere Richtung zu entwickeln scheint, als es unseren Werten und unseren Herzenswünschen entspricht. Sollen wir einer Entwicklung vertrauen, die offensichtlich nicht unseren Zielen entspricht oder vielleicht sogar destruktiv ist? Sollen wir zum Beispiel einer Phase von Depression vertrauen, obwohl sie uns die Vitalität nimmt? Können wir dem Weltgeschehen vertrauen, obwohl immer wieder Extremismus, menschenverachtende Strömungen und egoistische Umweltzerstörung das Bild prägen?

Doch was wissen wir schon? Das Leben hat eine solch ungeheure Komplexität, dass Entwicklungen niemals linear vonstattengehen können. Im Gegenteil. In systemischen Zusammenhängen kann man beobachten, dass Wachstum immer über die Pole geht. Im ersten Schritt scheint ein Pol alles zu bestimmen. Dann jedoch schlägt das Pendel zurück und der gegenteilige Pol rückt mit aller Macht in den Vordergrund. Das ist eine Gesetzmäßigkeit, da die Kraft, die im Vordergrund wirkt, sich abnutzt, wohingegen der gegenteilige Pol im Hintergrund Kraft ansammelt. Im Hin- und Herpendeln der Pole geschieht eine gegenseitige Durchwirkung und es entsteht automatisch eine neue übergreifende Ordnung. Natürlich ist der Begriff „Ordnung" zu statisch, denn auch diese neue Ordnung ist nur ein vorübergehender Pendelschlag in einer unendlichen Bewegung des Lebens.

Wir können zum Beispiel derzeit in Europa beobachten, wie nationalistische Kräfte in allen Ländern erstarken. Parteien, die auf Nationalstolz und Abgrenzung nach außen setzen, haben einen ungeheuren Zulauf. Muss uns das verwundern? Muss uns das ängstigen? Nach vielen Jahren, in denen die Nationalstaaten Europas immer mehr an Eigenständigkeit aufgegeben und sich für ein ganzheitliches Europa geöffnet haben, schlägt das Pendel nun in die gegenteilige Richtung aus. Das ist natürlich und bedeutet noch nicht, dass sich Europa wieder in kleinstaatlichen Interessen auflösen wird. Es bedeutet zunächst nur, dass der Pol des nationalen Bewusstseins, der lange nach dem Zweiten Weltkrieg im Untergrund war, jetzt wieder im Vordergrund sichtbar wird und auf eine neue Weise integriert werden muss.

Wenn wir um die Komplexität dieser Zusammenhänge wissen, dann müssen wir nicht verzweifeln, wenn im Vordergrund des Lebens gerade eine scheinbar destruktive Kraft unsere Existenz oder das Weltgeschehen bestimmt. Denn zum einen bedeutet dies nicht, dass die gegenteilige, konstruktive Kraft nicht da ist - sie ist lediglich im Hintergrund -, und zum anderen hat auch die unerwünschte Kraft im Vordergrund eine wichtige Funktion für die Gesamtentwicklung.

Eine depressive Verstimmung fühlt sich zwar falsch an und nimmt uns unsere Vitalität, aber sie kann trotzdem einen entscheidenden Aspekt für unsere innere Entwicklung beitragen. Diesen Beitrag können wir aber nur erkennen und integrieren, wenn wir die Depression und ihre Symptome nicht bekämpfen, sondern im Gegenteil dieser Kraft vertrauen. Dann können wir uns der Antriebslosigkeit und inneren Müdigkeit überlassen und entdecken, wohin es uns führt, wenn wir diesen Pol in uns zulassen. Wir werden überrascht sein, welche Entschleunigung und welch nährendes Auftanken hier möglich sind und wie schnell unsere Vitalität zurückkehrt.

Nicht-Tun bedeutet, dem Lebensfluss zu vertrauen und ihn dadurch zu unterstützen, dass wir nicht gegen den Strich der Dinge bürsten, sondern vielmehr den aktuellen Ausdruck des Lebens vollständig zulassen. Je vollständiger wir die Pendelbewegung, die gerade im Vordergrund ist, zulassen, desto schneller wird die ihr innewohnende Qualität für die Gesamtentwicklung sichtbar und umso leichter wird sie sich weiterverwandeln. Das ist bei inneren Entwicklungsprozessen der Fall genauso wie bei Entwicklungsprozessen in Beziehungen oder in Gesellschaften.

Nicht-Tun ist damit eine Haltung der Gewaltlosigkeit. Wir schwimmen nicht gegen den Fluss, wir bauen keine Staumauern und versuchen nicht, ihn in eine andere Richtung zu lenken. Nicht-Tun bedeutet auch nicht, den Fluss des Lebens zu analysieren oder zu bewerten, sondern im Gegenteil, die lebendige Entwicklung, die gerade im Vordergrund wirkt, kreativ und intelligent zu unterstützen. Die entscheidenden Fragen sind dabei: Welche Kraft will sich in der aktuellen Entwicklung entfalten? Und wie kann ich sie unterstützen? In der seelischen Entwicklung besteht die größte Unterstützung darin, dass wir uns erlauben, unvoreingenommen in die aktuellen Gefühle ganz einzutauchen.

Je öfter wir erleben, dass die Haltung des Nicht-Tuns zu einer kreativen Verwandlung der aktuellen Lebensprozesse führt, desto mehr wird unser Vertrauen in die Ausdrucksformen des Lebens wachsen. So wird es immer leichter, unser vermeintliches Wissen auf die Seite zu stellen, und uns mit Offenheit auf die Strömungen des Lebens einzulassen. Vertrauen führt zu Offenheit und Offenheit zu Hingabe. Erfahrungen der Hingabe wiederum nähren unser Grundvertrauen ins Leben.

Experimentiere:

Beobachte möglichst unmittelbar die eigene Gefühlswelt: Was geschieht, wenn du gegen dieses Erleben ankämpfst oder es analysierst?

Was geschieht, wenn du dir erlaubst, für eine Zeit in diese Gefühlswelt ganz einzutauchen? Was breitet sich dann innerlich aus?

3.2 Den inneren Horizont weiten

Offenheit bedeutet Weite und Freiheit. Wenn wir offen sind, dann sind wir in der Lage, unvoreingenommen mit unterschiedlichen Lebensperspektiven zu spielen und sie in der Tiefe zu erkunden. Wir können uns wie ein Kind oder eine gute Schauspielerin auf verschiedenste Facetten von Lebendigkeit einlassen und sie von innen her erfahren und ausloten. Insofern ist der Beruf der Schauspielerin eine praktische Möglichkeit, den eigenen Horizont zu erweitern.

Die Ausdrucksformen der Kunst sind eine nahezu unerschöpfliche Spielwiese, um mit den Grenzen der eigenen Persönlichkeit zu experimentieren. Hier können wir auf eine experimentelle Weise erfahren, was es bedeutet, neue Räume und Perspektiven einzunehmen. Im kreativen Tanz, in der Musik oder in der Malerei können wir uns ausprobieren und Lebensweisen entdecken, auf die wir uns im „normalen Leben" niemals einlassen würden. Hier erfahren viele Menschen einen Raum der Freiheit und der Kreativität, der ihnen im Alltag oft verwehrt zu sein scheint.

Warum trauen wir uns in den kreativen Räumen der Kunst die „Ver-rücktheiten" und den Facettenreichtum des Lebens auszuloten, sind aber im Alltäglichen meist in sehr unkreativen Rollen gefangen? Der Grund dafür sind nicht nur gesellschaftliche Konventionen und äußerer Erwartungsdruck, sondern er liegt in unserer Persönlichkeit begründet. Im Alltag sind wir fest in den Fängen unserer normalen Persönlichkeit. Entsprechend verengt sich unser Horizont auf ein sehr kleines Spektrum, innerhalb dessen wir uns dann bewegen.

Das Potenzial unserer Seele geht jedoch weit über die Grenzen der Persönlichkeit hinaus. Wie wir in der Kunst oder auch in unseren Träumen sehen können, haben wir als Menschen die Möglichkeit, uns auf unterschiedlichste Spielarten des Lebens einzulassen und können sie durch uns Gestalt werden lassen. Es liegt an uns, ob wir uns auf wenige Lebensperspektiven fixieren oder ob wir systematisch offener und damit durchlässiger für das Leben in seinen vielfältigen Facetten werden.

Reflektiere:

Hast du einen Bereich, in dem du dich kreativ ausprobieren kannst (z. B. Musik, Tanz oder Malerei)? Bleibst du hier immer im gleichen Spektrum oder experimentierst du mit ungewöhnlichen, neuen Feldern?

Die Grenzen der Identität

Wenn wir die Grenzen unserer Persönlichkeit erweitern wollen, müssen wir zunächst begreifen, wie diese strukturiert ist und auf welche Weise sie uns bestimmt. Die Persönlichkeit oder das Ego, wie es in spirituellen Kreisen genannt wird, hat keine feste Form und ist keine eigene Entität, sondern der psychische Vorgang, bei dem sich unser Geist unbewusst mit bestimmten Aspekten des Lebens identifiziert. Wir identifizieren uns mit dem Körper, mit Selbstbildern, mit Sichtweisen, mit Wertvorstellungen, mit unserer Lebensgeschichte und vielen anderen Aspekten unseres Seins.

Erstaunlicherweise bleibt der Vorgang der Identifikation nicht nur auf das beschränkt, was „in uns" stattfindet, sondern schließt viele Aspekte des äußeren Lebens mit ein. So können wir uns mit einer Partnerin genauso identifizieren wie mit einem Auto, das uns gehört, oder einem Land, in dem wir leben. Alle äußeren Objekte können zu einem verlängerten Ich –

einem Ich-Objekt – werden. Bei näherer Betrachtung ist dieser Vorgang, dass wir uns mit äußeren Dingen identifizieren, nicht so erstaunlich, wie es zunächst scheint. Denn seelisch sind auch äußere Objekte ein Teil unserer Erfahrung und damit automatisch ein Teil unserer Innenwelt.

Um das Wesen der Identifikation zu begreifen, müssen wir verstehen, dass eine Identifikation weit mehr als eine schlichte Zuordnung ist. Wir können sagen, dass wir in Deutschland wohnen, ohne uns dabei mit diesem Land zu identifizieren. Sobald wir uns aber mit Deutschland identifizieren, wird der Gedanke „Ich bin Deutsche" zu einem Teil unserer Identität. Das hat weitreichende Auswirkungen, denn mit jedem „Ich-Objekt", das Teil unseres Identitätsgefühls geworden ist, verbinden wir einen Anspruch. Mit diesem geht unterschwellig auch eine emotionale Ladung einher, die sofort zutage tritt, wenn der scheinbare „Besitz", beziehungsweise unsere Identität, in Gefahr ist. Dann muss und darf das „Ich-Objekt" verteidigt werden.

Viele Emotionen und Konflikte unseres Lebens lassen sich auf die Dynamik der Identifikation zurückführen. Das liegt daran, dass sich alles, was uns beschäftigt und uns ausmacht, sofort verschärft, wenn eine Identifikation mit im Spiel ist. Aus einer einfachen Zuordnung wird ein Ich-Objekt, also ein Besitz, aus einem Bedürfnis wird ein Anspruch, aus einer Idee wird eine Überzeugung und manchmal sogar eine generalisierte „Wahrheit".

Mit der Identifikation kommt es zu einer Fixierung und Verhärtung auf das jeweilige Thema. Entsprechend fühlen wir uns sehr schnell bedroht, wenn unser Standpunkt durch andere oder durch eine Situation infrage gestellt wird und wir reagieren entsprechend heftig. Meist ist uns jedoch der tiefere Grund für unsere Emotionen nicht bewusst. Wir schauen nur auf das, was uns bedroht und machen die Situation für unsere Gefühle verantwortlich. Die Identifikation, das Festhalten an inneren Vorstellungen und Objekten, wird nicht erkannt und entsprechend nicht infrage gestellt.

Eine sehr verdichtete Möglichkeit, diesen Vorgang zu beobachten, bietet sich beim Spielen. Bei einem Brettspiel wie „Mensch ärgere dich nicht“ verbinden wir uns für die Zeit des Spiels mit einer Spielfigur und die kleine Figur wird zu einem verlängerten Ich. Wir kämpfen um diese Figur und verteidigen sie. Wenn wir gewinnen, jubeln wir und wenn wir verlieren, fühlen wir Frustration. Aber kaum ist das Spiel zu Ende, lösen wir unsere Identifikation von der Spielfigur wieder ab und sie hat für uns keine Bedeutung mehr. Wenn wir jetzt dem gleichen Spiel von anderen Spielern zuschauen, ohne uns selbst mit einer Spielfigur zu identifizieren, dann können wir dem Spiel mit Interesse, Freude, Mitgefühl und Gelassenheit beiwohnen. Emotionen wie Kampfgeist und Resignation, Begeisterung und Enttäuschung, Wut und Entrüstung, Trauer und Häme tauchen ohne Identifikation nicht auf.

Offensichtlich reicht die Identifikation beim Spiel nicht sehr tief, denn wir können die Spielfigur ohne langen Ablösungsprozess zurücklassen. In gewissem Sinne könnte man sogar sagen: Ein Spiel wie „Mensch ärgere dich nicht“ ist die spielerische Auseinandersetzung mit dem Prinzip der Identifikation.

Obwohl die Identifikation mit anderen Objekten unseres Lebens, wie zum Beispiel mit der Partnerschaft oder der Wohnung oder unserem Körper viel tiefer reicht, können wir auch diese Identifikationen wieder auflösen und verändern. Nach einer gewissen Zeit der Trauer lösen wir uns innerlich zum Beispiel bei einer Trennung wieder von der Person ab und unsere Seele ist wieder frei, sich mit anderen Objekten zu verbinden und sich neu zu verlieben. Die Grenzen unserer Ich-Identität sind also keineswegs feststehend, sondern abhängig davon, womit wir gerade identifiziert sind.

Was würde wohl geschehen, wenn die Grenzen unserer Identität nicht so eindeutig und starr, sondern eher fließend und damit durchlässig wären? Wie würden wir dann wohl leben und empfinden? Vielleicht könnten wir den unerwarteten Wendungen des Lebens genauso begegnen wie einem Spiel, in das wir nicht involviert sind, nämlich mit Interesse, Freude, Mitgefühl und Gelassenheit. Vielleicht hätten wir dann die Freiheit, mit der jeweiligen Situation mitzuschwingen wie ein Kajakfahrer, der lustvoll von Stromschnelle zu Stromschnelle tänzelt.

Experimentiere:

Beobachte dich beim Spielen (z. B. beim Brettspiel oder beim Fußball). Wo beginnt es, dass du dich mit einer Seite/Figur identifizierst? Welche Emotionen erzeugt das in dir und wie empfindest du für die anderen Mitspielerinnen, und wie verhältst du dich ihnen gegenüber? Wie könntest du spielen, wenn du von einer Identifikation frei wärst?

Reflektiere:

Erinnere dich an einen Konflikt, der dich aufgewühlt hat. Welche Emotionen hast du dabei empfunden? Welche Identifikation ist der Ursprung dieser Emotionen? Wie würdest du der Situation begegnen, wenn du von dieser Identifikation frei wärst?

Schritt für Schritt – die alltägliche Bewusstheitsarbeit

Wenn wir nicht ständig in Emotionen verstrickt sein wollen, dann kommen wir nicht umhin, einen Weg der Bewusstheit zu beschreiten, bei dem wir unsere Identifikationen entlarven und Schritt für Schritt aus der Enge unserer Ich-Identität aussteigen. Dieser Vorgang ist kein einmaliger Schritt in die Offenheit, sondern ein kontinuierlicher Prozess der Bewusstwerdung. Dabei wird jedes Mal unsere Ich-Identität etwas durchlässiger und der Horizont unserer Innenwelt erweitert sich.

Natürlich gibt es auch besondere Momente, sogenannte Gipfelerlebnisse, in denen wir alle Grenzen der Ich-Identität und damit alle Identifizierungen zurücklassen können und tief in den Bewusstseinsraum eintauchen. Hier, im Gewahrsein, herrscht Offenheit pur, eine Freiheit ohne die Grenzen unserer normalen Identität. Doch kaum kehren wir aus diesem veränderten Bewusstseinszustand in die Alltagsrealität zurück, schon tauchen wieder Emotionen auf und die inneren Grenzen sind wieder aktiv, als ob nichts gewesen wäre. Das liegt daran, dass die Muster der Persönlichkeit latent am Grund unserer Seele lagern und erst dann aktiv werden, wenn es entsprechende Auslöser gibt.

Das bedeutet, dass es zwar kostbar ist, Momente von totaler Offenheit im Gewahrsein zu erfahren, dies aber nicht eine kontinuierliche Bewusstheitsarbeit an den Identifikationen unseres Egos ersetzen kann. Beide Bereiche, die Erfahrung der Grenzenlosigkeit im Gewahrsein und die konkrete Arbeit an den begrenzenden Identifikationen unserer Persönlichkeit, sind für den spirituellen Pfad unerlässlich und ergänzen sich wechselseitig.

Für das alltägliche Leben spielt nun die konkrete Bewusstheitsarbeit eine besondere Rolle. Denn wo spüren wir die Grenzen unserer Persönlichkeit mehr als im Alltag und in unseren Beziehungen? Hier werden wir mit unerwarteten Situationen, mit Überraschungen und Enttäuschungen aller Art konfrontiert. Erst hier zeigt sich, wie offen und durchlässig die Grenzen unserer Persönlichkeit sind.

Auf dem Meditationskissen, in der behüteten und klar strukturierten Situation eines Retreats, offen zu sein ist verhältnismäßig leicht. Dagegen im Alltag, in einem Konflikt, im Verkehrsstau, unter Zeitdruck oder wenn etwas schiefgeht, offen zu bleiben ist höchst anspruchsvoll. Doch welchen Sinn hat der spirituelle Weg, wenn er nicht Schritt für Schritt dahin führt, dass wir in allen Situationen freier, gelassener, mitfühlender und spielerischer mit dem Leben umgehen können?

Um nun die vielen Gelegenheiten im alltäglichen Leben, in denen unsere Identifikationen ausgelöst werden, für die Bewusstheitsarbeit nutzen zu können, brauchen wir zuallererst eine positive Einstellung dazu. Um etwas klar zu sehen, müssen wir daran interessiert sein. Wenn wir kein echtes Interesse für die Grenzen unserer Persönlichkeit bekommen, werden wir sie nicht studieren, sondern nur als lästiges Übel ansehen und entsprechend häufig übersehen. Wir werden dann froh sein, wenn die schwierigen Situationen vorüber sind und nicht wirklich die Gelegenheit nutzen, innerlich daran zu wachsen.

Wir können das vergleichen mit einer Person, die am Computer arbeitet und nur daran interessiert ist, dass er funktioniert. Wenn eine Schwierigkeit auftritt, wird sie genervt sein und vielleicht mit fremder Hilfe versuchen, diese Schwierigkeit zu überwinden. Hat sie dabei etwas gelernt? Jemand, der ein echtes Interesse für Computer hat, wird dagegen diese Schwierigkeit nutzen, um die Funktionsweise des Computers tiefer zu verstehen und damit einen langfristigen Nutzen aus der schwierigen Situation ziehen.

Um das Interesse an der Dynamik der Identifikation zu wecken, ist es vielleicht hilfreich, sich bewusst zu machen, dass das Leiden, das im persönlichen Leben wirkt, genauso wie das Leiden, das im Zusammenleben von Menschen und Völkern entsteht, auf Identifikationen zurückgeführt werden kann. Ist es nicht aufregend, den Ursprung für das Leiden der Menschheit in der eigenen Seele zu studieren?

Die Kriege und Verstrickungen zwischen Menschen und Völkern können wir meist nur betrauern, aber nicht ändern. Oft schauen wir verständnislos und ratlos auf die Konflikte dieser Welt. Doch die Grunddynamik in all diesen Konflikten tragen wir auch in unserer Seele. Wir können sie in uns studieren, in der Tiefe verstehen und Schritt für Schritt auflösen.

Reflektiere:

Welche Einstellung hast du zu deinen inneren Grenzen? Was interessiert dich daran? Wie würdest du mit Situationen umgehen, in denen innere Grenzen berührt werden, wenn du an den Grenzen selbst interessiert wärst?

Zeichen erkennen

Um Identifikationen konkret im Alltag studieren zu können, müssen wir zunächst erkennen lernen, wann eine Identifikation in uns ausgelöst wird. Erst wenn wir die typischen Anzeichen einer aktiven Identifikation kennen, können wir diese Momente nutzen, um innezuhalten und diese mit Bewusstheit anzureichern. Im Folgenden werde ich daher einige typische Symptome beschreiben.

Negative Emotionen

Egal ob Wut, Traurigkeit, Enttäuschung oder Angst, immer ist die Ursache eine Identifikation mit einer Vorstellung, einem Anspruch oder einem Selbstbild, die mit der augenblicklichen Wirklichkeit nicht übereinstimmt. Wir halten an der Identifikation fest und sind im Widerstand gegen das, was ist. In dieser Spannung entstehen Emotionen.

Körperliche oder seelische Enge

Ein untrügliches Zeichen für eine Identifikation ist das Gefühl von Enge. Jede Emotion, jedes innere Festhalten an Vorstellungen, Bedürfnissen oder Idealen lässt uns innerlich kontrahieren. Das kann man sowohl im Körper spüren in Form von Anspannung und flacher Atmung als auch als seelisches Erleben von Enge, Druck und Angespanntheit.

Tunnelblick

Eine typische Wirkung einer Identifikation ist, dass sich die Wahrnehmung und auch die geistige Offenheit drastisch einschränken. Wir kreisen dann nur noch um das Thema der Identifikation und blenden alles andere aus. Die Folge ist, dass wir kein Bewusstsein mehr für die Gegenwart um uns herum haben. Können wir noch die Schönheit der Umgebung sehen und den Geschmack des Essens genießen, wenn uns ein Thema besetzt? Können wir uns selbst in der Tiefe spüren, wenn wir in Gedanken verstrickt sind?

Innere Anstrengung
Auch das innere Gefühl von Anstrengung ist ein typischer Ausdruck einer Identifikation. Stressgefühle sind nicht äußerlich bedingt, wie wir meistens denken, sondern weisen darauf hin, dass wir uns selbst Druck machen, zum Beispiel durch überhöhte Erwartungen.

Zeit- und Handlungsdruck
Das Gefühl von Zeitdruck ist ein weiteres typisches Symptom einer aktiven Identifikation. Zeitdruck machen wir uns selbst. Natürlich gibt es auch äußeren Zeitdruck, aber erst wenn wir diesen innerlich übernehmen und uns auferlegen, mit einer Sache bis zu einem bestimmten Zeitpunkt fertig werden zu müssen, hat die äußere Zeitgrenze Macht über uns. Doch nicht nur Zeitdruck, sondern auch Handlungsdruck ist Ausdruck einer Identifikation. Wenn wir mit einem Thema identifiziert sind, entsteht sehr schnell das Gefühl der Dringlichkeit. Wir glauben, sofort handeln zu müssen. In aller Regel müssen wir das jedoch nicht und wir täten gut daran, dem Handlungsdruck nicht vorschnell nachzugeben.

Intoleranz und Wertungen
Durch den Vorgang der Identifikation fixieren und verhärten wir uns auf eine bestimmte Perspektive. Daher haben wir keine Freiheit mehr, andere Perspektiven und Lebensformen neben der unseren gelten zu lassen oder freundlich zu betrachten. Entsprechend verlieren wir eine wertschätzende Haltung und negative Werturteile besetzen uns. Je stärker in uns Werturteile aktiv sind und je überzeugter wir sind, dass diese Werturteile richtig sind, desto tiefer ist die Identifikation.

Und woran erkennen wir, dass wir nicht identifiziert sind?
Immer dann, wenn wir uns entspannt, gelassen, annehmend und mitfühlend, freundlich und interessiert dem Leben zuwenden können, ist die Wahrscheinlichkeit groß, dass keine Identifikation aktiv ist und wir die Möglichkeit haben, uns frei und offen zu bewegen und zu beziehen.

Wenn wir die Anzeichen von Identifikation bzw. innerer Freiheit kennen, haben wir einen Maßstab dafür, uns im Alltag immer wieder zu überprüfen. Oft genügt ein kurzes Innehalten, um zu spüren, ob wir wirklich gerade entspannt, annehmend und innerlich weit sind oder nicht. Dadurch können wir die Momente von innerer Freiheit nähren und vertiefen und immer schneller bemerken, wann eine Identifikation beginnt. Das hat eine große Bedeutung, denn der erste Schritt, um von Identifikationen freier zu werden, ist, klar zu sehen, wann sie aktiv sind und uns besetzen.

Experimentiere:

Erinnere dich an Augenblicke in deinem Alltag, in denen du vollkommen entspannt und innerlich weit bist. Wie erfährst du diese Momente im Körper? Welche Gefühle hast du dabei? Wie verhältst du dich dann im Kontakt?

Achte im Alltag bewusst darauf, ob du innerlich frei und offen bist, oder ob du Anzeichen einer Identifikation entdeckst. Lerne immer schneller die Momente zu bemerken, wann es beginnt, dass dich eine Identifikation besetzt.

Identifizierungen mit Bewusstheit umarmen

Wenn wir die Anzeichen einer aktiven Identifizierung kennen und bemerken, haben wir jetzt die Möglichkeit, damit innerlich zu arbeiten, um sie bewusst zu machen und davon freier zu werden. Das klingt einfach, ist jedoch im wirklichen Leben oft gar nicht so leicht. Zunächst bemerken wir ja nur die Anzeichen einer Identifikation, zum Beispiel dadurch, dass wir ärgerlich werden. Wir wissen jedoch in der Regel noch nicht, welche Identifikation dem Ärger zugrunde liegt. Und selbst wenn wir bemerken, dass der Ärger daher kommt, dass wir einen Anspruch in uns haben, den ein anderer Mensch nicht erfüllt, heißt das noch nicht, dass wir bereit sind, unseren Anspruch aufzugeben.

Je tiefer die Identifikation ist, desto schwieriger wird es sein, sie klar zu sehen und im nächsten Schritt darüber hinauszugehen. Daher ist es oft notwendig, dass wir uns Zeit nehmen und in mehreren Schritten die Identifikation „anpirschen" wie ein scheues Wild. Das kann nur geschehen, wenn wir eine annehmende und interessierte Haltung einnehmen und die schwierige Situation, unsere Gefühle dazu und die Identifikation mit unserer Bewusstheit umarmen. Erst aus einer annehmenden Grundhaltung heraus können die Schritte einer Bewusstheitsarbeit, so wie sie im Folgenden beschrieben werden, gewinnbringend angewendet werden.

1 Innehalten

Jedes Mal, wenn wir eines der Anzeichen von Identifikation in unserem Alltag entdecken und diese Momente für unsere Bewusstheit nutzen wollen, ist der erste Schritt, innezuhalten und einen Raum für Bewusstheit zu schaffen. Denn ohne Zeit und ohne Bewusstheit können wir die Identifikation in uns weder in der Tiefe sehen noch auflösen. Vielleicht können wir in diesem Augenblick den Vorgang verlangsamen und uns Zeit dafür nehmen, nach innen zu schauen, oder wir untersuchen die Situation rückblickend zu einem späteren Zeitpunkt mit innerem Abstand.

2 Gefühle annehmen und zulassen

Der zweite Schritt ist dann, uns dem inneren Erleben mit Annahme zuzuwenden. Was immer wir gerade fühlen in dieser Identifikation, ob Wut, Enge oder Anstrengung, wir müssen uns diese Gefühle erlauben. Diese Gefühle dürfen sein! Ohne eine echte Annahme können wir nicht tiefer nach den eigentlichen Ursachen dieser Gefühle forschen. Zur Annahme der Gefühle gehört auch, dass wir in diese zunächst noch tiefer eintauchen und sie in uns zulassen. Es ist sehr wichtig, dass wir uns erlauben, nicht zu früh vernünftig oder gerecht oder freundlich zu sein, sonst schneiden wir nur unsere Gefühle ab und sie werden unterschwellig weiter vor sich hingären. Die Folge davon wäre, dass der innere Abstand und die Bereitschaft dazu, tiefer auf die Ursache der Gefühle zu schauen, nicht entstehen. Erst wenn die erste Welle der Emotion Raum bekommen hat, können wir uns an die eigentliche Bewusstheitsarbeit machen.

3 Das Erforschen der Identifikation

Ist genügend Annahme der Gefühle und innerer Abstand dazu vorhanden, können wir jetzt daran gehen, die Identifikation sichtbar zu machen. Dabei ist wichtig, sich zu erinnern, dass die Ursache für unsere Gefühle niemals die äußere Situation ist. Sie ist lediglich das auslösende Moment. Um also den Ursprung unserer Gefühle zu entdecken, müssen wir nach innen schauen und uns fragen:

Welche Überzeugung, welche Vorstellung oder welcher Anspruch erzeugt diese Reaktion? Was in mir macht mich zum Beispiel körperlich eng oder setzt mich unter Druck oder lässt mich ärgerlich werden? Es können durchaus auch mehrere Überzeugungen in einer Situation ausgelöst und dadurch aktiv sein. Für die innere Arbeit ist es hilfreich, die Überzeugung möglichst in einem Satz benennen zu können.

Woraus hat sich diese Überzeugung oder dieser Anspruch gebildet? Was ist die Lebenserfahrung, die hinter dieser Vorstellung steckt? Oder wurde sie einfach unbewusst aus Familie, Gesellschaft oder Religion übernommen?

Welche Wirkung hat die Identifikation mit dieser Vorstellung in mir und in Bezug auf andere? Dieser Schritt ist sehr wichtig, da uns meistens in der Tiefe nicht bewusst ist, wie eine Überzeugung auf uns und andere tatsächlich wirkt. Je konkreter wir spüren, welches Leiden aus einer Identifikation entsteht, desto mehr Bereitschaft entsteht von innen heraus, sie aufzugeben.

4 Die Identifikation überschreiten

Im letzten Schritt geht es darum, innerlich den Freiraum zu erforschen, der entsteht, wenn wir aus der Überzeugung oder dem Anspruch aussteigen. Dabei müssen wir nicht die Vorstellung in der Überzeugung oder das Bedürfnis im Anspruch loslassen, sondern nur die Fixierung darauf. Was immer uns gerade bewegt und welche Perspektive wir auch immer gerade einnehmen, wir sind mehr als das und haben die Möglichkeit, die Enge des Augenblicks zu übersteigen und uns wieder an eine Offenheit anzubinden, die verschiedenste Vorstellungen, Bedürfnisse und Lebensformen einschließt.

Konkret geht es in diesem Schritt darum, sich zu fragen:

Welche Erlaubnis brauche ich, um mich in dieser Situation zu entspannen und zu weiten?

Sprich dann die Erlaubnis in dich hinein und erforsche, was sich dabei körperlich und seelisch ausbreitet. Dieser Schritt ist sehr wichtig! Wenn sich ein neues, positives Muster in unserer Seele ausbilden soll, welches uns dann für zukünftige Situationen zur Verfügung steht, dann muss die neue Erfahrung möglichst intensiv gefühlt werden.

5 Integrationsschritt

Wenn die Wirkung der Erlaubnis in unserer Seele angekommen ist und sich ausgebreitet hat, dann können wir den Bewusstheitsprozess mit folgenden Fragen abschließen:

Wie empfinde ich jetzt mit dieser Erlaubnis die auslösende Situation und wie würde ich mich jetzt darin verhalten?

Wie kann ich mich im Alltag immer wieder an diese Erlaubnis und den Zustand, der sich dabei ausbreitet, erinnern und ihn nähren?

Um die Schritte der Bewusstheitsarbeit mit Identifikationen zu verinnerlichen, ist es zunächst hilfreich, sich aus einem inneren Abstand heraus mit vergangenen schwierigen Situationen und Konflikten zu beschäftigen. Wenn wir erst mal die grundlegenden Schritte verinnerlicht haben, wird es immer leichter, bei einer akut ausgelösten Identifikation diese Schritte dann im Alltag umzusetzen.

Dabei werden wir feststellen, dass wir im normalen Alltag ein paar wenige „Lieblingsidentifizierungen" haben, die immer wieder in Beziehungen und im Beruf ausgelöst werden. Wenn es uns gelingt, diese mit Bewusstheit zu umarmen und davon freier zu werden, wird eine neue Lebensqualität unseren Alltag wie ein neuer Duft durchdringen. Denn aus einer Haltung von innerer Freiheit fühlt sich auch das alltägliche Leben vollkommen anders an.

Reflektiere:

Was sind die typischen Momente in deinem Alltag, in denen du das Grundgefühl von Entspannung und innerer Weite verlierst? Erforsche dein Erleben dabei und arbeite dann mit den darunterliegenden Identifikationen mithilfe der beschriebenen fünf Schritte.

3.3 Friedensarbeit

Die Bewusstheitsarbeit mit den Identifikationen führt nicht nur dazu, dass es in uns weiter wird und unsere Identität an den Rändern fließender und durchlässiger wird, sie hat auch eine entscheidende Bedeutung für unsere Beziehungen. Wenn sich unsere Fixierung auf einen Standpunkt, eine Lebensform oder ein Bedürfnis aufweicht und wir uns wieder öffnen können für die Ganzheit des Lebens, entziehen wir dabei Konflikten den entscheidenden Zündstoff, der sie eskalieren lässt.

Zwischen Menschen gibt es immer Unterschiede. Das werden wir niemals ändern. Aus der Sicht der Schöpfung ist die Vielfalt des Lebens sogar erwünscht. Aus der Beobachtung der Natur wissen wir, dass die Diversität das wesentliche Anzeichen dafür ist, ob ein Ökosystem gesund und entsprechend stabil ist oder nicht. Je mehr die Vielfalt zunimmt, umso stabiler wird ein System. Die Räder beim Fahrrad zum Beispiel bekommen eine enorme Stabilität durch viele dünne Speichen. Ein lebendiges System wie eine Paarbeziehung oder ein Wald wird durch Vielfalt jedoch nicht nur stabil, sondern kann gleichzeitig erst in der Vielfalt eine schöpferische Dynamik der Weiterentwicklung entfalten.

Vielfalt ist daher unerlässlich, doch sie bedeutet auch Spannung zwischen den Polen. In Beziehungen können wir beobachten, wie unterschiedliche Bedürfnisse und unterschiedliche Sichtweisen aufeinanderprallen können und nicht selten zu eskalierenden und destruktiven Konflikten zwischen Menschen führen. Streit und Kämpfe, Verletzungen und Kränkungen, Missverständnisse und Enttäuschungen, Entwertung bis hin zur Trennung sind die Folge.

Ich kenne niemanden, der in seinem Leben noch keine destruktiven Konflikte erlebt hat und ich kenne niemanden, der nicht darunter leidet. Denn alle Menschen tragen in sich die tiefe Sehnsucht nach gelingenden Beziehungen. Wie kann es dann sein, dass destruktive Konflikte im Kleinen wie im Großen eine so große Macht haben? Wie kann es sein, dass wir trotz der vielen Gebete aller Religionen und konkreten Anstrengungen um Frieden als Menschheit immer noch in vielen Fällen weit davon entfernt sind, die kleinen und großen Konflikte entschärfen zu können, um ein friedliches Zusammenleben von Menschen, Völkern und Religionen zu ermöglichen?

Vielleicht ist es nicht umsonst, dass die verschiedenen Religionen dieser Erde am häufigsten um Frieden bitten, auch wenn sie selbst manchmal am Leidenskreislauf der kleinen und großen Kriege mitwirken. Der Friede zwischen Menschen scheint eines der tiefsten Anliegen und gleichzeitig mit die größte Herausforderung zu sein. Dabei ist dieses Anliegen keineswegs nur ein globales. Es ist sehr konkret und betrifft jedes einzelne Menschenleben. Jeder einzelne Mensch ist in seinen Beziehungen dazu aufgerufen, die Grundsehnsucht nach Frieden wahr werden zu lassen und die Wurzeln der Destruktivität in der eigenen Seele zu erkennen und zu überwinden. Wenn wir es in unseren alltäglichen Beziehungen nicht schaffen, aus dem Leidenskreislauf der Destruktivität auszusteigen, wie können wir dann hoffen, dass irgendwann die Menschheit als Ganzes friedlich zusammenleben kann?

Reflektiere:

Wie sehr bewegt mich die Sehnsucht nach Frieden? Wo kann ich sie entdecken und wie ringe ich um gelingende Beziehungen? Wie leide ich unter destruktiven Konflikten und wie gehe ich damit um?

Sich öffnen für die Pole

Vielleicht besteht ein wesentlicher Grund, dass Konflikte immer wieder eskalieren, darin, dass wir die Ursache für destruktive Konflikte von Grund auf noch nicht verstanden haben. Unterschiedliche Perspektiven, Lebensformen oder Bedürfnisse führen nämlich nicht automatisch zu destruktiven Konflikten. In vielen Fällen können wir uns offen und konstruktiv auf die Unterschiedlichkeit beziehen und es entstehen dadurch Begegnungen, die uns bereichern.

Begegnung ist die Frucht der Vielfalt. Wenn sie glückt, dann beziehen sich unterschiedliche Pole auf eine solche Weise aufeinander, dass daraus neue Qualitäten erwachsen. Vielleicht entsteht aus einer gelungenen Begegnung ein neues Verständnis füreinander oder eine neue, übergeordnete Perspektive. Aus der Musik kennen wir viele Beispiele, in denen zwei Musikstile sich begegnen und zu etwas Neuem verschmelzen.

Wie kann es nun aber geschehen, dass ein Spannungsfeld der Verschiedenheit nicht in eine konstruktive Begegnung, sondern in einen destruktiven Konflikt mündet? Damit ein Spannungsfeld zu einem Schlachtfeld wird, muss sich mindestens ein Pol auf den eigenen Standpunkt fixieren und verhärten. Ein Spannungsfeld wird also erst zum Konflikt, wenn die Dynamik der Identifikation einsetzt und die Auseinandersetzung bestimmt.

Bei dem Beispiel mit den zwei verschiedenen Musikstilen kann eine konstruktive Begegnung erst dann entstehen, wenn der eigene Musikstil nicht für absolut erklärt wird und damit das andere zur Bedrohung wird. Wenn die eigene Musik als die einzig Wahre erscheint, dann muss sie unter allen Umständen „be-wahr-t" werden. Wir empfinden dann die fremde Musik als minderwertig und als Eindringling. Je mehr wir uns auf einen Standpunkt fixieren und das andere ausgrenzen wollen, desto bedrohlicher erscheint es uns. Das Bedrohungspotenzial ergibt sich also nicht aus der Tatsache, dass es andere Lebensformen gibt, sondern aus dem Festhalten an der eigenen.

Sobald wir bereit sind, das andere genauso gelten zu lassen wie das Eigene und in einen echten Dialog einsteigen, löst sich das Bedrohungsgefühl auf. Das bedeutet nicht, dass wir das Eigene aufgeben müssen. Das wäre nämlich für die Vielfalt und die Begegnung genauso wenig förderlich. Wir müssen nur bereit sein, das andere als gleichwertig anzuerkennen und uns darauf einzulassen. Dann wird sich der innere Horizont um eine weitere Perspektive vergrößern und das andere wird genauso wie das Eigene eine potenzielle Facette unserer Innenwelt.

Wir werden vielleicht weiterhin vor allem die eigene, vertraute Musik spielen, vielleicht entwickelt sich auch ein neuer, kreativer Musikstil, in jedem Fall aber erweitern sich die Grenzen unserer Identität und wir sind in Zukunft durchlässiger für die Vielfalt des Lebens.

Reflektiere:

Erinnere dich an einen destruktiven Konflikt. Was war dabei die eigene Perspektive oder das eigene Bedürfnis und was war der „feindliche" Pol? Wie hast du den anderen Pol erlebt? Wie hast du das Eigene verteidigt? An welcher Stelle hat die Verhärtung von dir oder von der Konfliktpartnerin begonnen?

Wie würdest du den Konflikt empfinden, wenn du das Eigene gleichermaßen wie das andere anerkennen würdest? Was wäre dann möglich?

Öffnen heißt sich einlassen

Kann eine Unterschiedlichkeit noch eskalieren, wenn wir das andere als legitime Perspektive anerkennen? Wohl kaum. Allerdings ist dieser Schritt hin zur Anerkennung in der Praxis nicht so einfach, wie es im ersten Moment scheint. Denn etwas anzuerkennen bedeutet weit mehr als Toleranz.

Toleranz kommt vom lateinischen „tolerare" und heißt so viel wie „ertragen" und „erdulden". Eine andere Lebensform zu erdulden ist wie ein kalter Krieg. Die Wurzeln des Konflikts wirken unterschwellig weiter, während wir an der Oberfläche auf Kampfhandlungen verzichten. Wir „verzichten" jedoch gleichzeitig auf einen echten Dialog. In der Toleranz bleibt uns daher die andere Perspektive fremd und ein unverständlicher oder ärgerlicher Bestandteil der Außenwelt.

Das kann sich nur ändern, wenn wir uns auf die andere Perspektive einlassen und sie dadurch mit der Zeit zu einem Teil unserer Innenwelt wird. Erst dadurch findet eine tatsächliche Öffnung und damit Anerkennung für den anderen Pol statt. Die praktische Umsetzung einer Haltung der Offenheit für das andere ist damit die Bereitschaft, sich auf das andere (vielleicht Fremde oder Bedrohliche) einzulassen, bis es ein natürlicher Teil unserer Innenwelt wird.

Die Herausforderung im Konfliktfall besteht darin, mit dem Reflex zur Verteidigung des eigenen Pols innezuhalten und sich mit ganzer Kraft dafür einzusetzen, den „gegnerischen" Pol in der Tiefe zu erfassen. Dazu muss man sich bewusst machen, dass die Verteidigung des Eigenen unendlich viel Energie kostet und niemals zu einem echten Frieden führen kann. Da werden Mauern hochgezogen, der Kontakt vermieden, das andere angegriffen oder entwertet, da werden die Gefühle von Verletzung und Unverstandensein manchmal über Jahre gepflegt. Doch löst sich dadurch ein Konflikt? Im Gegenteil führt uns die Dynamik der Verteidigung und der Rechtfertigung immer tiefer in das Gefühl hinein, ein Opfer zu sein.

Die Opferidentität ist eine Form der Identifikation. Das Gefühl, ungerecht behandelt worden zu sein, wird dabei zu einem Teil unserer Identität. Das Opfergefühl gibt uns scheinbar das Recht, das Eigene mit allen Mitteln verteidigen zu dürfen. Es ist eine besondere Tragik des Lebens, dass gerade Menschen mit einer Opferidentität durch das Festhalten an Verteidigungsstrategien (die nicht selten passive oder aktive Aggression beinhalten) den Leidenskreislauf von destruktiven Konflikten aufrechterhalten.

So menschlich der Reflex der Verteidigung ist, so wenig hilfreich ist er doch für das eigene Leben und auch für das Miteinander. Selbstverständlich ist es unerlässlich, den eigenen Schmerz anzuerkennen und zuzulassen. Gerade in der Verletzung brauchen wir oft die Hilfe von anderen Menschen, die ein Mitgefühl für unser Leiden haben. Aber das bedeutet nicht, dass es heilsam wirkt, sich in der eigenen Burg zu verschanzen. Im Gegenteil, sich den eigenen Schmerz erlauben und sich gleichzeitig für das andere öffnen führt uns über die Opferidentität hinaus und ermöglicht es, aus dem Leidenskreislauf destruktiver Beziehungen auszusteigen.

Um das andere, das Fremde oder vielleicht sogar Bedrohliche in der Tiefe zu verstehen, braucht es zunächst ein aufrichtiges Interesse. Was ist das Grundbedürfnis der anderen Person in dem Konflikt? Welche grundlegende Sichtweise vertritt die oder der andere und aus welchen Lebenserfahrungen ist diese erwachsen? Welche natürliche Facette von Lebendigkeit drückt sich in der anderen Lebensform aus?

Wenn wir uns diese Fragen stellen, dürfen wir uns nicht von der oberflächlichen Erscheinungsform des „feindlichen" Pols blenden lassen. Diese ist häufig bereits durch die Verteidigung des Gegenübers verzerrt. Auch unsere eigene Wahrnehmung ist nicht unvoreingenommen, sondern gerade im Konfliktfall von unserer Ablehnung bestimmt. Daher ist es wichtig, dass wir uns nicht auf die oberflächliche scheinbar destruktive Erscheinungsform des anderen Pols fokussieren, sondern uns auf die Suche nach der natürlichen und grundlegenden Lebensform im anderen Pol machen. Erst wenn wir ein Verständnis für das Grundanliegen und den natürlichen Lebensausdruck unter der scheinbar destruktiven Maske bekommen, kann sich unsere Seele für das andere öffnen und es als natürlichen Anteil der Welt anerkennen. Erst dann kann es in die Innenwelt integriert werden.

Stell dir vor, das feindliche Gegenüber ist im Konfliktfall wie ein Ritter mit geschlossenem Visier, der um sich schlägt. Hinter dem kriegerischen Verhalten und in der Rüstung steckt der Mensch. Wenn du den Menschen und sein Anliegen verstehen willst, darfst du nicht auf die Rüstung und das kriegerische Verhalten schauen, sondern wir müssen unseren Blick auf das tiefere menschliche Anliegen dahinter richten. Was bewegt diesen Menschen in der Tiefe? Für welches Grundanliegen oder welches Bedürfnis tritt er ein?

Für diesen Vorgang, sich dem anderen Pol zuzuwenden und ihn in der Tiefe zu verstehen, kann es durchaus hilfreich sein, diese Fragen nicht nur sich selbst zu stellen und damit im eigenen Vorstellungsbereich zu bleiben, sondern sie vor allen Dingen auch dem Gegenüber zu stellen und dadurch einen echten Dialog einzuleiten. Wenn Fragen aus einem echten Interesse heraus gestellt werden, dann öffnen sie in aller Regel die Türen des Gegenübers und wir werden oft Antworten bekommen, die wir so nicht erwartet hätten.

Reflektiere:

Erinnere dich an einen destruktiven Konflikt. Kannst du dir den Schmerz darüber zugestehen? Hat er bereits genug Raum und Verständnis bekommen?

Wende dich jetzt dem anderen Pol zu. Wie erscheint er dir zunächst in seiner verzerrten, destruktiven Ausdrucksform?

Wenn du jetzt für einen Augenblick deinen Schmerz und deine Ablehnung zur Seite legst und tiefer auf das Grundanliegen hinter der äußeren, destruktiven Erscheinungsform schaust: Was könnte in der Tiefe für den anderen wichtig sein? Was ist ihr Grundanliegen?

„Liebt eure Feinde"

Offensein ist eine Haltung, die uns zutiefst fordert. Denn Offensein bedeutet, sich vor allen Dingen dem Unbekannten und dem für uns unakzeptablen Teil der Wirklichkeit zuzuwenden. Für das Vertraute, Bekannte und uns Verständliche offen zu sein ist leicht. Das kann jeder und es erweitert unseren Horizont nicht. Wenn wir jedoch die Bereitschaft haben, die Komfortzone des Vertrauten zu verlassen und uns dem Unvertrauten zuzuwenden, werden sich unsere Selbstgrenzen systematisch erweitern.

Die Praxis der Offenheit überschreitet damit den normalen Maßstab menschlichen Verhaltens und ist die praktische Umsetzung der Aufforderung Jesu in der Bergpredigt: „Liebt eure Feinde." (Matthäus 5,44) Das Unbekannte, Fremde, Unverständliche, Gehasste ist das Feindliche, das unserer liebenden Aufmerksamkeit und unserer Zuwendung bedarf. Es sei denn, wir wollen unsere Vorurteile und unsere Aversionen zementieren.

Die Aufforderung zur Offenheit gilt nicht nur für Konflikte, sondern für alle Lebenssituationen, in denen uns etwas begegnet, das wir ablehnen. Das kann eine für uns nicht akzeptable Sichtweise sein oder eine für uns unverständliche Lebensweise. Jedenfalls etwas, dass wir von uns weghalten wollen und entsprechend vermeiden, entwerten oder sogar aktiv bekämpfen.

Das Ego denkt in Kategorien von „Richtig und Falsch" und von „Entweder – oder". Es ist sich hundertprozentig sicher, dass nur eine Perspektive die richtige sein kann, nämlich die eigene. Entsprechend setzen wir alles daran, an der eigenen Perspektive festzuhalten und den gegensätzlichen, feindlichen Pol auszugrenzen. Die Haltung der Offenheit dagegen entspricht der Vielfalt des Lebens und führt uns immer tiefer in eine Lebenshaltung von „Sowohl - als auch".

Natürlich kann der eigene Pol weiterhin für uns stimmig sein. Trotzdem sind wir in der Lage, uns dem Unvertrauten oder Feindlichen auf eine Weise zu nähern, dass wir auch im gegenteiligen Pol zuinnerst stimmige Aspekte entdecken, die wir akzeptieren können. Auf diese Weise sind wir immer weniger festgelegt auf bestimmte Ideale und Lebensformen, sondern können uns in unterschiedlichste Perspektiven hineinversetzen und sie annehmen.

Wenn für uns zum Beispiel Perfektion ein hoher Wert ist und wir uns darum bemühen, unser Verhalten zu veredeln, dann werden wir zunächst wahrscheinlich jemanden, der in den Tag hinein lebt, als faul und nichtsnutzig ablehnen. Wenn wir jedoch unsere Ideale und (Vor-) Urteile auf die Seite stellen und uns fragen, was daran stimmig sein könnte, ohne Ansprüche in den Tag hinein zu leben, werden wir eine Menge Qualitäten entdecken. Plötzlich spüren wir, wie viel Entspannung eine solche Lebensart beinhaltet. Wir leben hier in der Gegenwart, lassen die Dinge auf uns zukommen und können uns auf eine leichte, spielerische Art bewegen. Unser Ideal der Perfektion wird durch die Versöhnung mit der gegenteiligen Qualität aufgebrochen und unser Leben erheblich erweitert.

Sind wir dann nicht wie ein Fähnchen im Wind, wenn wir in Diskussionen nicht lautstark nur eine Seite vertreten, sondern uns genauso für die gegenteilige Meinung interessieren? Wie leben wir, wenn wir eine Lebensform wertschätzen und die gegenteilige ebenso? Woran orientieren wir uns dann noch? Diese oder ähnliche Bedenken tauchen immer wieder auf, wenn Menschen mit der Grundhaltung von „Sowohl – als auch" konfrontiert werden.

Für Offenheit einzutreten ist eine höchst anspruchsvolle Lebensform und man braucht dafür eine enorme innere Stärke. Sie ist alles andere als ein angepasstes Verhalten, das sich nach dem Wind dreht. Wir sind dabei selbst herausgefordert, eigene Grenzen zu überschreiten und gleichzeitig überraschen und konfrontieren wir mit dieser Haltung auch andere Menschen. Dadurch, dass wir die klassischen Feindbilder zurücklassen, werden auch andere Menschen herausgefordert, ihre eigenen Stereotypien zu überdenken.

Und wie leben wir dann, wenn es für uns das „eine Richtige" nicht mehr gibt? Viel gegenwartsbezogener und vor allem viel gelassener und anstrengungsloser. Wenn wir klare Ideale haben, was richtig ist und was nicht, entsteht automatisch innerlich eine subtile Anstrengung, dem Ideal gerecht zu werden. Wenn sich unser Horizont dagegen weitet und das eine und das Gegenteilige für uns richtig ist, dann können wir zwischen den Polen frei und situationsbezogen oszillieren. Vielfalt ist dann keine hehre und abstrakte Idee mehr, sondern der praktische Lebensvollzug einer Haltung von Offenheit.

Reflektiere:

Lass eine Überzeugung oder ein Ideal von dir auftauchen?

Was ist für dich stimmig an dieser Überzeugung?

Was ist stimmig an der gegenteiligen Auffassung? Für welche grundlegende Lebensperspektive tritt sie ein? (Forsche so lange, bis du für dich Antworten findest, die du innerlich fühlen kannst.)

Was entsteht in dir und wie kannst du leben, wenn beides stimmig ist?

Licht ins Dunkle bringen

Gibt es im Alltag nicht unzählige Gelegenheiten für die konkrete Bewusstheitsarbeit, um unseren Geist und unser Herz zu öffnen? Da vertritt eine Nachbarin eine politische Meinung, die wir komplett ablehnen und die uns entrüstet. Da benimmt sich ein Kind so unorthodox, dass wir denken: „Gott sei Dank ist es nicht unser Kind." Da präsentiert sich eine Kollegin so aufreizend, dass es uns unangenehm berührt. In all diesen Fällen können wir uns kopfschüttelnd abwenden oder wir betrachten sie als Tore für die innere Befreiung.

Alle Situationen, die unangenehme Gefühle und Ablehnung auslösen, sind grundsätzlich der Ausdruck einer Projektion. Hier melden sich Schattenanteile, die wir ablehnen und normalerweise vor uns und anderen verbergen. Projektion bedeutet, dass das, was wir am anderen ablehnen, eigentlich ein ungeliebter und unterdrückter Teil in unserer eigenen Seele ist. Entsprechend ist jede Projektion eine Möglichkeit, sich mit diesem Anteil zu versöhnen und innerlich vollständiger zu werden.

Dazu ist es notwendig, dass wir unsere Vorurteile und unsere Ablehnung bewusst auf die Seite stellen und das Ungeliebte von innen her erforschen, bis wir die natürliche Qualität darin spüren können. Um Schattenanteile zu befreien und sie in ihrer eigentlichen Qualität zu erkennen, genügt es nicht, sie nur von außen zu betrachten. Wir müssen uns in diese hineinversetzen und uns überraschen lassen, welche Form von Lebendigkeit wir hier, von innen her, spüren.

Die Dinge sehen von außen ganz anders aus als von innen. Wenn wir ein für uns unangenehmes Verhalten nur von außen betrachten, werden wir uns höchstwahrscheinlich damit nicht versöhnen können. Wenn wir aber in dieses Verhalten unvoreingenommen hineinschlüpfen und uns überraschen lassen, wie es sich von innen her anfühlt, dann öffnen sich neue Perspektiven und die natürliche Lebendigkeit, die sich hier verbirgt, kann gespürt werden.

Erst wenn wir eine für uns unangenehme, fremde oder bedrohliche Gegebenheit von innen her verstehen und in der Tiefe den Wert dieser Lebensform verspüren, öffnen sich die Grenzen unserer Identität und wir können diesen Aspekt integrieren. Wir bringen dadurch wieder Licht in einen Bereich unseres Schattens und wir müssen ihn nicht mehr unterdrücken und in anderen ablehnen. Im Gegenteil stehen uns diese Form von Lebendigkeit und die Energie, die darin in der Unterdrückung gebunden war, jetzt zur Verfügung. Wir werden dadurch nicht nur freier, sondern auch lebendiger. Zusätzlich entlasten wir durch die bewusste Arbeit mit unserem Schatten andere Menschen, die wir dann nicht mehr ablehnen müssen.

Schattenarbeit ist unmittelbare Friedensarbeit. Wir können auf vielfältige Weise für den Frieden in der Welt eintreten, aber die direkteste und konkreteste Art ist, unsere eigenen Selbstgrenzen zu überwinden und Stück für Stück offen zu werden für das Leben in seiner Ganzheit und Vielschichtigkeit. Eine solche innere Arbeit ist nicht spektakulär. Sie findet im Verborgenen statt. Und doch hat sie für den Frieden in unserer Seele und in unserem Umfeld eine unmittelbare und durchschlagende Wirkung.

Eine Übung:

Lass etwas auftauchen, das du an anderen ablehnst.

Welche Wirkung hat die Ablehnung in dir und im Kontakt?

Mit welchem Selbstbild, Ideal, mit welcher Überzeugung hat die Ablehnung zu tun? Was sind die Grundüberzeugungen dieses Selbstbildes und welche Wurzeln hat es? Welche Wirkung hat dieses Selbstbild in deinem Leben?

Stelle jetzt all deine Urteile und deine Ablehnung bewusst zur Seite und erforsche das Abgelehnte unvoreingenommen und mit annehmendem Interesse von innen her: Was genau lehnst du ab? Wechsle jetzt die Perspektive und stell dir vor, diese Form der Lebendigkeit körperlich und seelisch zu sein. Wie erfährst du das von innen her? Welche Qualität zeigt sich hier?

Wie erweitert es deine inneren Grenzen, wenn du diese Facette von Lebendigkeit auch sein kannst?

So wie ein Baum nicht endet an der Spitze der Wurzeln oder seiner Zweige, so wie der Vogel nicht endet an seinen Federn und seinem Flug, so wie die Erde nicht endet an ihrem höchsten Berg, so ende auch ich nicht an meinem Arm, meinem Fuß, meiner Hand, sondern greife unentwegt nach außen hinein in allen Raum und alle Zeit mit meiner Stimme und meinen Gedanken, denn meine Seele ist das Universum.

NORMAN H. RUSSEL, CHEROKEE[3]

TEIL 4

Einssein

Wenn im Spätsommer die Kornfelder reif sind und der Wind sie zu goldgelb wogenden Meeren verwandelt, dann bietet sich ein faszinierender Anblick der Einheit des Lebens. Die Halme bewegen sich so anmutig miteinander, dass die Bewegungen des Windes wie sanfte, große Wellen durch das Kornfeld laufen. Die einzelnen Halme finden sich zu einem großen Tanz zusammen, der wie eine Schwarmbewegung von Vögeln oder Fischen ohne Führung, ohne Kommandos und ohne Kontrolle entsteht.

Bei längerer Betrachtung dieses Phänomens erkennen wir zunehmend, dass sich nicht nur die einzelnen Halme zu einer einzigen großen Bewegung formen, sondern eine unmittelbare Beziehung zum Wind besteht. Der Wind ist dabei weit mehr als ein Impulsgeber. Die wogenden Wellen der Felder sind sichtbarer Wind. Kann man den Wind und die Bewegung der Halme trennen?

Aber auch die Erde, in der das Korn wurzelt und den Halmen Festigkeit verleiht, und der Himmel, der den Halmen eine grenzenlose Bewegungsfreiheit erlaubt, sind unmittelbare Bestandteile dieses Naturschauspiels. Auch die Sonne, der Regen und die Mineralien der Erde sind in dieser Bewegung enthalten. Können wir eines dieser Elemente aus dem wogenden Meer der Halme herauslösen?

Wenn wir auf einer Bank am Kornfeld sitzen und still betrachtend der einheitlichen Bewegung und dem Rauschen der Halme lauschen, dann spüren wir intuitiv die innere Verbundenheit allen Lebens. Und wir spüren, dass wir als Mensch in diesen großen, komplexen Lebenstanz eingewoben sind. Immer dann, wenn wir diese Verbundenheit mit dem Leben erfahren, breitet sich innerlich ein stiller Friede aus.

Nicht selten öffnet sich dann unser Herz und wir empfinden eine tiefe Liebe zum Leben. Plötzlich sehen wir die Schönheit der Natur und die Kostbarkeit des Augenblicks. Eine Rührung macht sich breit und lässt in uns Zärtlichkeit entstehen. Wie die zarten Berührungen des Windes auf der Haut möchte in einem solchen Moment unser Herz die Dinge mit großer Zartheit umfangen und halten. Wir spüren, wie kostbar und gleichzeitig verletzlich das Leben ist.

Wie die Dinge sich verschränken

Eigentlich ist es sehr leicht, die Verbundenheit des Lebens zu erkennen. Sie ist keine Geheimlehre oder subtile tiefgründige Weisheit, die wir erst nach jahrelanger Meditation erfahren können. Es genügt eine schlichte Betrachtung unseres Lebens.

Können wir als Menschen ohne die Erde, die Sonne und das Wasser existieren? Können wir uns ohne Schwerkraft bewegen? Sind wir nicht allein schon durch unsere Atmung und die Notwendigkeit von Nahrungsaufnahme zutiefst in die Kreisläufe der Natur eingebunden? Stehen wir nicht über unsere Sinne in einem permanenten Austausch mit der Umwelt? Gibt es einen Augenblick unseres Lebens ohne direkte oder indirekte Kommunikation mit unserem Umfeld?

Jeder Reiz hat unmittelbare Wirkung in Geist, Seele und Körper. Diese Gedanken gerade jetzt zu lesen hat innerlich Wirkung. Diese Wirkung bleibt nicht auf die Gedanken beschränkt. Bei unmittelbarer Betrachtung können wir beobachten, dass Gedanken wiederum Gefühle und subtile Körperreaktionen hervorbringen. Diese wiederum färben unsere Wahrnehmung ein und haben Einfluss auf unser Verhalten. Entsprechend werden wir den Text anders wahrnehmen und damit umgehen. Das Lesen eines Textes ist daher ein Vorgang der inneren Verschränkung.

Wenn wir diesen Vorgang des Lesens in der Unmittelbarkeit betrachten, erkennen wir, dass es keinen Text gibt, der unabhängig vom Leser existiert. Jeder Leser und jede Leserin wird den Text anders erfahren und sich auf eine einzigartige Weise mit dem Text verschränken. Aus dieser Perspektive gibt es keinen unabhängigen und objektiven Text, sondern nur individuelle Erlebnisweisen und komplexe Bewegungen, die sich aus der Verschränkung verschiedenster Objekte ergeben.

Natürlich findet dieser Vorgang der Verschränkung nicht nur beim Lesen statt, sondern immer. Auch das Sofa, auf dem wir sitzen, ist kein von uns unabhängiges Objekt. Der Nachbar, dem wir begegnen, der Tee, den wir trinken, die Kleidung, die wir tragen, die Luft, die wir atmen, das Lachen und das Weinen eines Menschen, all diese scheinbar von uns unabhängigen Objekte können nicht objektiv, also von uns getrennt, erfahren werden und sind somit unmittelbar mit uns verschränkt.

Dieser Vorgang der Verschränkung endet jedoch nicht damit, dass wir Objekte nicht unabhängig, also von uns getrennt, betrachten können, sondern wirkt genauso zurück in die Realität dieser Objekte hinein. Unser Gewicht formt das Sofa, auf dem wir sitzen, der Nachbar wird in irgendeiner Form auf uns reagieren, der Tee wird verdaut und verwandelt sich, unsere Kleidung verformt sich bei jeder Bewegung, die Luft nimmt unmittelbar alle Elemente unseres Ausatmens in sich auf, und unsere bloße Anwesenheit wird in das Lachen oder Weinen eines Gegenübers hineinwirken.

Je genauer wir den Vorgang der wechselseitigen Bezogenheit aller Dinge erkunden, desto mehr verschwimmen alle Grenzen. Wenn es keinen vom Leser unabhängigen Text gibt, wo endet dann der Text und wo beginnt der vom Text scheinbar unabhängige Leser? In der Verschränkung zeigt sich eindeutig, dass der Text im Leser existiert und umgekehrt der Leser im Text. Spätestens an dieser Stelle der Betrachtung wird uns wahrscheinlich schwindeln. Hier ahnen wir, dass die Konsequenz einer solchen Betrachtungsweise unser normales Gefühl einer unabhängigen Existenz unseres individuellen Menschseins auf den Kopf stellt. Wo beginnt unsere Individualität und wo endet sie, wenn es keine unabhängigen Objekte gibt?

Experimentiere:

Welches Gefühl entsteht beim Lesen dieser Betrachtungen? Erlaube dir, dieses Gefühl zuzulassen. Gehe tiefer in dieses Gefühl hinein. Schau dich jetzt im Raum um? Wie fühlst du dich dabei?

Die Logik des Egos

Wenn wir die wechselseitige Bezogenheit der Dinge betrachten und unsere Verschränkung mit allen scheinbar äußeren Objekten erkennen, wird das Gefühl einer getrennten Identität mit klaren Selbstgrenzen aufgeweicht. Wie könnten wir auch noch behaupten, dass unser Ich an den Körpergrenzen endet, wenn wir sehen, dass unser Innenleben mit dem Umfeld unmittelbar verschränkt ist? Wie können wir noch denken, dass etwas „unsere Meinung" ist, wo doch jeder Gedanke wiederum aus einer komplexen und großteils unbewussten Verschränkung mit der Umwelt gebildet wird?

Im ersten Moment mag es uns verunsichern, dass sich unsere Identität nicht mehr fest und klar umrissen anfühlt, sondern fließend und unbegrenzt offen. Aber wenn wir dieser Unsicherheit standhalten und uns auf diese Offenheit einlassen, dann stellt sich ein tiefes Gefühl der Verbundenheit ein. Unser Identitätsgefühl weitet sich ins Unendliche aus und schließt die Gesamtheit des Lebens ein.

Das kann freilich nur geschehen, wenn wir uns innerlich hingeben. Solange wir an dem Bild eines begrenzten, überschaubaren Ichs festhalten und somit versuchen, die Kontrolle zu behalten, können wir Verbundenheit und Grenzenlosigkeit nicht erfahren. Erst wenn wir die scheinbare Kontrolle abgeben, erst wenn wir uns erlauben, nicht genau zu wissen, wer wir sind, und uns diesem lebendigen und äußerst komplexen Vorgang der wechselseitigen Bezogenheit überlassen, dehnt sich unser Selbstgefühl aus.

Verbundenheit ist das Gegenteil von Kontrolle. In der Verbundenheit erkennen wir die Komplexität des Lebens an und spüren, dass es unmöglich ist, das Leben im Griff zu haben. Das wiederum ist aber genau das, was unser Ego will. Zu diesem Zweck erschafft es ein begrenztes Ich, das scheinbar unabhängig von anderen existiert. Je kleiner das innere Territorium ist und je schärfer die Grenzen nach außen sind, desto einfacher scheint es, die Kontrolle zu behalten.

Der Preis, den wir hierfür zahlen, ist jedoch hoch. Wir leiden an dem Gefühl der Getrenntheit und der Einsamkeit und sehen uns einer übermächtigen Außenwelt gegenüber. Wir schneiden uns durch die Kontrolle und die Anstrengung, die damit einhergeht, vom Vertrauen in die Kraft und die Unterstützung des Lebens ab. Im Gegenteil vertrauen wir nur noch auf uns selbst, auf die eigene Kraft, und verrennen uns in Selbstsucht.

Wenn im Zentrum unseres Lebens das kleine Ich steht, dann müssen wir uns darum kümmern, es zu versorgen, zu vermehren und zu verteidigen. Die Logik einer abgetrennten Identität führt folgerichtig dazu, dass wir uns in erster Linie um uns selbst kümmern, um unser Wohl und nicht um das Wohlergehen von anderen oder unseres Umfeldes. Solange wir uns abgetrennt fühlen, können wir uns in der Illusion wiegen, dass es genügt, wenn es uns gut geht. Genau das ist die Logik einer modernen materiellen Welt, die auf Gewinnmaximierung ausgerichtet ist und dabei ökologische und soziale Verwerfungen missachtet. Das ist auch die Logik, die im Kleinen wie im Großen zu Gewalt und Krieg führt. Wir verteidigen dabei mit allen Mitteln unser inneres oder äußeres Territorium und nehmen in Kauf, das Gegenüber oder die Umwelt zu verletzen oder zu zerstören.

Je tiefer wir die Dynamik und Wirkungsweise einer abgetrennten Identität betrachten, desto deutlicher sehen wir, dass sie die Ursache für unendlich viel Leiden zwischen Menschen ist. Schon Gautama Buddha erkannte, dass ohne die tiefe Realisierung der Verbundenheit allen Lebens alle Bemühungen, das hausgemachte Leiden der Menschen zu überwinden, oberflächlich bleiben und letztlich scheitern müssen. Wir können die Natur nicht durch ein paar technische ökologische Verbesserungen retten. Wir werden kleine und große Konflikte nicht durch gute Gesprächsführungstechniken lösen können. All diese Bemühungen sind oberflächlich und greifen zu kurz, wenn sie nicht von einem Tiefenwissen der wechselseitigen Abhängigkeit und der Verschränkung aller Dinge getragen sind.

Das Wissen um die Verbundenheit mit allem lässt ein vollkommen anderes Lebensgefühl entstehen als die Vorstellung einer begrenzten Identität. Hier spüren wir ein Eingebundensein ins große Ganze. Wir sind keine Einzelkämpfer mehr und können uns daher dem Leben anvertrauen.

Doch nicht nur das Lebensgefühl verändert sich. Auch die Grundmotivation unseres Lebens bekommt eine völlig neue Dimension. Es geht nicht mehr primär um unser Wohl und unser kleines Glück, sondern unser Herz öffnet sich für die Ganzheit des Lebens. Das Wohl und Wehe von anderen Menschen oder der Umwelt berührt uns hier unmittelbar und führt dazu, dass wir uns auch ohne ethische Appelle mitfühlend und wahrhaft bezogen verhalten. Erst im Erkennen der Verbundenheit aller Dinge entsteht eine Selbstlosigkeit, in die unser Wohlergehen als Mensch sehr wohl eingeschlossen ist, aber nicht mehr im Mittelpunkt steht.

Erforsche:

Visualisiere dich selbst als getrennt von allem. Welches Bild entsteht dazu. Gehe in dieses Bild hinein und versuche zu erspüren, welches Lebensgefühl dabei entsteht. Wie betrachtest du hier die anderen? Wie verhältst du dich?

Lass jetzt ein inneres Bild für die Verbundenheit mit allem entstehen und erforsche das Erleben wie oben.

Auseinanderfließen

Was ist das für ein Zustand, in welchem unsere Interessen und unser Menschsein nicht mehr im Zentrum unseres Lebens stehen und in dem die Ränder unserer Identität fließend werden? Und wie bekommen wir einen gefühlten Zugang dazu, der über ein intellektuelles Verstehen hinausgeht? Ist eine solche Form der Selbstlosigkeit überhaupt lebens- und alltagstauglich?

Diese und ähnliche Fragen tauchen immer wieder bei Menschen auf, wenn sie beginnen, sich mit der Grundhaltung der Verbundenheit zu befassen. Unser normales Lebensgefühl, das davon geprägt ist, dass es ein klares abgegrenztes Ich gibt, das im Mittelpunkt unseres Lebens steht und die Kontrolle hat, ist so selbstverständlich, dass wir uns nur schwer vorstellen können, wie lebenstauglich es ist, wenn wir das Konzept von Begrenztheit und Kontrolle loslassen. Dabei ist es durchaus möglich.

Kontrolle und Abgrenzung brauchen Bemühung und Anstrengung, das Sich-Überlassen jedoch ist anstrengungslos. Wenn wir es wagen, uns dem Augenblick zu überlassen, werden wir zunächst innerlich entspannter und weicher. Es fühlt sich vielleicht an, als ob wir körperlich und seelisch wie ein Pfannkuchenteig auseinanderfließen. Bereits hier spüren wir ganz konkret, dass wir an unseren Rändern fließender werden.

Je mehr wir uns erlauben, uns innerlich zu überlassen und auseinanderzufließen, desto mehr weitet sich wie von alleine unsere Aufmerksamkeit. Können wir das geschehen lassen, dass unsere Aufmerksamkeit ganz weit und ungerichtet wird? Können wir in einen Zustand eintauchen, in dem alles Tun und alle Kontrolle abfallen und wir mit unserer Aufmerksamkeit vollkommen empfangend werden? Eine Empfänglichkeit, die nichts Bestimmtes will, sondern die Ganzheit des augenblicklichen Erlebens umfassen kann?

Wenn wir uns innerlich überlassen, alles Wollen, alles Tun, alle Kontrolle, alle Fokussierung und alles Wissen loslassen, öffnet sich wie von selbst der offene und umfassende Raum des Gewahrseins. Dieser unbegrenzte Bewusstseinsraum ist am Grund unserer Seele immer vorhanden. Er wird nur überdeckt durch die Aktivität des Egos. Kaum lassen wir für einen Augenblick los und erlauben uns, innerlich auseinanderzufließen und uns fallen zu lassen, schon wird uns das Gewahrsein am Grund unserer Seele bewusst und wir tauchen ein in einen Raum voller Bewusstheit, der keinen Mittelpunkt und keine Kontrolle kennt.

Hier atmet es und denkt es, hier tauchen Geräusche und visuelle Eindrücke auf, und all diese Bewegungen finden nebeneinander oder miteinander in diesem Raum der Bewusstheit statt. In diesem Raum ist ein Gefühl oder ein Gedanke nicht mehr Ich als eine Vogelstimme. Ein Baum, den ich vor mir sehe, nicht weniger Ich als eine Körperempfindung. Alles ist gleichermaßen Teil dieses einen großen Bewusstseinsraumes.

Da wir in dieser Empfänglichkeit des Gewahrseins die Ganzheit des Erlebens umfassen, spüren wir ein tiefes Einheitsgefühl. Das Gewahrsein enthält alles, das Angenehme wie das Unangenehme, das sogenannte innere genauso wie das sogenannte äußere Leben. Daher weitet sich hier unsere Identität bis ins Grenzenlose aus. Es gibt hier nichts, das wir nicht sind, das nicht vom Gewahrsein umfasst wird. Hier erfahren wir Einssein ohne Trennung.

Das bedeutet jedoch nicht, dass wir das Leben in seiner Differenziertheit und Vielfalt nicht mehr wahrnehmen können. Wir sind uns sehr wohl des Unterschieds zwischen einer Atembewegung und einer Vogelstimme bewusst. Wir können einen „inneren" Gedanken von einem Gedanken, der von anderen geäußert wird, unterscheiden. All die Vielfalt und die komplexe Bewegung des Lebens ist uns selbstverständlich weiterhin bewusst. Der Unterschied ist nur, dass wir uns nicht mehr mit einem bestimmten Teil der Wirklichkeit identifizieren und dadurch die Bemühungen um Kontrolle, um recht haben und um die Verteidigung des Eigenen wegfallen.

Dadurch haben wir aus dem Gewahrsein heraus eine völlig andere Möglichkeit, uns auf die Ganzheit einer Situation zu beziehen und den natürlichen Lebensprozessen zu folgen. Wir sind nicht weniger alltagstauglich, sondern mehr. Unsere natürliche Intelligenz und unsere natürlichen Potenziale als Mensch können sich hier viel freier entfalten als im Zustand des Wollens und des Fokussiertseins. Besonders das kreative Potenzial kommt hier zur Geltung.

Allerdings sind wir in diesem Zustand auch unangepasster und werden uns manchmal unorthodox verhalten. Es ist eben kein Zustand der Kontrolle und keine Haltung, die auf das Erreichen von inneren oder äußeren Zielen ausgerichtet ist, sondern auf den Einklang mit der Ganzheit des Lebens. Wir werden durch diese Haltung wahrscheinlich auf Abruf keine Goldmedaillen erringen. Dazu ist meist eine Willenskraft erforderlich. Spitzenleistungen im Beruf, in der Kunst oder in anderen Bereichen können jedoch durchaus spontan entstehen. Letztlich geht es bei dieser Haltung jedoch nicht um Rekorde, sondern darum, dass sich unser natürliches menschliches Potenzial mehr oder weniger anstrengungslos in seinem ganz eigenen Tempo und im Einklang mit unserem Umfeld entfaltet.

Experimentiere:

Entspanne dich und überlass dich dem Augenblick. Als innere Hilfstechnik kannst du dir selbst sagen: „Sich dem Atmen überlassen. Sich dem Hören überlassen. Sich der Anspannung überlassen. Sich dem ... überlassen..."

Tauche immer tiefer in das Überlassen ein und erlaube dir, auseinanderzufließen und die Aufmerksamkeit zu weiten, bis du in einen Zustand von totaler Empfänglichkeit kommst.

Wie ist hier dein Erleben? Wie handelst du von hier aus?

Einssein und wechselseitige Bezogenheit

Dem aufmerksamen Leser wird nicht entgangen sein, dass bisher einmal von Verbundenheit und einmal von Einssein die Rede war. Diese beiden Aspekte sind verwandt und ergänzen sich, sind aber nicht identisch. Genau genommen beziehen sie sich auf zwei verschiedene traditionelle Zugänge, um die Begrenztheit des Ich zu transzendieren.

In der Mystik wurden von jeher Methoden verwendet, die den Meditierenden darin unterstützt haben, tief in den Augenblick einzutauchen, um den Raum des Gewahrseins jenseits der Ichidentität zu erfahren. Hier eröffnet sich uns ein Bewusstseinsraum, der vollkommen frei und unbegrenzt ist und gleichzeitig alles enthält. Je tiefer uns bewusst wird, dass das Gewahrsein die Ganzheit des Lebens umfasst, desto mehr spüren wir hier ein Einssein mit und in allem.

Die normale Bezogenheit zwischen einem Subjekt, also dem Ich, und den Objekten unserer Wahrnehmung löst sich hier auf, da das handelnde Subjekt in diesem Zustand verschwindet. Mit dem Ich verschwindet gleichzeitig das trennende Element und es gibt nur noch ein einheitliches Bewusstseinsfeld, aus dem alles kommt und das alles durchdringt. So spüren wir in diesem Zustand eine innere Stille und einen Frieden, da die normale Aktivität des Egos aufhört. Diese Stille ist jedoch nicht nur jenseits aller Phänomene und Bewegungen des Lebens, sondern gleichzeitig in allen Phänomenen. Sie durchdringt alles.

Der Pfad der Mystik führt also tief in den Augenblick hinein, um am Grund unserer Seele jenseits der konkreten Phänomene und jenseits einer begrenzten Ichidentität einen grenzenlosen Raum der Bewusstheit zu erfahren, der die Quelle allen Lebens ist. Es gibt jedoch noch einen anderen Zugang zur Einheitserfahrung. Im Buddhismus wird traditionellerweise im Vipassana (= Einsichtsmeditation) nicht auf den Raum des Gewahrseins fokussiert, sondern in der unmittelbaren Betrachtung die wechselseitige Bezogenheit aller Dinge untersucht. „Dies ist, weil jenes ist" ist der zentrale buddhistische Lehrsatz, der auf die innere Verbundenheit von allem hinweist.

Auch durch diese Methode der achtsamen Untersuchung der wechselseitigen Bezogenheit übersteigen wir die Begrenztheit einer Ichidentität und spüren das Eingebundensein in die komplexe Vielfalt und Ganzheit des Lebens. Allerdings bleiben wir bei diesem Vorgehen im Diesseits der konkreten Phänomene. Das wiederum hat die Wirkung, dass wir weniger ein allumfassendes Einssein spüren wie im jenseitigen Raum des Gewahrseins, sondern eine Bezogenheit und Verbundenheit zwischen allen Dingen im Diesseits.

Der Blickwinkel der Untersuchung ist hier horizontal und die Aufmerksamkeit weiterhin auf die konkreten Wahrnehmungsobjekte gerichtet. Dagegen schauen wir in der Mystik, wie alles, was erscheint, im Gewahrsein enthalten ist. Die Blickrichtung ist hier vertikal auf den Urgrund des Gewahrseins orientiert und übersteigt damit die konkreten Wahrnehmungsobjekte. Ist nun einer der beiden Wege besser?

Letztlich eröffnen uns beide Wege verschiedene und sich ergänzende Dimensionen der Einheitserfahrung. Während uns in der Mystik das Einssein im Gewahrsein die Möglichkeit gibt, tief ins Jenseitige einzutauchen und damit einen Raum zu erfahren, der vom Auf und Ab des Lebens unabhängig ist, gibt uns der buddhistische Weg die Möglichkeit, ganz im Diesseits der konkreten und normalen Erfahrungen zu bleiben und hier die Ichidentität zu überschreiten und die Verbundenheit aller Dinge zu sehen.

Entscheidend ist bei beiden Wegen, dass wir nicht nur punktuelle tiefe Erfahrungen der Einheit machen, sondern dass die Verbundenheit mit allem immer mehr zu einer grundlegenden Lebenshaltung wird, die unser ganzes inneres und äußeres Leben durchwirkt. Erst dann wird sich unsere normale begrenzte Ichidentität transformieren und die typischen Schwierigkeiten des Egos, wie Widerstände, Anstrengung, Selbstsucht und Konflikte, können sich Stück für Stück auflösen.

Reflektiere:

Welchen grundlegenden Meditationsweg hast du praktiziert? Welche Art von Einheitserfahrung ist dir vertraut: der umfassende Raum des Gewahrseins oder die Verbundenheit aller Dinge?

4.1 Das Herz öffnen

Verbundenheit ist das tragende Element der Liebe. Natürlich gibt es viele Ausdrucksformen der Liebe: die intime Liebe zwischen zwei Erwachsenen, die bedingungslose und gleichzeitig abhängige Liebe zwischen Eltern und Kindern, die respektvolle und unterstützende Liebe zwischen Freunden oder die dienende Liebe in einem Beruf. Wie auch immer die Liebe sich äußert und welche Färbung sie auch annimmt, zugrunde liegt ein Sich-Verbinden mit dem Objekt der Liebe.

Wenn uns nun die spirituelle Erkenntnis der Verbundenheit aller Dinge durchdringt, führt uns das in ein Leben aus der Liebe. „Gott ist Liebe" heißt es und meint, dass die Ganzheit der Schöpfung eine innere Verbindung hat. Diese Liebe, die wir durch das Erkennen der Verbundenheit aller Dinge erfahren, ist jedoch unpersönlich und hat mit romantischen Liebesgefühlen nichts gemein. Überhaupt ist das Erkennen von Verbundenheit kein Gefühl, sondern eine Einsicht in die wahre Natur des Lebens. Wir erkennen, dass es trotz der Getrenntheitsgefühle des Egos keine Getrenntheit gibt und noch nie gab.

Diese Einsicht, wenn sie tief ist, bleibt aber nicht auf unser Bewusstsein beschränkt, sondern durchwirkt unsere gesamte Seele und unser ganzes Sein. Aus der Verbundenheit heraus denken wir anders, fühlen wir anders, nehmen wir die Dinge anders wahr und verhalten uns auch anders. Wie verhalten wir uns, wenn wir eine innere Verbindung zu einem Menschen spüren und wie, wenn wir uns distanziert erleben? Wie schauen wir auf eine Person, die uns nah ist und wie, wenn sie uns fremd ist oder wenn wir sie ablehnen?

Immer wenn wir die Verbundenheit zu anderen Menschen oder zu einem Objekt empfinden, findet in unserer Seele eine grundlegende Öffnung statt. Auf der körperlichen Ebene haben wir vielleicht das Gefühl, dass sich all unsere Poren öffnen und die Energie fließt. Auf der seelischen Ebene kommt es zu einer Hinbewegung. Wir wollen gleichsam das Objekt unserer Liebe in uns aufnehmen und es verinnerlichen. Unsere Aufmerksamkeit wird wach und ein natürliches, starkes Interesse für das Liebesobjekt entsteht. Schließlich öffnet sich auch unser Herz und wir fühlen uns vom Objekt unserer Liebe angerührt und erfüllt.

Erfülltsein ist die Wirkung einer inneren Öffnung. Wir denken zunächst, dass es die Wirkung eines Bekommens ist. Daher beschäftigen wir uns oft damit, dass unsere Bedürfnisse gestillt werden. Doch das ist ein Missverständnis. Auch wenn unsere Bedürfnisse erfüllt werden, bedeutet dies nicht automatisch, dass wir uns erfüllt fühlen. Das geschieht erst in der seelischen Öffnung und diese ist letztlich unabhängig von unseren Bedürfnissen. Wenn wir uns öffnen, beginnen unsere Energien zu fließen und das augenblickliche Leben wird zum Geschenk.

All diese typischen Ausdrucksformen der Liebe entstehen, wenn wir die Verbundenheit mit einem Menschen oder einem Objekt fühlen. Unser ganzes System, der Körper, die Seele und das Herz öffnen sich. Diese grundlegende innere Öffnung findet nicht nur in der persönlich bezogenen Liebe zu einem Menschen statt, sondern genauso, wenn wir die generelle Verbundenheit mit allem spüren. Hier ist sie nur umfassender und weiter. Es ist, wie wenn wir das Leben in seiner Ganzheit in uns aufnehmen und lieben. Wir spüren dann, wie uns diese Liebe durchdringt und erfüllt.

Wenn uns diese umfassende Liebe bewegt, dann begegnen wir jeder konkreten Ausdrucksform des Lebens mit Offenheit und Liebe. Egal, ob wir gerade ein Blümchen am Wegrand sehen, oder ob wir einem unbekannten Menschen begegnen, aus dieser Liebe heraus spüren wir eine innere Verbundenheit, die uns offen, ungeschützt und vertrauensvoll in Beziehung gehen lässt.

Dabei spielt es keine Rolle, ob wir einem fremden Menschen begegnen oder einem Vertrauten, zu dem es bereits eine tiefe innere Verbindung gibt. Natürlich verhalten wir uns oberflächlich beispielsweise dem eigenen Kind gegenüber anders als gegenüber einem unbekannten Kind, aber die zugrunde liegende Freundlichkeit und Offenheit für den Kontakt ist dieselbe.

Vielleicht können wir an dieser Stelle erahnen, wie grundsätzlich unser Lebensgefühl und unser Verhalten sich ändern würden, wenn wir aus der Liebe heraus leben könnten. Wie würde es sich anfühlen, wenn wir grundsätzlich mit geöffneter Seele und geöffnetem Herzen allen Menschen und allen Geschöpfen begegnen würden?

Reflektiere:

Denke an jemanden oder an etwas, den oder das du liebst. Erforsche jetzt dein inneres Erleben dabei. Was geschieht im Körper, in den Zellen, mit deiner Aufmerksamkeit, mit deinen Gefühlen, in deinem Herzen...?

Stell dir vor, du würdest in diesem geöffneten, liebenden Zustand grundsätzlich dein Leben leben...

Angst als Gegenspieler der Liebe

In der Liebe zu leben fühlt sich wunderbar an und kann Wunder bewirken. Es öffnet nicht nur unser Herz und unsere Seele, sondern öffnet auch unser Gegenüber. Haben wir das nicht schon oft erfahren? Wenn sich ein Mensch offen und mit liebendem Interesse auf uns bezieht, dann werden wir typischerweise lebendiger und gleichzeitig entspannter. Schon bald verzichten wir auf oberflächliche Masken und zeigen uns authentisch als Mensch. Innerlich spüren wir, wie das Verbundenheitsgefühl zunimmt. Warum leben wir dann nicht immer in der Offenheit, wenn es auf uns selbst und andere Menschen eine so positive Wirkung hat?

Der Hauptgrund ist wahrscheinlich die Angst. Angst ist der Gegenspieler der Liebe und der Öffnung. Angst führt dazu, dass wir uns verschließen und abschotten. Wenn wir einen Moment von akuter Angst in Achtsamkeit studieren würden, würden wir erkennen, welch komplexe Wirkung die Angst in unserer Seele hat. Unser Körper zieht sich durch eine muskuläre Kontraktion zusammen und verhärtet sich. Die Atmung wird flacher und schneller. Wir haben das Gefühl, zu wenig Luft zu bekommen. Die Poren verschließen sich und die Kontraktion bewirkt das Gefühl, dass unser innerer Raum enger wird. Enge ist auch das Grundgefühl der Angst, das den ganzen Organismus durchzieht. Die Gedanken werden chaotisch und überfluten uns und die Aufmerksamkeit ist in einer Hab-acht-Haltung stark nach außen gerichtet. Eine achtsame Wahrnehmung von uns selbst ist hier kaum mehr möglich.

Je stärker die Angst wird, desto kopfloser und atemloser verhalten wir uns. In der Panik nimmt die Schnelligkeit und die gefühlte Enge immer mehr zu, bis wir wie ein gehetztes Tier nur noch aus der Situation ausbrechen wollen, ohne dass wir die Möglichkeit haben, die Situation in Ruhe zu betrachten und uns selbst dabei zu spüren. Daher ist Panik ein innerer Vorgang, der uns seelisch vollkommen abtrennt. Weder haben wir die Möglichkeit, uns hier differenziert wahrzunehmen, noch steht uns in der Panik unser seelisches und geistiges Potenzial zur Verfügung.

Akute Situationen von Angst oder Panik sind Gott sei Dank in unserem Leben selten, aber abgeschwächte, chronische Formen der Angst kommen sehr häufig vor. Das Schlimme ist, dass chronische Formen unterschwellig ablaufen und häufig nicht bewusst erkannt werden. Wie chronische Muskelverspannungen, die so selbstverständlich geworden sind, dass sie sich normal anfühlen, können auch chronische Angstzustände zu einem alltäglichen Lebensgefühl werden, das wir nicht mehr hinterfragen.

Genauso wie die akute Angst erkennen wir ein chronisches Lebensgefühl der Angst an der unterschwelligen Enge und Starre, an der inneren Schnelligkeit und abnehmenden Fähigkeit, uns innerlich differenziert zu spüren. Wie oft fühlen wir uns in unserem Alltag unter Druck? Wie oft fühlen wir Stress? Wenn wir die Symptome von Stress in Achtsamkeit untersuchen, werden wir feststellen, dass sie identisch mit den Symptomen der Angst sind. Das, was wir Stress nennen, ist eigentlich eine unterschwellige Angstreaktion.

Solange wir das unterschwellige Lebensgefühl der Angst nicht erkennen und vielleicht sogar denken, dass es zu einem normalen Leben dazugehört, werden wir in diesem Lebensgefühl verharren und uns entsprechend verhalten. Unser Lebensgefühl ist die grundlegende Motivation, aus der heraus wir unser Leben unbewusst gestalten. Wenn nun die Angst unser Lebensgefühl ist, dann wird unser äußeres Leben tendenziell ein Ausdruck von Enge und Starrheit sein. Vielleicht bewegen wir uns dann immer in vertrauten Kreisen und Orten und wagen es nicht, Neues und Unbekanntes aufzusuchen. Vielleicht suchen wir Zuflucht in starren Ideologien und haben nicht die Weite, andere Sicht- und Lebensweisen anzuerkennen. Vielleicht klammern wir uns an rituelle Abläufe und spüren nicht mehr nach, was uns wirklich gerade entspricht und was nicht.

Viele Ausdrucksformen eines Lebens aus der Angst sind gesellschaftlich vollkommen anerkannt und werden dadurch nicht mehr infrage gestellt. Wenn ein Mensch sich durch die Vielfalt von Religionen in seinem Staat bedroht fühlt und dann beispielsweise für eine „christliche Leitkultur" eintritt, so scheint dies ein vollkommen legitimes Bedürfnis zu sein. Wenn jemand viele Jahre lang immer am gleichen Ort Urlaub macht, erscheint er vielleicht als jemand, der eine große Beständigkeit hat. Wenn eine Person permanent unter Zeitdruck steht und sich anstrengt, so viel wie möglich zu schaffen, erscheint sie vielleicht nach außen als fleißig. Bei näherer Betrachtung werden wir jedoch feststellen, dass all diese Ausdrucksformen durch unterschwellige Angst motiviert sind und keineswegs aus innerer Freiheit entstehen.

Wenn wir bewusst unser alltägliches Leben durchforsten, werden wir vielleicht überrascht feststellen, wie stark unser reales Leben von Angst geprägt wird. Doch erst wenn wir die Ausdrucksformen der Angst klar erkennen, haben wir die Möglichkeit, diese Lebensgewohnheiten zu hinterfragen und innerlich auszusteigen. Das führt höchstwahrscheinlich im ersten Moment dazu, dass die innere Unsicherheit oder Angst zunimmt.

Doch wenn wir der Angst standhalten, sie in uns zulassen ohne daraus zu handeln, dann ist jede Angst eine Welle, die kommt und geht. Die Aufgabe ist hier lediglich, diese Welle zuzulassen und nicht zu handeln, bevor sich nicht innerlich eine Ruhe einstellt. In der Ruhephase können wir entspannen und bekommen wieder einen Zugang zu unserem seelischen Potenzial. Wir beginnen uns wieder zu öffnen.

Reflektiere:

Wie viele Augenblicke oder Phasen in deinem Leben gibt es, in denen du dich unter Druck fühlst? Wie gehst du damit um?

Schau dir ganz konkret an, wie du dein Leben gestaltest: Ist dein Leben eine Ausdrucksform der Angst oder der Offenheit, der Freiheit und des Vertrauens?

Die Angst umarmen

Eine spezielle Dynamik der Angst führt dazu, dass wir an allem festhalten. Wenn wir Angst haben, dass der Boden unter uns nachgeben könnte, klammern wir uns instinktiv und machtvoll an. Dabei ist uns jedes Objekt, das wir greifen können, recht. Wie ein Ertrinkender klammern wir uns an jeden Strohhalm und ziehen in der Panik vielleicht sogar noch einen Retter unter Wasser.

Angst und Festhalten sind instinktive, animalische Kräfte, die unsere Intelligenz unterlaufen. Wir wissen aus der Gehirnforschung, dass Angstreaktionen im entwicklungsgeschichtlich ältesten Teil unseres Gehirnes, im Hirnstamm, verankert sind, wohingegen die kreative Intelligenz und die Bewusstheit im jüngsten Teil unseres Gehirns, der Großhirnrinde, entstehen. Wenn das Gehirn eine akute Bedrohung empfindet, wird der Hirnstamm aktiv und die Großhirnrinde in ihrer Funktion blockiert. Das mag bei einer existenziellen Bedrohung durch wilde Tiere in der Frühzeit unserer menschlichen Geschichte einen Sinn gehabt haben, da wir dann alle Kräfte für Flucht oder Kampf zur Verfügung hatten, in den meisten Situationen unseres modernen Lebens sind diese Reaktionen jedoch alles andere als hilfreich.

Ein typisches Beispiel hierfür ist die Erinnerungsblockade bei einer Prüfungsangst. Obwohl ein Prüfling kurz vor der Prüfung den Stoff noch wusste, ist er plötzlich in der Prüfungssituation nicht mehr abrufbar. Die Erinnerungsleistung ist im Großhirn verankert. Bei Angst wird jedoch das Stammhirn befeuert und es werden Hormone ausgeschüttet, die das Großhirn so stark blockieren können, dass der Prüfling keine Möglichkeit mehr hat, auf sein Wissen zurückzugreifen.

Angst ist damit nicht nur der Gegenspieler der Liebe, sondern ebenso der Gegenspieler unserer Fähigkeit zu Intelligenz und Bewusstheit. Das ist wichtig zu wissen. Wenn sich Menschen in einer akuten Stresssituation befinden, werden sie sich häufig irrational verhalten und sich in übertriebener Weise in unvernünftigen Abwehrreaktionen verfangen. Sie werden starr, vielleicht sogar starrköpfig, schotten sich ab oder klammern sich an Objekte an, die keinen echten Halt geben können. Das ist jedoch kein Zeichen einer mangelnden Intelligenz, wie es manchmal nach außen hin scheint, sondern einer blockierten Intelligenz.

Daher kann man jemanden, den die Angst besetzt, nicht mit vernünftigen Argumenten erreichen. Man kann sich nur auf dessen Angst beziehen, sie annehmen und ihn dadurch beruhigen. Erst wenn innerlich wieder Ruhe und das Gefühl von Sicherheit eingekehrt sind, entsteht der Raum, sich mit Gelassenheit und Intelligenz auf die jeweilige Situation zu beziehen. Dann sind wir auch wieder für Argumente und andere Perspektiven aufgeschlossen. Weisheit kann nur aus einer vertrauensvollen Gelassenheit entstehen, in der wir die Ganzheit einer Situation annehmen können.

Auch für uns selbst hat es eine große Bedeutung, zu wissen, dass Angst unsere Intelligenz blockiert. Wir werden dann tunlichst darauf verzichten, bei unterschwelligen Angstreaktionen oder in Stresssituationen Entscheidungen zu treffen oder in irgendeiner Form zu handeln. Immer wenn wir uns innerlich anspannen und unter Druck kommen, ist nicht die Zeit, etwas zu entscheiden oder zu agieren, sondern besteht die Aufgabe, uns innerlich um die Angst zu kümmern. Es geht darum, unsere Ängste zu umarmen, bis wir uns wieder innerlich entspannen.

Wie ein kleines Kind, das nach einem Sturz einen Schrecken hat und dann auf dem Schoß der Mutter weint und dadurch wieder in die Ruhe und die innere Sicherheit zurückfindet, so brauchen auch wir als Erwachsene eine zärtliche Umarmung, wenn wir Angst oder Druck empfinden. Diese muss nicht unbedingt körperlich stattfinden (auch wenn dies meist Erwachsenen genauso guttut wie Kindern), vielmehr braucht es eine seelische, verständnisvolle Umarmung. Manchmal können wir uns diese zärtliche Umarmung selbst schenken. Manchmal können wir auch einen nahen Menschen darum bitten, uns einen liebevollen Raum zu schenken, damit wir uns in unserem Stress entlasten können und unsere Mitte wiederfinden.

Gerade bei stärkeren Angstreaktionen kann es sehr hilfreich sein, einen anderen Menschen um Zeit und Aufmerksamkeit zu bitten. Dann ist es aber wichtig, dass die Person weiß, dass wir keinen Rat und keine Hilfe für die konkrete Situation benötigen, sondern nur eine liebevolle und annehmende Aufmerksamkeit für unser Angsterleben. Wenn die innere Welle von Angst und Stress genug Raum bekommen hat, gefühlt zu werden und sich auszudrücken, wird sie von alleine abebben. Haben wir erst zu unserer Gelassenheit zurückgefunden, finden wir wieder einen Zugang zu unserer natürlichen Intelligenz und werden dann selbst wissen, was in der konkreten Situation zu tun ist.

Experimentiere:

Bitte in Situationen, in denen du mit Druck oder Angst reagierst, einen wohlwollenden Menschen darum, für eine begrenzte Zeit (z. B. 15 oder 30 Minuten) dir seine Aufmerksamkeit zu schenken. Bitte ihn, dir aufmerksam zuzuhören und dir keine Lösungsvorschläge zu geben.

Wie fühlst du dich danach? Wie schaust du jetzt auf die auslösende Situation?

Verbunden oder verklebt?

Das Wissen um die grundlegende Bedeutung der Angst hat nicht nur eine große Relevanz bei akuten Stresssituationen, sondern lässt uns auch die Dynamik der Identifikation tiefer begreifen. Identifikation ist ein Vorgang, sich so tief an ein inneres oder äußeres Objekt zu binden, dass wir damit verschmelzen und es zu einem Teil unserer Identität wird. Identifikation ist damit nichts anderes als ein inneres Festhalten oder Anhaften. Es ist der Versuch, im Fluss des Lebens, der sich immerzu bewegt und wandelt, eine feste Insel zu errichten.

Natürlich ist diese Insel nicht wirklich fest. Wie kann es jemals etwas Festes und Dauerhaftes in einem Leben geben, in dem alles ständig in Bewegung ist? Aber anstatt mitzufließen und sich immer wieder zu verändern und zu erneuern, hält sich unser Ego an vermeintlich sicheren und kontinuierlichen Objekten fest. Dabei geht dieses Festhalten so tief, dass wir uns in Situationen, in denen sich offensichtlich unser Leben verändert, wie besessen am Alten anklammern. In diesen Momenten erkennt man besonders deutlich, dass die Identifikation, das Festhalten an Objekten, eine grundlegende Abwehrstrategie des Egos ist, um die Grundangst der durch ewigen Wandel bedingten fundamentalen Unsicherheit in den Griff zu bekommen.

Dabei entsteht durch die Identifikation zunächst tatsächlich ein Gefühl von Halt und damit Sicherheit. Wenn wir uns beispielsweise mit der Zugehörigkeit zu einer Religionsgemeinschaft wie dem Christentum identifizieren, wird diese zu einem Teil unserer Identität. Dabei ist Identifikation mehr als eine Zuordnung. Wir sagen nicht nur „Ich bin Teil der christlichen Religionsgemeinschaft", sondern wir sagen: „Ich bin Christ." Diese Zuschreibung gibt uns das Gefühl einer konkreten, greifbaren Identität. Unser Menschsein bekommt dadurch eine wahrnehmbare Kontur und wird für uns und für andere „griffig".

Im ersten Moment entsteht durch diese „Greifbarkeit" unseres Seins das Gefühl von Sicherheit. Es ist, als ob wir aus einem fließenden und wabernden Sein ein strukturiertes Gebäude errichten. Dieses Haus unserer Ichidentität besteht aus vielen bewussten und unbewussten Identifikationen mit Name, Körper, Selbstbildern, Beruf, Rollen, Besitz, Beziehungen und Zugehörigkeiten. Durch das Ichgebäude bekommen wir Kontur. Wir sind jetzt greifbar geworden, aber im selben Maß auch angreifbar.

Stellen wir uns vor, das Christsein ist bei uns ein tragender Pfeiler unserer Ichidentität. Entsprechend werden wir uns bedroht und verletzt fühlen, wenn das Christentum in für uns wesentlichen Aspekten entwertet wird. Oder wenn andere Christen real angegriffen oder umgebracht werden, fühlen wir uns direkt betroffen. Obwohl wir selbst vielleicht nicht konkret bedroht sind, fühlen wir uns dennoch durch die Identifikation mit dieser Menschengruppe angegriffen und bedroht.

Diesen Vorgang können wir bei allen äußeren Dingen und Menschen beobachten, mit denen wir uns identifizieren. Wenn es Personen aus unserer Familie schlecht geht, wenn unsere Firma Verluste macht, wenn unsere Nation schwere Zeiten durchmacht oder sich grundlegend verändert, ja sogar wenn unser Fußballklub verliert, sind wir zuinnerst betroffen. Genauso, als ob wir selbst betroffen wären, werden auch hier Ängste und Abwehrreaktionen befeuert.

Diese Art der Betroffenheit durch Identifikation hat einen ganz anderen Charakter als ein Berührtsein, das aus einem Mitgefühl entsteht. Identifizierte Betroffenheit entsteht aus einer Verhaftung mit einem Objekt und ist damit unfrei. Wir sind förmlich verklebt durch das Festhalten an dem Objekt der Identifikation. Es gibt hier keinen Freiraum zwischen dem Gewahrsein und dem Ereignis. Entsprechend fühlen wir uns selbst direkt betroffen oder angegriffen in unserem Sein. Also werden wir uns innerlich bedroht und verletzt fühlen und entsprechend emotional reagieren. Identifikation ist damit die Basis für hausgemachtes Leiden. Wenn wir aus dieser identifizierten Betroffenheit heraus agieren und quasi „zurückschlagen" oder uns verschließen, schaffen wir noch mehr Leiden für uns und andere.

Aus diesem Leidenskreislauf können wir nur aussteigen, wenn wir das Wesen des Mitgefühls begreifen. Mitgefühl entsteht aus einer inneren Freiheit. Wir fühlen uns hier verbunden, aber nicht verklebt. Wir empfinden hier die Not und das Leiden von anderen Menschen mit, ohne uns selbst angegriffen oder bedroht zu fühlen. Nur aus einer inneren Freiheit heraus kann unser Herz liebevoll und empathisch mitschwingen, und nur wenn wir aus dem Mitgefühl heraus handeln, geben wir dem zerstörerischen Feuer des Leidens in unserem persönlichen Leben und unseren Beziehungen – und letztlich auch global – keine neue Nahrung.

Ohne dass wir uns aber unseren Ängsten stellen und uns aus unseren Identifikationen befreien, werden wir zu der heilsamen Kraft des Mitgefühls keinen Zugang bekommen. Dabei ist Mitgefühl wahrscheinlich die zentrale Kraft, die uns selbst und die Menschheit im Ganzen heilen kann. Nur das Mitgefühl hat die Fähigkeit, Schmerzvolles, Gewalt, menschliche Irrwege und Abgründe zu umfassen, ohne daran zu zerbrechen. Nur das Mitgefühl muss nicht zwanghaft und reaktiv handeln, sondern kann sich in Ruhe und Weisheit auf eine Situation beziehen. Ein offenes und mitfühlendes Herz muss sich nicht verteidigen, da es nichts zu verteidigen gibt. Nur etwas Festes, eine Burg, hat etwas zu verlieren und muss sich verteidigen. Aus einem Zustand von Offenheit heraus muss nichts verteidigt werden, da wir an nichts festhalten.

Daher ist die zentrale Frage, die wir uns immer wieder stellen müssen, die, ob wir uns gerade innerlich in Freiheit verbunden fühlen oder an etwas festhalten. Manchmal können wir das vielleicht im ersten Moment nicht gleich unterscheiden. Dann hilft die Frage: Darf sich das Objekt (oder der Mensch), mit dem wir uns verbunden fühlen, verändern? Darf sich zum Beispiel eine wichtige Rolle, eine gesellschaftliche Stellung, eine Beziehung, ein Besitz verändern? Liebe und Mitgefühl entstehen aus einer inneren Freiheit heraus und können der Veränderung der Dinge und Beziehungen, die uns kostbar sind, zustimmen.

Reflektiere:

Stelle dir die Fragen: „Was macht mich und mein Leben aus? Was gibt mir Halt?"

Betrachte dabei im Einzelnen, wie stark du an diesen Dingen festhältst und wie sehr es dich betreffen würde, wenn sie sich verändern.

Dann entspanne dich und weite dich innerlich. Entspanne dich in den Ort der inneren Freiheit und Verbundenheit hinein und versuche zu erspüren, wie es sich anfühlt, wenn du mit den Dingen verbunden, aber nicht verklebt bist.

Mitgefühl kann uns transformieren

Mitgefühl ist nicht nur die natürliche Folge einer inneren Befreiung von Ängsten und Identifikationen, sondern gleichzeitig die zentrale Kraft, unsere Ängste und Verhärtungen zu transformieren. Es ist somit das Ziel, aber gleichzeitig der konkrete Weg eines Lebens, das der Bewusstheit und der Befreiung gewidmet ist.

Was braucht ein Mensch, der sich gerade voller Angst an einen Strohhalm festklammert? Sicherlich keine Belehrung, dass es besser ist, loszulassen. Er braucht ein mitfühlendes Verständnis für seine Angst. Erst dann kann er sich entspannen und der verkrampfte Griff wird sich lockern.

Wie können wir einen Menschen erreichen, der sich in eine Ideologie verrannt hat und sich dadurch definiert? In der Regel nicht durch Diskussionen, sondern nur durch den empathischen Versuch, sich in diese Weltsicht einzufühlen. Erst wenn sich die Person in ihrer Überzeugung und sogar tiefer noch, in ihrer Lebenserfahrung, auf deren Boden diese starre Weltsicht gewachsen ist, gesehen fühlt, kann sie weich werden und sich wieder für andere Perspektiven öffnen. Ohne Mitgefühl für die Eigenarten, Unsicherheiten und Ängste eines Menschen werden wir nur die andere Person noch tiefer in das selbst gebaute Gefängnis ihrer Identifikation treiben.

Wie beziehen wir uns auf eine Person, die stark emotional reagiert und im wahrsten Sinne des Wortes „außer sich" ist? Wenn wir hier selbst reagieren und uns verteidigen müssen, wird sich die Emotion nur aufschaukeln. Wenn wir sie beschwichtigen oder nicht ernst nehmen, wird sie sich genauso verstärken müssen, um wahrgenommen zu werden. Nur das Mitgefühl hat die Gelassenheit und die Bezogenheit, die es braucht, damit sich ein Mensch in seiner Not ernst genommen fühlt. Dann kann er wieder entspannen und „zu sich" kommen.

Was im Umgang mit anderen Menschen, ihren Ängsten und Identifikationen gilt, gilt gleichermaßen für uns selbst. Auch unsere eigenen Ängste und unsere Tendenz zum Festhalten an Konzepten, Objekten und Beziehungen können wir nicht durch Vernunft überwinden. Ebenso nutzlos ist es, dagegen anzukämpfen, denn Kampf macht uns hart. Können wir eine Verhärtung überwinden, indem wir uns hart machen? Sicherlich nicht. Können wir Ängste überwinden, indem wir uns hart machen? Nur scheinbar. Eigentlich überdecken wir durch Härte diese Ängste nur. In Wirklichkeit bleiben sie im Untergrund bestehen.

Nur eine mitfühlende Bewusstheit für die Momente, in denen unsere Ängste ausgelöst werden und für das eigene Festhalten an Scheinsicherheiten, führt zu einer echten inneren Befreiung. Mitgefühl ist sanft. Es ist niemals gegen etwas gerichtet, sondern umfasst die Dinge in einem empathischen Verständnis. Damit ist Mitgefühl eine Art, sich zu beziehen, die keinen Kampf und keinen Gegner kennt.

Wenn wir uns eine mitfühlende Bewusstheit bildlich vorstellen, dann ist sie wie eine sanfte Energie oder Wolke, die uns in unserer Ganzheit als Mensch hält. Gerade auch die schwierigen und unvollkommenen Aspekte unseres Menschseins dürfen hier sein. Mehr noch, sie sind hier willkommen. Diese sanfte Energie des Mitgefühls umfasst und durchdringt alle ungeliebten Bereiche. Da das Mitgefühl immer nur „Ja" sagt und niemals gegen etwas gerichtet ist und damit auf keinen Widerstand stößt, kann es bis in die hintersten Winkel unseres Menschseins vordringen. Wie die sanfte Lebenskraft des Atems, die den Körper in seiner Ganzheit durchflutet und alle Poren öffnen kann, so können wir uns auch durch die liebende Kraft des Mitgefühls durchströmen lassen, bis sich alle Verhärtungen lösen.

Wenn wir uns selbst mit Mitgefühl umfassen, dann dürfen unsere Unsicherheiten und Ängste sein. Wir müssen sie nicht verstecken, kaschieren oder überwinden. Sie sind dann ein natürlicher Bestandteil unseres Menschseins. Auch anderen gegenüber müssen wir dann keine starke Fassade aufbauen. Im Gegenteil. Wir brauchen unsere Ängste weder innerlich noch äußerlich zu kompensieren und dürfen weich werden. Dadurch können wir immer tiefer entspannen, bis wir eine innere Sicherheit erfahren.

Wir können uns diesen Vorgang vorstellen als ein inneres Loslassen und Absinken. Zunächst klammern wir uns vor lauter Angst fest. Wenn uns dann die sanfte Energie des Mitgefühls umfängt und durchströmt, lockert sich allmählich unser Griff und die zugrunde liegende Angst darf auftauchen. Wenn nun auch diese Angst in der Sanftheit des Mitgefühls gehalten wird, können wir immer mehr loslassen und sinken nach unten auf den Grund unserer Seele. Dort sind wir getragen und müssen uns nicht selbst halten. Dort erfahren wir eine Sicherheit, die von innen kommt, und nicht durch Anklammern oder Erstarren. Hier spüren wir eine natürliche, sanfte Stärke, die wir nicht machen müssen, sondern die uns zuströmt. Diese Stärke entsteht nicht daraus, dass wir unsere Grundängste überwinden, sondern dadurch, dass wir ihnen zustimmen.

Wenn wir einmal den Unterschied zwischen einer gemachten Stärke, die aus Anstrengung und Verhärtung entsteht, und einer natürlichen

Stärke, die weich ist und uns von innen her aufrichtet, kennen, werden wir von selbst eine große Sehnsucht nach einem Leben ohne Verhärtung entwickeln. Der Weg dazu geht nur über eine mitfühlende Bewusstheit, die immer mehr zu einer selbstverständlichen Grundhaltung werden kann, aus der wir uns selbst begegnen.

Experimentiere:

Atme bewusst ein und aus und spüre, wie der sanfte Lebensstrom des Atems alle Winkel des Körpers durchflutet und alle Poren öffnet.

Dann stell dir vor, dass dieser sanfte Atemstrom ein mitfühlendes „Ja" beinhaltet. Lass dieses „Ja" deinen Körper durchfluten bis in die hintersten Winkel hinein.

Erlaube dir, dich immer tiefer in dieses sanfte, mitfühlende Feld hinein zu entspannen. Was breitet sich aus?

Wie kannst du sein und wie leben, wenn dich dieses mitfühlende Feld immer umgibt?

4.2 Beziehungen im Geiste der Verbundenheit

Die Grundhaltung der Verbundenheit bedeutet, sich der Bezogenheit aller Dinge bewusst zu sein und daraus zu leben. Dies drückt sich besonders in unseren Beziehungen aus, die in sehr lebendiger und eindrücklicher Weise uns das Thema der Verbundenheit vor Augen führen. In unseren Beziehungen sind wir tagtäglich herausgefordert, uns in vielfältiger Weise auf das Wechselspiel zwischen uns und den anderen zu beziehen.

In einer Familie mit Kindern kann man dieses Feld an wechselseitiger Einflussnahme täglich beobachten. Jede gute oder schlechte Stimmung eines Mitglieds der Familie hat eine unmittelbare Auswirkung auf alle anderen Mitglieder. Wenn ein Kind oder ein Elternteil in einem seelischen Tief ist, wird dies von allen andern Familienmitgliedern gespürt. Auf die eine oder andere Weise werden alle darauf innerlich reagieren. Vielleicht werden sie selbst bedrückt, ziehen sich zurück, werden aggressiv oder versuchen der Person, der es nicht gut geht, zu helfen oder ihre Stimmung auszugleichen. Manche dieser Reaktionen werden sichtbar und manche werden unsichtbar, nur innerhalb einer Person, stattfinden. Manche dieser Reaktionen werden destruktiv und manche konstruktiv und ausgleichend wirken. Doch wie auch immer die innere und äußere Reaktion ist, in jedem Fall sind alle Beteiligten eines Beziehungssystems betroffen.

Dieses Phänomen können wir nicht nur in Familien, sondern in allen Beziehungsfeldern beobachten. Gleich ob es sich um ein Ehepaar, um

Freunde, um ein Arbeitsteam oder eine spirituelle Gemeinschaft handelt, jede Befindlichkeit einer Person hat auf das ganze Beziehungsfeld eine Wirkung. Es ist, als ob ein Steinchen in einen See geworfen wird, Wellen schlägt und sich über den ganzen See ausbreitet. Dabei wird jede Welle auf andere Wellen treffen und damit in Interaktion gehen. Manche dieser Wellen werden sich aufheben, manche sich kreuzen und diverse Muster bilden, manche werden sich überlappen und aufschaukeln.

Wir können daher nie voraussehen, wie sich ein Ereignis in einem Beziehungsfeld auswirken wird. Die Wirkung ist niemals linear und damit berechenbar. Was wir aber wissen, ist, dass es eine Auswirkung geben wird und dass diese Auswirkung wieder auf uns zurückwirkt. Da wir weiterhin Teil des Beziehungsfeldes sind, können wir nicht handeln, ohne dass wir uns der Wirkung unseres Handelns stellen müssten. Es genügt daher nicht, wenn wir in einem Beziehungsgefüge nur für uns selbst, für unsere Gefühle, Bedürfnisse und Handlungen, Verantwortung übernehmen. Wir müssen uns genauso auf die Wirkung unseres Handelns beziehen.

Je genauer wir die wechselseitige Bezogenheit in Beziehungen betrachten, desto komplexer und unüberschaubarer wird das Geschehen. Das kann im ersten Moment zu einem Überforderungsgefühl führen. Wie können wir uns auf die Verbundenheit aller Dinge beziehen, wenn sie so komplex und unberechenbar ist? Ist es nicht eine Überforderung, die Ganzheit eines Geschehens und alle Beteiligten in einem Beziehungsfeld im Bewusstsein zu haben?

Ja, das ist es. Vor allen Dingen dann, wenn wir versuchen, die Ereignisse in Beziehungsfeldern zu überschauen und letztlich zu kontrollieren. Unser Verstand stößt hier an seine Grenzen. In einer linearen Wirkungskette, wie zum Beispiel bei der Konstruktion einer Maschine, können Abläufe berechnet und kontrolliert werden. In dem nichtlinearen und zusätzlich lebendigen, sich ständig verändernden Wirkungsfeld eines Beziehungsgeschehens ist dies nicht möglich.

Das ist jedoch nicht weiter schlimm, denn nur unser Wunsch nach Kontrolle, Wissen und Macht stößt hier an seine Grenzen. Oder anders gesagt: Unser Ego wird hier entmachtet. Unsere Seele jedoch und der grenzenlose Raum des Bewusstseins haben damit keine Schwierigkeiten. Unsere Seele ist ohnehin nicht in der Weise abgetrennt, wie es unser Ego uns weismachen will. Die Realität der Seele ist fließend wie ein Fluss. Sie strömt einfach und ist mit der Quelle, den Zuflüssen und dem Meer verbunden. Im grenzenlos offenen Raum des Bewusstseins wiederum ist alles, was in einem Beziehungsfeld geschieht, eingeschlossen. Wie der weite Himmel umfasst er in völliger Freiheit die Ganzheit des Geschehens.

Hat ein Fluss Kontrolle über das Fließen oder die Einflüsse, die den Fluss an- oder abschwellen lassen? Braucht er die Kontrolle darüber? Hat der Himmel den Überblick und die Macht darüber, was auf der ganzen Welt geschieht? Braucht er das?

Um aus dem Bewusstsein der Verbundenheit heraus zu leben, benötigen wir keinen Überblick über ein Beziehungsgeschehen und auch keine Macht darüber. Im Gegenteil. Das Bewusstsein der Verbundenheit bringt automatisch mit sich, dass wir unsere Kleinheit und damit Ohnmacht anerkennen. Erst dann fühlen wir uns nicht bedroht durch die Komplexität eines Beziehungsgeschehens und werden unseren natürlichen Platz darin finden. Dann können wir uns immer wieder neu auf das jeweilige aktuelle Geschehen einlassen und daran konstruktiv mitwirken.

Reflektiere:

Betrachte ein konkretes Beziehungsfeld deines Lebens:

Wie wirkt es sich auf alle aus, wenn eine Person ein seelisches Tief hat? Wie reagieren die Einzelnen innerlich oder äußerlich darauf? Was bewirken diese Reaktionen wiederum in der Person in ihrer schwierigen seelischen Befindlichkeit?

Vom Ich zum Wir

Was können wir also tun, wenn wir in einem komplexen, lebendigen Beziehungsgeschehen keine Kontrolle haben und gleichzeitig immer mitten im Wirkungsfeld stehen wie ein Fußballspieler in einem Turnier? Das Erste und vielleicht Wichtigste ist, dass wir die wechselseitige Bezogenheit anerkennen. Das klingt logisch und einfach, ist aber alles andere als selbstverständlich. Wie oft versuchen wir, ein Geschehen von uns wegzuhalten? Wie oft sagen wir innerlich oder äußerlich: „Das geht uns nichts an."

Unbewusst leben wir sehr häufig in einer Welt der Trennung und schieben ein Ereignis von uns weg. Die andere Person soll sich selbst darum kümmern, wenn es ihr schlecht geht und uns bitte damit in Ruhe lassen. Was geht mich die Überforderung einer Kollegin an? Ist das nicht ihr Problem? Wieso soll ich jetzt mehr Arbeit übernehmen? Wenn wir kleine konkrete Situationen unseres Lebens betrachten, werden wir überrascht sein, wie oft wir uns dabei ertappen, zu denken, dass uns etwas nichts angeht und wir uns innerlich dagegen abgrenzen.

Das Grundgefühl dabei ist das eines Hausbesitzers mit eigenem Garten. Da gibt es ein eigenes Territorium, für das ich verantwortlich bin, und viele andere Häuser, die außerhalb meines Gartens existieren und für die ich keine Verantwortung habe. In einer Welt der Getrenntheit brauche ich mich um Ereignisse, die in anderen Gärten stattfinden, nicht kümmern und kann den Baum des Nachbarn, der bei einem Sturm in meinen Garten fällt, entschieden zurückweisen.

Dieses Gefühl einer getrennten Welt beinhaltet jedoch eine Illusion. Äußerlich mag es in der Welt bei oberflächlicher Betrachtung Grenzen von Zuständigkeiten geben. Innerlich gibt es diese Grenze nicht. Wenn ein „äußeres" Ereignis in unsere „innere" Welt einbricht, dann haben wir schon längst darauf reagiert. Wir können nichts von uns weghalten. Jede Wahrnehmung, jedes Geschehen, jeder Beziehungsvorgang ist bereits ein Teil unserer Innenwelt geworden, ob wir das gutheißen oder nicht.

Können wir etwas ungeschehen machen oder zurückweisen, was bereits Teil von uns geworden ist? Niemals. Wir haben keine Wahl. Wir müssen uns auf dieses (bereits innere) Geschehen beziehen. Wenn wir dies anerkennen, dann verlieren wir uns nicht in Scheingefechten, in denen wir versuchen, Ereignisse zurückzuweisen, sondern nutzen unsere Bewusstheit dafür, uns kreativ auf das zu beziehen, was ist.

Das hat eine innere und eine äußere Dimension. Bei der inneren Dimension geht es darum, unsere seelische Reaktion auf das Ereignis ernst zu nehmen und diese Gefühle in uns zuzulassen. Die ersten Gefühle zu einem Ereignis dienen meist der Abwehr oder der seelischen Verdauung. Daher ist es ungeheuer wichtig, dass wir uns diese Gefühle gestatten, aber nicht daraus handeln. Erst wenn diese erste Gefühlsreaktion zur Ruhe gekommen ist, können wir uns konstruktiv und annehmend auf ein Ereignis beziehen. Erst dann ist es Zeit, zu handeln und auf das Ereignis eine Antwort zu geben.

Wenn wir nicht impulsiv, also aus einer ersten Gefühlsreaktion heraus, auf ein Ereignis reagieren, sondern geduldig warten, bis die emotionalen Wellen zur Ruhe gekommen sind und wir dann aus einem annehmenden Raum heraus antworten, wird dies im Beziehungsfeld meist eine konstruktive Wirkung haben. Da eine Antwort keine Vorwürfe, Wertungen oder Angriffe auf die andere Position enthält, muss die andere Person sich meist nicht verteidigen und kann sich wiederum meist konstruktiv auf unsere Antwort beziehen.

Grundsätzlich gilt in Beziehungsfeldern: Ego lädt Ego ein und eine egofreie Antwort lädt tendenziell dazu ein, dass sich andere in der Kommunikation nicht bedroht fühlen und entsprechend entspannt und authentisch sich zeigen können. Doch auch wenn es uns gelingt, immer wieder aus einem egofreien Raum heraus zu antworten, ist dies keine Garantie dafür, dass unsere Antwort eine konstruktive Wirkung im Beziehungsfeld hat. Dazu ist ein Beziehungssystem zu komplex.

Letztlich können wir durch unser Handeln ein Beziehungsgeschehen beeinflussen, aber nicht bestimmen. Wir sind nur ein Rädchen in einem komplexen System von Einflüssen und es ist wichtig, dass wir das in Demut anerkennen. Dann wird uns klar, dass es nicht darum gehen kann, unsere Vorstellung einer Lösung für ein Beziehungsgeschehen durchzusetzen, sondern das Beziehungsgefüge auf eine Weise zu unterstützen, dass sich aus der Ganzheit heraus eine konstruktive Lösung ergibt.

Bereits in einem Beziehungsgefüge zwischen zwei Menschen, zum Beispiel einer Paarbeziehung, können derart unterschiedliche Bedürfnisse und Sichtweisen eine Rolle spielen, dass es manchmal einen längeren Kommunikationsprozess braucht, bis sich eine Lösung für ein gutes Zusammenleben herauskristallisiert. Keiner der beiden kann aus sich heraus die Lösung finden, sondern nur möglichst konstruktiv an dem gemeinsamen Lösungsprozess mitwirken. Wenn schon in einem Beziehungsgefüge zwischen zwei Menschen unsere Idee einer Lösung nicht zielführend ist, sondern vor allen Dingen unsere Bereitschaft, uns auf einen gemeinsamen Beziehungsprozess einzulassen, wie viel mehr müssen wir dann anerkennen, dass es in einem komplexeren Beziehungsgefüge wie einer Familie, einem Kollegium oder einer Gesellschaft niemals darum gehen kann, unsere Vorstellung einer Lösung durchzusetzen.

Eine prozessorientierte Haltung bedeutet, dass wir uns eingestehen, dass wir die Lösung für ein Beziehungsgeschehen nicht wissen können und nicht wissen müssen. Unsere Idee zu einer Lösung ist lediglich ein Beitrag für den Prozess, in der Ganzheit des Beziehungsfeldes zu einer Lösung zu kommen. Wenn uns das bewusst ist, dann werden wir zwar unseren eigenen Lösungsbeitrag einbringen, aber noch wichtiger wird uns sein, dass wir das Beziehungsgeschehen in seiner Ganzheit konstruktiv unterstützen. Es wird uns dann ein Anliegen sein, dass möglichst alle im System gehört werden und die Hintergründe ihrer Positionen verstanden werden. Genauso werden wir uns dafür einsetzen, dass eine möglichst konstruktive, wertungsfreie Kommunikation stattfindet und sich keine Verteidigungsgefechte aufschaukeln.

Das Bewusstsein über die Verbundenheit führt dazu, dass sich das Zentrum unserer Aufmerksamkeit verschiebt. Nicht mehr wir selbst und unsere Ideen und Bedürfnisse stehen im Mittelpunkt, sondern das Beziehungsfeld, in das wir eingebettet sind. Insofern entsteht eine völlig neue Lebenshaltung, in der sich das „Ich“ dem „Wir“ unterordnet. Mit anderen Worten, ich kann nicht mehr nur für mich eintreten. Das bedeutet nicht, dass wir uns und unsere Bedürfnisse nicht mehr ernst nehmen und in die Ganzheit einbringen, denn wir sind weiterhin ein wertvoller Teil des

Ganzen und das Beziehungsgefüge braucht auch unseren Beitrag. Aber gleichzeitig werden wir uns mit unserem Sein in ein Beziehungsfeld einfügen und unsere Kraft, Intelligenz und Liebe dafür einsetzen, dass sich das Beziehungsfeld im Ganzen konstruktiv entfaltet.

Reflektiere:

Wie gehst du mit ersten Gefühlsreaktionen um? Erlaubst du sie dir oder versuchst du sie wegzuschieben? Handelst du impulsiv? Oder lässt du dir Zeit, die ersten Emotionen zu fühlen und sich setzen zu lassen?

Für was setzt du dich in Beziehungsfeldern ein: dafür, dass sich dein Standpunkt oder dein Bedürfnis durchsetzt? Oder erkennst du an, dass dein Standpunkt oder dein Bedürfnis nur eine von vielen berechtigten Perspektiven ist? Setzt du dich dafür ein, dass ein möglichst konstruktiver Beziehungsprozess stattfindet, aus dem heraus sich die Lösung entfaltet?

Konflikt und Vielfalt

Diese Haltung, sich nicht nur für die eigene Person einzusetzen, sondern vor allen Dingen für ein konstruktives Beziehungsgeschehen, ist besonders wichtig bei Konflikten. Bei Konflikten ist es geradezu entscheidend für deren Entwicklung, ob für die Beteiligten das Ich oder das Wir im Zentrum steht. Immer wenn die Konfliktparteien nur die eigene Position anerkennen und durchsetzen wollen, schaukelt sich der Konflikt auf und es entstehen destruktive Dynamiken von Angriff und Verteidigung.

Das kann man im Kleinen wie im Großen beobachten. Egal ob es sich um einen Streit zwischen Eheleuten handelt, um eine Auseinandersetzung in einer Gemeinschaft oder um einen Konflikt zwischen Staaten, immer besteht die Gefahr, dass das Wir dem Ich untergeordnet wird und entsprechend sich die Positionen verhärten und bekriegen.

Können wir das Eigene behaupten, indem wir das andere besiegen? Niemals. Da das andere nicht von uns getrennt ist, können wir auch nicht das Eigene auf Kosten des anderen durchsetzen. Nur im ersten Moment würde dadurch das Eigene als Sieger hervorgehen. Aber das Beziehungsgefüge, in das wir zwangsläufig eingebettet sind, würde unter diesem Sieg leiden und das würde sich über kurz oder lang negativ auf uns auswirken. Jeder Sieg auf Kosten der anderen Position und des „gegnerischen Lagers" ist daher ein Pyrrhussieg.

Das bedeutet, dass wir langfristig in einem Konflikt nur dann profitieren, wenn wir die Verbundenheit im Blick behalten und letztlich auf eine Haltung von Kooperation setzen. Kooperation ist das Gegenteil von Kampf. Sie setzt die eigene Position nicht höher als die andere und auch nicht gegen die andere, sondern neben sie. Auch widersprüchliche Sichtweisen und Bedürfnisse werden hier anerkannt und konstruktiv in Austausch gebracht.

Entscheidend für eine Haltung der Kooperation ist das Bewusstsein, dass Beziehung Vielfalt bedeutet. Es gibt keine homogenen Beziehungssysteme und es ist auch nicht erstrebenswert. Aus der Ökologie wissen wir, dass die Vielfalt (Diversität) ein entscheidendes Merkmal einer intakten Natur ist, nicht die Monokultur. Was für die Natur gilt, gilt auch für menschliche Beziehungen. Gesunde menschliche Beziehungsgefüge erkennt man daran, dass unterschiedliche und sogar widersprüchliche Lebensformen darin Platz finden und anerkannt sind.

Aus der Systemtheorie wissen wir, dass Teile eines großen Systems dann konstruktiv an der Ganzheit mitarbeiten, wenn sie einen respektierten Platz im Ganzen haben. Ist dieser Platz infrage gestellt, weil Teile sich angegriffen oder entwertet fühlen, dann verhärten diese sich und werden in der Folge fürs Ganze destruktiv. Den gleichen Vorgang können wir in Diktaturen beobachten. Diktaturen sind wie Monokulturen, in denen häufig nur die herrschende Meinung gilt und andere Lebensformen unterdrückt werden. Entsprechend geschieht unter dem oberflächlichen Diktat einer

Scheinharmonie eine Radikalisierung im Untergrund. Einem friedlichen Zusammenleben zwischen Menschen und Völkern dient dies nicht.

Auch in kleineren Beziehungssystemen finden wir immer wieder Beispiele für die Unterdrückung der Vielfalt. Autoritäre Systeme, die keinen Platz für Meinungsvielfalt und unterschiedliche Lebensbedürfnisse bieten, können wir auch in Familien, Schulklassen und sogar in spirituellen Gemeinschaften beobachten. Manchmal wird in bester Absicht die Meinungsvielfalt unterdrückt.

Doch auch wenn die Absicht zur Unterdrückung nicht egoistisch oder ausbeuterisch ist, sondern aus starren Idealen entsteht, die als allgemeingültig und damit wertvoll angesehen werden, wirkt sich ein autoritäres System immer negativ auf die Vielfalt und die Lebendigkeit in den Beziehungen aus. Daher dient sie langfristig weder dem Frieden noch dem Wohl der Menschen.

Nur wer den Wert der Vielfalt anerkennt, wird zu einer Haltung der Kooperation finden. Das Hauptanliegen wird dann nicht mehr sein, möglichst schnell einen Konflikt zu beenden oder die eigene Position zu behaupten, sondern die Unterschiedlichkeit, vielleicht sogar Widersprüchlichkeit in einem Beziehungsgefüge zu fördern und tiefer zu verstehen. Diese Haltung wird automatisch zu Formen der Konfliktlösung führen, die das Wohl der Ganzheit eines Beziehungsgefüges und das Wohl der einzelnen Menschen darin über eine Scheinharmonie oder eine schnelle Lösung auf Kosten Einzelner stellt.

Reflektiere:

Wie ist deine Grundhaltung in Beziehungen? Lebst du in einer Welt von Konkurrenz und Kampf oder in einer Welt der Kooperation?

Welche Wirkung hat es auf dich und die Beziehung, wenn du einen Konflikt aus der Haltung von Kampf oder aus der Haltung der Kooperation erfährst?

Die Waffen ablegen

Die Haltung der Kooperation ist ein evolutionärer Schritt. Sie führt uns über eine Welt von Fressen und Gefressen-Werden hinaus in ein Leben der Freundschaft und Geschwisterlichkeit. Dies entspricht der evolutionären Entwicklung unseres Gehirns. Das älteste Gehirnareal, das Stammhirn, ist für Bedrohung und Kampf zuständig. Wenn uns dieser Bereich bestimmt, dann leben wir in einer Welt von Bedrohung, Angst, Konkurrenz, Kampf oder Flucht. Hier denken wir in Kategorien von „Ich oder Du", von „Dominanz oder Unterordnung", von „Gewinnen oder Verlieren".

Dagegen sind die neuen Gehirnareale, wie der Kortex, in ihrer Komplexität der Verknüpfungen ein lebendiger Ausdruck von Kooperation. Durch die Vielfalt der Verbindungen im Kortex haben wir als Menschen die Fähigkeit, ein Bewusstsein über das Zusammenwirken des Lebens zu bekommen und daraus zu leben. Dadurch können wir unsere Angst transzendieren und immer tiefer realisieren, dass wir die besten Überlebens- und Entwicklungschancen nicht als Raubtiere haben, sondern durch Zusammenarbeit.

Erst in der konstruktiven Zusammenarbeit findet Entwicklung statt und werden zum Beispiel wichtige Kulturgüter aufgebaut. Wenn wir bedenken, dass bereits einfache Alltagsgegenstände wie ein Keramikteller, aus dem wir essen, aus einem komplexen Vorgang der Zusammenarbeit von vielen Menschen (Konstrukteure, Arbeiter, Personalverwaltung, Lieferanten) entstanden ist, dann wird schnell klar, dass diese Welt nicht durch Konkurrenz und Kampf zusammengehalten wird, sondern durch Kooperation, durch das Zusammenspiel von Mensch und Natur.

Entwicklungen, bei denen durch kreative Zusammenarbeit Neues entsteht, nennt man in der Physik „aufbauende Prozesse". Das millionenfache Wachsen und Aufblühen der Natur im Frühjahr, die jahrelange Unterstützung der Kinder durch Eltern und Pädagogen oder die Zusammenarbeit von Menschen für Kulturgüter sind typische Beispiele dafür. Dabei müssen wir wissen, dass aufbauende Prozesse von ihrer Natur her meist langsam und unspektakulär sind. Sie sind Prozesse der Zusammenarbeit, die häufig im Stillen und über lange Zeit hinweg ablaufen. Daher finden diese konstruktiven Vorgänge der Zusammenarbeit kaum einen Niederschlag in unseren Zeitungen. Unspektakuläre Kooperation ist keine Schlagzeile wert. Abbauende Prozesse dagegen, in denen Kampf, Zerstörung, Siegen und Verlieren im Zentrum stehen, sind meist dramatisch und schnelllebig und damit dankbare Themen für eine Presse, die Sensationen braucht.

Auf diese Weise verzerrt sich unser Eindruck vom Leben auf dieser Erde und wir können bei oberflächlicher Betrachtung zu der Überzeugung gelangen, dass in dieser Welt der Kampf dominiert. Diese Sichtweise setzte sich auch in der alten Interpretation der Evolutionslehre durch. Heute gehen jedoch führende Wissenschaftler davon aus, dass die Auslese durch Kampf nur ein untergeordneter Aspekt der Evolution ist. Die entscheidenden Faktoren sind dagegen aufbauende Prozesse der Zusammenarbeit.

Wenn wir unser Bewusstsein erweitern und über den Tellerrand der Angst hinausblicken, dann werden wir erkennen, dass es keine Feinde gibt. Die scheinbaren Gegner oder Konkurrenten sitzen am gleichen Tisch und knüpfen auf ihre Weise am gleichen Netz des Lebens. Nur auf der Oberfläche des persönlichen Lebens gibt es hier Gewinner und Verlierer, doch wenn wir den Blick nur ein wenig heben und auf das Zusammenspiel der Kräfte schauen, ist ein persönlicher Gewinn oder Verlust für das Ganze bedeutungslos. Wie das Auf und Ab der Wellenberge für die Existenz des Meeres im Ganzen keine Bedeutung hat, so haben auch die Konkurrenzkämpfe zwischen Menschen an der Oberfläche keine wirkliche Relevanz für den Zusammenhalt und die Existenz des Lebens.

Auf der Ebene der Kooperation sind alle Lebensteilnehmer in ihrer Eigenart gleichwertig. Die Kategorien von oben und unten, von richtig und falsch, von besser und schlechter sind hier bedeutungslos. Von Bedeutung ist lediglich, ob wir uns mit unserer Eigenart möglichst konstruktiv und aufbauend einbringen, sodass es der Zusammenarbeit mit Menschen, Tieren und der Natur als Ganzes dienlich ist.

Es ist höchste Zeit, dass immer mehr Menschen ihre Rüstungen und ihre Waffen ablegen. Wir werden unsere Angst nicht dadurch besiegen, dass wir uns immer stärkere Waffen zulegen. Im Gegenteil. Jede innere oder äußere Waffe, die wir uns zulegen, wird unser Angstgefühl bestätigen und damit verstärken. Dadurch tauchen wir immer tiefer in eine Welt von Angst und Kampf ein.

Nur wenn wir es wagen, unsere Waffen abzulegen und ein Bewusstsein für die Verbundenheit und die Kooperation allen Lebens entwickeln, werden wir der Enge einer Welt aus Angst und Konkurrenz entwachsen. Erst dann werden wir spüren, dass uns Vertrauen, Zusammenarbeit und Wohlwollen viel mehr schützen können als jede noch so starke Rüstung. Nur dadurch werden wir dem alten Menschheitstraum, in Frieden miteinander leben zu können, näherkommen und darüber hinaus verhindern, dass die Natur, in die wir eingebettet sind, vollkommen aus dem Gleichgewicht gerät.

Reflektiere:

Wo tauchen in deinem Leben Ängste auf? Wie gehst du damit um? Erlaubst du sie dir? Nimmst du Zuflucht zu Abwehrstrategien (Rüstungen) und aggressiven Mitteln (Waffen) oder schaust du auf die Verbundenheit und Kooperation des Lebens, in die du eingebettet bist?

Geschwisterlichkeit

Wenn wir im Geiste der Verbundenheit Beziehungen betrachten und entsprechend gestalten wollen, ist die Geschwisterlichkeit sicherlich ein Schlüsselbegriff. In der Erklärung der allgemeinen Menschenrechte heißt es im ersten Artikel: „Alle Menschen sind frei und gleich an Würde und Rechten geboren. Sie sind mit Vernunft und Gewissen begabt und sollen einander im Geist der Brüderlichkeit begegnen."

Hier wird noch der alte Begriff der „Brüderlichkeit" verwendet, der einer männerdominierten Welt entspringt. Obwohl die Absicht klar und redlich ist und jeder Mensch weiß, was hier gemeint ist, verbirgt sich in dieser Formulierung bereits wieder eine unterschwellige Diskriminierung, nämlich die Diskriminierung von Frauen.

Es gibt nach wie vor viele Diskriminierungen auf dieser Welt. In der kulturellen Hierarchie werden typischerweise dunkelhäutige Menschen, Homosexuelle, ethnische Randgruppen und indigene Völker benachteiligt. Doch eine Bevölkerungsgruppe, die Frauen, haben nahezu auf der ganzen Welt mit offener oder unterschwelliger Diskriminierung zu kämpfen. Wenn wir im Geiste der Verbundenheit unsere Beziehungen gestalten wollen, dann müssen wir daher zuallererst die Beziehung zwischen Männern und Frauen betrachten.

Geschwisterlichkeit bedeutet hier, dass die Geschlechter sich ebenbürtig sind und sich mit Achtung und Respekt begegnen und gegenseitig unterstützen. In der Geschwisterlichkeit gibt es kein oben und kein unten, keine Hierarchie, sondern ein Miteinander in Gleichwertigkeit. Die symbolische Sitzordnung unter Geschwistern ist der Kreis. Wenn Menschen im Kreis sitzen, ist keine Position hervorgehoben. Alle sind hier gleich und können sich in ihrer Eigenart einbringen. Keine Meinung gilt mehr als eine andere und kein Bedürfnis hat ein größeres Gewicht.

Da die Position im Kreis gleichwertig ist, kann sich die Sitzordnung auch jederzeit ändern. Sie muss nicht festgelegt sein. Diese Flexibilität ermöglicht es, dass sich Konstellationen verändern und mal eine Frau und dann wieder ein Mann eine führende Rolle im Kreis übernimmt. Erst in der Flexibilität, im Nicht-festgelegt-Sein auf eine Rolle oder eine

Position, entfaltet sich der Geist der Gleichwertigkeit. Sobald wir jedoch eine Rolle oder eine Position für ein Geschlecht allgemeingültig definieren, ist es mit der Gleichwertigkeit vorbei.

In den meisten Gesellschaften sind die Rollen von Mann und Frau und ihre gesellschaftliche Stellung und Aufgaben immer noch stark festgelegt, sodass es keine Flexibilität gibt. Selbst in unserer Kultur, in der zweifelsohne Frauen (und auch Männer) bereits andere Freiheiten haben als in anderen Kulturen, gibt es weiterhin ein allgemeingültiges Rollenverständnis für Frau und Mann, das unterschwellig in unseren Beziehungen wirkt. Ist es da ein Wunder, dass es immer wieder zum Geschlechterkampf, zu Neid und Aggression, zu Kränkungen und dem Gefühl von Benachteiligung, in unseren Paarbeziehungen kommt?

Dabei ist es wichtig, sich klarzumachen, dass das eigentliche Hindernis für ein Leben in Geschwisterlichkeit nicht die gesellschaftlichen Gegebenheiten sind, sondern die teils unbewussten Überzeugungen in unserem Geist. Jeder Mensch ist ein Kind seiner Eltern, der Gesellschaft, der Religion und des Zeitgeistes und entwickelt dadurch unbewusst Vorstellungen über das eigene und das andere Geschlecht. Diese Vorstellungen über unsere geschlechtliche Identität geben uns Orientierung, sind aber gleichzeitig, wie jede Identifikation, einengend und beinhalten zudem eine Menge Ansprüche an uns und an das andere Geschlecht.

Immer wieder kann ich in meiner beruflichen Tätigkeit als seelischer Begleiter beobachten, dass Frauen wie Männer unter ihren meist unbewussten Ansprüchen leiden und diese noch dazu das Klima zwischen Partnern vergiften. Wie will ich als Frau oder Mann meine natürliche Eigenart entfalten, wenn ich innerlich und äußerlich mit Ansprüchen zu kämpfen habe? Und umgekehrt: Wie kann ich mein Gegenüber in der Partnerschaft unvoreingenommen sehen und in seiner natürlichen Eigenart unterstützen, wenn ich selbst bestimmte Ansprüche an sie oder ihn habe?

Solange wir uns nicht unsere Überzeugungen und Ansprüche ans Frau- oder Mannsein bewusst machen und hinterfragen, wird sich Geschwisterlichkeit in unseren Beziehungen nicht wirklich entfalten können. Denn erst jenseits der Vorstellungen über Männer und Frauen können wir uns gegenseitig als der Mensch sehen und anerkennen, der wir sind. Erst dann haben wir die Freiheit, ein stimmiges und würdevolles Zusammenleben zu gestalten, das für beide Geschlechter stimmt.

Reflektiere:

Welche Überzeugungen, welche Rollenbilder und welche Ansprüche hast du bzgl. Männer und Frauen?

Wie prägen dich diese unterschwelligen Vorstellungen? Welchen Einfluss haben sie auf deine Partnerschaft oder ganz allgemein auf deine Beziehung zum anderen Geschlecht?

Was bist du für eine Frau oder Mann jenseits dieser Vorstellungen? Und wie würdest du dann deine Beziehung zum anderen Geschlecht gestalten?

Opfer, Täter und das Mitgefühl

In allen Beziehungskonstellationen, in denen Diskriminierungen zum Teil über Generationen stattgefunden haben, entstehen starke Verletzungen und Kränkungen, die automatisch über Generationen weitergegeben werden. Selbst wenn ich als Frau oder Mann keine direkte Entwürdigung erfahren habe, wirken in mir das Unrecht, das meine Eltern oder Großeltern erfahren haben, und ebenso die kollektiven Verletzungen an meinem Geschlecht, nach.

Wenn uns das bewusst ist, dann müssen wir die familiären und kollektiven Verletzungen nicht unbewusst in unserem Leben weiterleben und an unsere Kinder weitergeben, sondern haben die Möglichkeit, diese in unserer Seele zu transformieren. Dazu braucht es vor allem Bewusstheit und Mitgefühl. Im ersten Schritt ist es notwendig, dass wir uns der Verletzungen, die unter unseren Abwehrstrategien von Wut, Härte und Verweigerung sitzen, bewusst werden und uns dem Schmerz stellen. Solange wir in der Abwehr gefangen sind und daraus unbewusst agieren, können wir den Schmerz in unserer Seele nicht verwandeln. Erst wenn wir hinter unsere Abwehr blicken und uns den Schmerz zugestehen, können wir wieder weich werden.

Seelischen Schmerz zu fühlen ist weder schlimm noch entwürdigend. Im Gegenteil. Es ist eine menschliche Grunderfahrung, die unser Herz öffnet und uns menschlich und demütig werden lässt. Vorausgesetzt allerdings, dass wir in unserem Schmerz nicht beschämt oder alleingelassen werden. Da viele Menschen in frühen Beziehungen diese negative Grunderfahrung machen, schützen sie sich unbewusst mit Abwehrstrategien, die sie verhärten und von sich selbst entfremden. Wenn wir jedoch im Schmerz die Erfahrung machen, darin gehalten und angenommen zu sein, dann verwandelt sich der Schmerz ganz natürlich von alleine und es entsteht ein tiefer Selbstkontakt.

Entscheidend für eine Transformation des Schmerzes ist das Mitgefühl. Mitgefühl kann sich einfühlen und hat Verständnis für den seelischen Schmerz. Es nimmt den Schmerz an und bleibt im Kontakt. Damit erfüllt es die entscheidenden Faktoren, die wir in Augenblicken des Schmerzes benötigen: Annahme und Kontakt. Aus diesem Grund kann unsere Seele in einem Kontext von Mitgefühl den Schmerz zulassen und findet auf diese Weise zu einer seelischen Integrität zurück. Es fühlt sich an, als ob sich ein innerer Kokon, der durch eine Verletzung aufgerissen wurde, wieder schließen kann und unsere seelische Ganzheit und der Kontakt nach innen wieder hergestellt werden können.

Selbstverständlich ist es für diesen Heilungsprozess nicht zwingend notwendig, dass uns ein anderer Mensch dieses Mitgefühl entgegenbringt. Auch wir selbst können unseren Schmerz mitfühlend halten und zulassen. Wenn wir jedoch tiefe Erfahrungen von Beschämung und Zurückweisung unseres Schmerzes gemacht haben, dann werden sich starke Abwehrmechanismen um unseren Schmerz gebildet haben, so dass wir zunächst auf das Mitgefühl eines anderen Menschen angewiesen sind.

Wenn wir die heilsame Erfahrung, dass sich unser Schmerz positiv verwandeln kann, mehrmals gemacht haben, werden wir die Angst vor dem

Schmerz und die damit einhergehende Abwehr verlieren. Im Gegenteil. Wir werden mit der Zeit dem Schmerz und den damit einhergehenden Gefühlen von Schwäche und Ohnmacht mehr vertrauen als den vermeintlichen Schutzmechanismen von Härte, Wut, Rückzug und Distanzierung. Denn nur über das Zulassen des Schmerzes finden wir aus der seelischen Verhärtung heraus und können die Verbindung zu uns selbst und zu anderen wieder in der Tiefe fühlen.

Das ist ein entscheidender Punkt. Denn solange wir in Kompensationen und Verhärtungen gefangen sind, bleibt uns die spirituelle Dimension der Verbundenheit aller Dinge seelisch unzugänglich. Wir wissen darum, aber fühlen die Verbundenheit nicht. Erst wenn wir unsere Verhärtungen überwinden, unseren Schmerz zulassen und innerlich weich werden, erst wenn sich unser Mitgefühl und unser Herz wieder für uns selbst und andere öffnen, ist die Verbundenheit kein theoretisches Konstrukt mehr, sondern gefühltes Wissen, aus dem wir leben.

Dabei werden wir entdecken, dass das Mitgefühl keine Grenzen kennt. Solange wir in der Verhärtung und Abwehr gefangen sind, werden wir uns automatisch gegen die sogenannten Täter abgrenzen. Wir werden sie ablehnen, verurteilen und am liebsten aus unserer inneren und äußeren Welt verbannen. Das geht so weit, dass wir dadurch selbst immer wieder zum Täter werden und wiederum andere verletzen. Erst wenn wir die Welt der Abwehr verlassen und das Mitgefühl unseren Schmerz verwandelt, können wir uns wieder in Würde und Weichheit spüren. Und erst dann, in der wiedergewonnenen Weichheit, entsteht die Offenheit, auf die Auslöser unseres Schmerzes, auf die sogenannten Täter, mit neuen, mitfühlenden Augen zu schauen.

Dabei werden wir zweierlei entdecken. Zum einen werden wir erkennen, dass auch die sogenannten Täter in der Tragik der Verhärtung gefangen sind und letztlich Opfer sind, genauso wie wir das waren. Zum Zweiten werden wir sehen, dass die Anlage zu allen menschlichen Potenzialen von Verhärtung, Hass, Gewalt, Grausamkeit und Entwürdigung auch in unserer Seele angelegt sind. Wenn die Umstände nur entsprechend ungünstig sind, könnte es jederzeit geschehen, dass wir von destruktiven Impulsen besetzt und überflutet werden. Wie können wir noch Menschen für ihre Verblendung und ihre Verhärtung verurteilen, wenn die gleichen destruktiven Kräfte auch in uns sind?

Spätestens hier wissen wir, dass es nur eine Antwort auf das Leiden in dieser Welt gibt: die Kraft des Mitgefühls. Nur das Mitgefühl hat die Fähigkeit, Verhärtung und Verblendung zu umfassen und zu verwandeln. Es ist eine Kraft, die nicht gegen etwas gerichtet ist und damit weiterhin der Logik des Kampfes folgt. Mitgefühl ist eine Haltung, die aus einer Welt des Kampfes, also einer Welt, die aus Opfern und Tätern besteht, aussteigt und diese transzendiert. Aus dem Mitgefühl heraus können wir uns gleichermaßen auf den Schmerz des Opfers wie des Täters empathisch und verständnisvoll beziehen. Dadurch haben wir die Möglichkeit, auf eine Weise zu handeln, dass sich niemand erneut wehren muss.

Mitgefühl beinhaltet daher alle Kriterien für ein Leben aus der Verbundenheit. Es weiß um die Verbundenheit aller Dinge und spürt, dass alle menschlichen Potenziale in unserer Seele vorhanden sind. Dadurch kann es das menschliche Leiden annehmend umfassen und transformieren und sich letztlich auf jede noch so destruktive Situation beziehen, ohne in den Leidenskreislauf von Kampf und Verhärtung einzusteigen. Ein Leben aus der Verbundenheit bedeutet insofern nicht, ein Leben ohne Schmerz, Gewalt und Leiden zu führen, sondern die Fähigkeit, es mit Mitgefühl zu umfassen.

Viele Menschen bewegt die Frage, ob es der Menschheit jemals gelingen wird, Gewalt, Krieg und menschengemachtes Leiden zu überwinden und ein friedliches Zusammenleben auf der Erde zu ermöglichen. Der erste und vielleicht entscheidende Schritt dazu scheint mir, dass wir uns in eine Gesellschaft des Mitgefühls verwandeln. Denn mit jedem Menschen, der sich vom Herzen leiten lässt, kommen wir dem Frieden unter Menschen näher. Wir haben nicht die Macht, auf dieser Welt Konflikte und Gewalt zu beenden und wir können Vertreibung und Kriege nicht stoppen. Aber wir können diese Welt Schritt für Schritt in einen Ort des Mitgefühls verwandeln.

Reflektiere:

Was kannst du nicht mit Mitgefühl und Weichheit umfassen? Welche seelische Verhärtung und welchen Schmerz gibt es hier in dir? Was verändert sich, wenn du diesen Schmerz zulässt und mit Mitgefühl umfasst? Wie kannst du jetzt auf die auslösende Situation (die Täter) schauen?

4.3 Dem Leben dienen

Die Perspektive der Verbundenheit hat nicht nur eine zentrale Relevanz für unsere Beziehungen, sondern auch für unsere Stellung in der Welt und unser Handeln. Fühlen wir uns als Einzelkämpfer? Haben wir das Gefühl, dass wir nur für unser Glück und unseren Wohlstand arbeiten? Oder sehen wir uns in das Netz des Lebens eingebettet und wirken mit unserem Leben, unserem Einsatz und unserer Arbeit an etwas Größerem mit?

Man könnte diese beiden Lebensperspektiven auf eine einzige Frage zuspitzen: Dient das Leben uns oder dienen wir dem Leben? Obwohl diese beiden Lebensperspektiven diametral entgegengesetzt sind und unser Lebensgefühl und unsere Haltung zur Arbeit grundlegend verändern, machen wir sie uns typischerweise niemals bewusst. Und doch sind diese beiden Perspektiven entscheidend dafür, wie sich unser Leben entfaltet und ob wir einen tieferen Sinn im Leben erfahren.

In China gibt es das Sprichwort: „Nicht der Wind, sondern das Segel bestimmt die Richtung." Wenn wir diese Weisheit ernst nehmen, dann sind es nicht nur die Umstände unseres Lebens, die unser Erleben innerlich wie äußerlich beeinflussen, sondern vor allen Dingen unsere Grundmotivation, aus der wir leben. Je nachdem, welche grundlegende Perspektive und damit Richtung wir mit unserem Schifflein einschlagen, wird sich unser Leben sehr unterschiedlich entfalten.

Steht das persönliche Glück, das eigene Wohlergehen, der persönliche Erfolg und Wohlstand im Vordergrund, werden wir keine Skrupel haben, unsere Ziele auf Kosten von anderen Menschen zu verfolgen. Konkurrenz, Gleichgültigkeit gegenüber anderen und der Umwelt, soziale Kälte und Profitgier sind typische Begleiterscheinungen einer ichzentrierten Grundmotivation. Der Sinn des Lebens wird hier mit dem Erreichen der persönlichen Ziele verknüpft. Umgekehrt kann uns sehr schnell eine Sinnkrise ereilen, wenn aufgrund von Lebensumbrüchen, Krankheit oder Alter unser Wohlergehen oder Wohlstand ins Wanken gerät. Die Sinnhaftigkeit eines solchen Lebens ist damit extrem labil, denn über kurz oder lang erfahren alle Menschen Lebensumbrüche und krisenhafte Wendungen.

Genau hier kann es geschehen, dass sich unsere Grundmotivation im Leben verändert. In diesen Krisen fragen wir uns vielleicht, was es für einen Sinn haben mag, alles daranzusetzen, das eigene kleine Glück zu verfolgen, nur um dann feststellen zu müssen, dass es immer wieder wie ein Kartenhaus zusammenbricht. Könnte es nicht vielleicht Ziele geben, die befriedigender und tragfähiger sind als das persönliche Glück und Wohlergehen?

Diese Fragen führen dazu, dass wir uns öffnen und mit neuen Augen unser Leben betrachten. Es beginnt eine Suche nach dem Sinnhaften des Lebens. Mit dieser Suche nach dem Wesentlichen erwacht unsere spirituelle Identität, die mit einer tiefen untergründigen Sehnsucht einhergeht. Es ist eine Sehnsucht, die sich nicht durch Erfolg, Prestige, Wohlstand und Konsum stillen lässt. Im Gegenteil. Wenn die spirituelle Sehnsucht erwacht ist, dann beschleicht uns gerade in Phasen, in denen an der Oberfläche unseres Lebens alles „gut" läuft, eine nagende Unzufriedenheit.

Die spirituelle Sehnsucht führt uns über kurz oder lang von der Oberfläche des Lebens weg in die Tiefendimension unserer Seele. Erst wenn wir im Inneren eine tiefe Verbindung mit unserer Seinsnatur erfahren, wird sich diese Sehnsucht befrieden. Unabhängig davon, wie unser Leben an der Oberfläche gerade verläuft, haben wir dann einen Zugang zu den natürlichen menschlichen Grundeigenschaften, wie Lebendigsein, innere Freude, innere Freiheit, Erfüllung, Frieden, Wert, Liebe oder Mitgefühl.

Vielleicht fragen sich jetzt manche Leser: Wenn wir einen Zugang zu den inneren, essenziellen Grundgefühlen haben und von innen her erfüllt sind, sind wir uns dann nicht selbst genug? Steht hier denn nicht wieder das persönliche, in diesem Fall innere Glück im Vordergrund?

Diese Gefahr besteht tatsächlich, vor allen Dingen dann, wenn unser spiritueller Weg dazu führt, dass wir zunächst den Aspekt der inneren Freiheit verwirklichen. Wenn zum Beispiel unsere spirituelle Praxis darin besteht, in die Stille zu lauschen, um damit mehr und mehr in den unbegrenzten, offenen Raum des Gewahrseins einzutauchen, kann es sein, dass wir einen unbedingten Frieden und eine unbedingte Freiheit erfahren.

Diese Erfahrung ist ein wesentlicher Aspekt der Verwirklichung unserer Seinsnatur. Wenn wir jedoch hier in unserer Entwicklung stehen bleiben und den anderen zentralen Aspekt der Verbundenheit nicht verwirklichen, kann unser Weg in eine Sackgasse führen, die uns nicht wirklich frei sein lässt, sondern einen neuen Egoismus schürt. Es kann dann nämlich sein, dass wir zwar eine tiefe Gelassenheit und einen Frieden in uns erfahren, aber unser Herz für andere Menschen und deren Nöte verschlossen bleibt.

„Gleichgültigkeit ist der nahe Feind des Gleichmutes", heißt es im Buddhismus. Wirkliche Gelassenheit beinhaltet gleichzeitig ein offenes Herz und das echte Interesse für andere Menschen und deren Wohlbefinden. Aus diesem Grund darf unser spiritueller Weg nicht in der Verwirklichung von innerer Freiheit und Frieden enden, sondern sollte zur Verwirklichung der Verbundenheit mit allem führen. Erst dann bekommt unser Leben einen völlig neuen Stellenwert und wir spüren, wie wir in unserer Kleinheit in die Ganzheit des Lebens eingebettet sind. Erst hier öffnen sich unser Herz und unser Mitgefühl. Die Sorge um das Wohl der anderen Menschen wird dann genauso wesentlich wie das eigene Wohl.

Der zentrale Satz aus dem Christentum „Liebe deinen Nächsten wie dich selbst" entspricht der Grundhaltung eines offenen Herzens, das aus der Verwirklichung der Verbundenheit kommt. Haben wir erst in der Tiefe die Verbundenheit mit allem realisiert, gibt es keine andere Möglichkeit mehr, als das Herz und das Mitgefühl auf die Ganzheit des Lebens auszudehnen. Gleichzeitig entsteht eine tiefe Demut, wenn wir erkennen, wie klein das sogenannte „persönliche Leben" ist und wie untrennbar wir in das große komplexe Netz der Schöpfung eingewoben sind.

Spätestens hier verschiebt sich unsere Perspektive vom persönlichen Glück zur Ganzheit des Lebens und wir erkennen, dass unser Leben einem höheren Sinn geweiht ist, dem Dienst an der Schöpfung. Plötzlich erscheint es nicht mehr von großer Bedeutung, ob wir an der Oberfläche unseres Lebens erfolgreich oder anerkannt sind oder nicht und ob unser kleines Glück sich gerade erfüllt oder nicht, unser Einsatz und unser Herzblut gehen über uns hinaus. Die Sinnhaftigkeit unseres Lebens erfahren wir im Dienen und in der Hingabe an die Ganzheit des Lebens.

Sie ist damit wesentlich tragfähiger, als wenn wir den Sinn an das persönliche Glück binden. Das Schifflein unseres persönlichen Glücks mag schlingern, Leck schlagen und vielleicht sogar untergehen, aber wenn unser Schifflein einem größeren Ziel dient, werden wir zu einem Teil des Meeres. Das große Ganze kann niemals untergehen.

Reflektiere:

Was ist die Grundmotivation deines Lebens? Welche Ziele verfolgst du? Und für wen?

Erforsche, wie du es erfährst, wenn du alles nur für dich und dein persönliches Glück machst und wie es sich anfühlt, wenn du mit deinem Leben und Handeln der Ganzheit dienst.

Arbeit als alltäglicher Dienst

Besonders deutlich wirkt sich unsere grundlegende Lebensmotivation in unserer Arbeit aus. Dabei lohnt es sich, sich bewusst zu machen, welchen großen Stellenwert die Arbeit im Leben der meisten Menschen einnimmt. Als Erwachsener verbringen wir typischerweise die meiste Zeit arbeitend. Ob im Beruf oder in der Hausarbeit, ob wir unsere Kinder versorgen oder ein Ehrenamt ausführen, immer sind wir für irgendjemand oder irgendetwas tätig.

Nur wenige Menschen haben das Glück, einem Beruf nachzugehen, der ihrem Wesen entspricht. Natürlich ist es wunderbar, wenn wir die Möglichkeit in unserem Leben geschenkt bekommen, eine Arbeit zu haben, die wir lieben und in der wir uns verwirklichen können. Aber wie viele Menschen haben dieses Glück nicht? Und auch wenn wir einem erfüllenden Beruf nachgehen, wie viele Arbeiten müssen wir trotzdem innerhalb oder außerhalb dieses Berufes erledigen, in denen wir uns nicht „verwirklichen"?

Um Erfüllung beim Arbeiten zu finden, kann es also nicht darum gehen, unser Leben so zu gestalten, dass wir nur noch Dinge tun müssen, die wir lieben. Das wird nicht möglich sein. Es wird viel mehr auf unsere Haltung ankommen, also wie wir die Arbeiten verrichten und wie wir sie betrachten. Ist Arbeit dazu da, uns zu erfüllen und uns glücklich zu machen? Oder sind nicht vielmehr wir für die Arbeit da? Ist vielleicht die Arbeit das Medium, uns mit Hingabe in den Dienst zu stellen und dadurch Erfüllung und Sinn zu erfahren?

Besonders im konkreten Tun können wir erleben, welche Erfüllung die Haltung des Dienens mit sich bringt. Wenn wir zum Beispiel einem Menschen dienen und ihn pflegerisch versorgen, dann stehen nicht unsere Wünsche und unsere Bedürfnisse im Vordergrund, sondern sein Wohlergehen. Selbst wenn die pflegerische Tätigkeit für uns nicht angenehm ist, entsteht trotzdem das Gefühl der Sinnhaftigkeit, wenn es dem größeren Ziel, dem Wohl dieses Menschen, dient. Ganz anders erfahren wir die gleiche Tätigkeit, wenn wir einen pflegerischen Beruf nur machen, um Geld zu verdienen und uns das Wohl der Menschen nicht am Herzen liegt. Die gleiche Tätigkeit wird zur Plackerei. Das bedeutet, nicht die Arbeit selbst bringt die Erfüllung, sondern die Haltung des Dienens.

Die Grundhaltung des Dienens können wir nicht nur in einem sozialen Beruf, sondern in jeder Tätigkeit einnehmen. Schrubben wir den

Boden, damit danach für uns die Wohnung sauber und ordentlich ist, also für unser Wohlbefinden? Oder putzen wir, um den Boden zu pflegen? Das mag merkwürdig klingen, aber eine Raumpflegerin, deren Arbeit für sie eine echte Profession war und die ihre Mitarbeiterinnen inspirieren wollte, konnte überzeugend darstellen, dass die Sorgfalt im Putzen allen Oberflächen und allen Gegenständen eine lange Lebensdauer beschert. So können auch einfache Arbeiten, wie Putzen oder eine Bürotätigkeit, mit Hingabe und Wertschätzung für die Sache selbst ausgeführt werden, in dem Bewusstsein, dem Ganzen zu dienen.

Letztlich entsteht die Sinnhaftigkeit einer Arbeit immer nur im größeren Kontext. Kein Apfelbaum bekommt Äpfel für sich selbst und keine Blume verströmt ihren Duft nur für sich. Keine Lehrer unterrichtet nur sich selbst und kein Handwerker richtet nur das eigene Haus ein. Jede Tätigkeit wirkt bei genauerer Betrachtung über uns als Person hinaus und gibt uns damit die Möglichkeit, durch die Haltung des Dienens und die Hingabe an diese Tätigkeit im Ganzen aufzugehen. Dann spielt es auch keine Rolle mehr, ob wir für unseren Dienst eine Anerkennung bekommen oder nicht oder ob andere genauso viel Einsatz bringen wie wir. Die Freude am Dienen selbst und die Sinnhaftigkeit unseres Tuns sind Erfüllung genug.

Die Haltung des Dienens bringt uns automatisch in ein spezielles Bewusstsein, bei dem wir nicht mehr auf den eigenen Vorteil achten, sondern uns des größeren Zusammenhangs bewusst sind. Wir fügen uns ins Größere ein und verbinden uns durch unsere Arbeit auf eine konkrete Weise mit unserem Umfeld. Genau aus diesem Grund gibt es in spirituellen Seminarhäusern die Gepflogenheit, dass alle Gäste im Haus mitarbeiten. Durch die Mitarbeit werden wir selbst zu einem lebendigen Teil des Ganzen und verbinden uns auf eine Weise mit dem Haus und der dort lebenden Gemeinschaft, die in einem Hotel, in dem wir nur versorgt werden, niemals möglich ist.

Soll dieses Leben für uns ein Hotel sein, in dem wir es möglichst angenehm haben und unsere Bedürfnisse versorgt werden? Oder wollen wir uns mit dem Leben verbinden und unseren Beitrag dazu leisten? Natürlich ist es legitim und auch manchmal wichtig, wenn wir zeitweise primär auf unsere Bedürfnisse schauen und zum Beispiel Urlaub machen. Aber wenn wir Sinnhaftigkeit im Leben suchen, wird ein Lebenskonzept, das auf Erfüllung der eigenen Bedürfnisse und auf Konsum setzt, zu kurz greifen. Der Sinn des Lebens lässt sich nur dadurch erfahren, dass wir unsere Selbstzentriertheit überwinden und ein Leben führen, das im Dienen über uns hinausweist. Nur dadurch verbinden wir uns mit dem größeren Ganzen und fühlen uns als ein konstruktiver Teil des Lebens.

Experimentiere:

Welche Tätigkeit (im Beruf oder Haushalt) führst du nur ungern aus?

Frage dich: Was ist der größere Nutzen dieser Tätigkeit? Wie wirkt diese Tätigkeit über dich hinaus?

Experimentiere damit, die Tätigkeit aus der Haltung des Dienens mit Sorgfalt und Hingabe auszuführen.

4.4 Innerer Reichtum

Das Leben auf dieser Erde ist schön. Wenn das Herbstlicht die bunten Blätter vergoldet, wenn frühmorgens die zarten Nebelschleier aufziehen oder der Raureif im Winter jede einzelne Tannennadel und jeden Grashalm in ein weißes Kleid hüllt, dann können wir nur staunen über den Zauber der Natur, der sich hier entfaltet. In diesen magischen Momenten öffnet sich unser Herz und es erfasst uns eine große Zärtlichkeit.

Wenn wir in diesem geöffneten Zustand unseren Blick schweifen lassen, dann sehen wir plötzlich die Schönheit und Kostbarkeit des Lebens überall. Mit den Augen der Liebe sehen wir die Schönheit in jedem Kieselstein, in jedem Blatt und in jedem schlichten Schritt, den wir gehen. Unsere Zärtlichkeit kann alles, jeden Gegenstand, jedes Wesen und jede Handlung, in eine Kostbarkeit verwandeln. Der Garten Eden mit seiner Vollkommenheit ist somit keine biblische Fiktion, sondern ein in unserem Herzen verborgenes Land. Kaum öffnen sich die Augen der Liebe, schon sehen wir in allem Schönheit, Vollkommenheit und Kostbarkeit.

Doch genauso schnell, wie sich unser Herz unvermittelt öffnen kann, kann es wieder von Schleiern der Gewohnheit, der Funktionalität, der Zielgerichtetheit, aber auch von negativen Emotionen überzogen werden. Dann kann es sein, dass wir das schönste Naturschauspiel wie unter einer Glasglocke verfolgen. Wir sehen es, aber empfinden es nicht. Innere Schleier wirken wie ein Filter und trennen uns. Wir können uns weder mit dem Objekt der Betrachtung noch mit unserem Herzen verbinden.

Dann ist ein Kieselstein nur ein Kieselstein und keine Kostbarkeit. Dann ist ein Blatt selbstverständlich und nicht der Rede wert und ein Schritt beim Gehen dient lediglich der Fortbewegung. Auch ein Mensch, der uns in diesem Moment gegenübertritt, wird in die innere Welt eingebaut und nicht mehr als eigenes Wesen und als das Wunder, das es ist, erkannt. Die Pforten des Garten Edens in unserem Herzen haben sich geschlossen und wir leben in einer profanen Welt der Selbstverständlichkeit und Getrenntheit.

Doch niemand anderes als wir selbst hat uns aus der Schatzkammer des Lebens vertrieben. Wir können niemanden dafür verantwortlich machen und es liegt an uns, die Schleier wieder zu entfernen und die Türen zur Schatzkammer wieder zu öffnen. Denn der Reichtum des Lebens umgibt uns immer, auch wenn wir ihn nicht empfinden können. Die Schatzkammer des Lebens ist in unserem Herzen verborgen.

Nichts ist selbstverständlich

Der wohl wichtigste Filter, der uns vom Herzen trennt, ist das Gefühl der Selbstverständlichkeit. Alles, was uns tagtäglich umgibt, ist uns nach kürzester Zeit so vertraut und gewohnt, dass die Wahrnehmung dafür systematisch abnimmt. Unser Gehirn, das ständig darum bemüht ist, energieeffizient zu arbeiten und Kapazitäten einzusparen, schaltet im wahrsten Sinne des Wortes ab. Für die alltägliche Wahrnehmung, die auf Funktionalität getrimmt ist, genügt es, die Dinge nur sehr oberflächlich abzutasten. Das ist effizient und fürs Überleben ausreichend, aber unserer Seele genügt dies nicht.

Unsere Seele hungert danach, uns tief mit dem Leben und den Dingen zu verbinden und das können wir nur, wenn unsere Wahrnehmung auf Empfang geschaltet ist und wir uns innerlich berühren lassen. So wunderbar unser Gehirn ist und so unabdingbar für unser Überleben und Funktionieren als Mensch, so ist es durch seine Funktionsweise doch gleichzeitig eine unserer größten Herausforderungen. Mit seiner Grundtendenz, aus jeder Erfahrung ein Konzept zu bilden und aus jedem inneren oder äußeren Vorgang ein Muster werden zu lassen, welches dann automatisch und ohne Bewusstheit in uns abläuft, bildet es die Grundlage dafür, dass wir im Alltäglichen kaum noch echte Begegnung erfahren.

Eine Begegnung kann nur als solche bezeichnet werden, wenn uns etwas ergreift oder berührt, also in unsere vertraute Welt einbricht. Nur dann wird das jeweilige Erfahrungsobjekt zu einer echten Erfahrung, die als „neue" Erfahrung in unserem Gehirn behandelt wird und entsprechend Spuren hinterlässt. In einer Begegnung öffnet sich die Trance der Funktionalität und der automatisch ablaufenden Muster, die unseren Alltag bestimmen und uns innerlich wie ein Filter gegen neue Erfahrungen abschotten.

Der Schleier der Selbstverständlichkeit verzieht sich wie ein Nebel, den die Sonne verscheucht, und wir werden für die lebendige Gegenwart empfänglich. Egal ob wir einem Menschen, einer Pflanze oder uns selbst in der Tiefe begegnen, immer entsteht dabei eine Sensitivität, die wir in unserer Alltagswahrnehmung vermissen. Erst in der Begegnung gehen wir tief mit einem Objekt in Kontakt, sodass es uns ergreifen und verändern kann. Erst hier spüren wir uns in Verbindung mit der Gegenwart und können die Einzigartigkeit und Kostbarkeit des Augenblicks ermessen.

Dann ist es plötzlich nicht mehr selbstverständlich, dass wir leben und atmen und hören und sehen können. Dann wird uns die Kostbarkeit der Menschen in unserem Umfeld bewusst und wir spüren eine Dankbarkeit dafür, dass diese Menschen lebendig sind. All die kleinen und großen Dinge, die unser Leben ausmachen und die wir vorher unter dem Schleier der Selbstverständlichkeit kaum wahrgenommen haben (oder die uns vielleicht lästig erschienen), werden jetzt als kleine und große Geschenke empfunden, die uns tagtäglich das Leben überreicht.

Nichts ist selbstverständlich. Kein Atemzug, kein Herzschlag, kein Lächeln und keine Beziehung. Das Leben ist unverfügbar und zutiefst verletzlich, ja sogar zerbrechlich. Alles, was unser Leben ausmacht und uns lieb und teuer ist, kann sich im nächsten Moment verflüchtigen. Je bewusster uns das wird, desto kostbarer wird uns der jeweilige Moment und umso dankbarer und reicher fühlen wir uns.

Plötzlich erscheinen uns die Schwierigkeiten des Lebens und die Dinge, über die wir jammern, als unbedeutend und manches, mit dem wir zuvor gehadert haben, betrachten wir mit neuen, liebenden Augen. Die Eigenheiten unseres Kindes oder unseres Partners, die uns vorher aufgeregt haben, erscheinen uns plötzlich als liebenswürdig und unsere Arbeit, über die wir vielleicht vorher gestöhnt haben, macht uns plötzlich dankbar und froh.

Innerer Reichtum hat nichts damit zu tun, wie die konkreten äußeren Umstände unseres Lebens gerade sind, sondern damit, dass wir den Schleier der Selbstverständlichkeit und das selbstgebaute Armenhaus unserer Ansprüche zurücklassen und spüren, wie kostbar und reich das Leben uns beschenkt. Unser Herz öffnet sich und fließt über in Liebe und Dankbarkeit. Wann spüren wir unser Eingebundensein ins Leben tiefer als in Momenten der Dankbarkeit?

Reflektiere:

Wie erfahrst du dein Leben, deine Beziehungen und deine Arbeit aus einer Haltung der Selbstverständlichkeit?

Welche Ansprüche ans Leben (zum Beispiel an deine Mitmenschen) hast du und wie färben sie dein Erleben?

Mach dir bewusst, dass nichts selbstverständlich ist. Wie schaust du dann auf dein Leben, die Menschen und deine Arbeit? Was breitet sich dabei innerlich aus? Wie verhältst du dich aus diesem Bewusstsein heraus?

In der Schatzkammer des Lebens

Der Schlüssel, den Reichtum des Lebens zu sehen, ist in unserer Haltung begründet. Wir haben jeden Moment die Möglichkeit, von einer farblosen und lieblosen Welt der Selbstverständlichkeit zu einer leuchtenden Welt voller Freude, Kostbarkeit und Mitgefühl zu wechseln. Jedes Mal, wenn wir wirklich in Verbindung treten und sich unser Herz öffnet, zeigt sich uns die Schatzkammer des Lebens.

Dies hat durchaus Relevanz nicht nur für besondere Momente in unserem Leben, in denen sich unser Herz durch eine überraschende Begegnung wie zum Beispiel durch einen berückend schönen Sonnenuntergang öffnet, sondern auch für unser alltägliches Leben. Auch die schlichten Tätigkeiten und Gegenstände unseres Alltags tragen in sich das Potenzial, uns zu berühren und mit Dankbarkeit zu erfüllen. Doch anders als die dramatischen Sonnenuntergänge sind die Alltagsgegenstände zu unscheinbar, als dass sie von sich aus die Kraft hätten, den Schleier unserer Gewohnheit zu durchdringen.

Im Schlichten braucht es eine bewusste innere Haltung, die eine Teetasse oder einen Bleistift zu einer Kostbarkeit werden lässt. Wie kann das gelingen? Welche Haltung müssen wir zu dieser Metamorphose einnehmen? Kann man das überhaupt selbst „machen“, dass sich unser Herz öffnet und wir die Dinge als Kostbarkeit sehen?

Ja, das ist möglich und in der Regel einfach. Es braucht zunächst nur, dass wir die Dinge als Kostbarkeit behandeln. Genau dadurch stimmen wir uns ein auf den inneren Reichtum des Lebens und unser Blick und unser Herz öffnen sich.

Was geschieht, wenn wir eine Teetasse oder einen Bleistift als Kostbarkeit behandeln? Wir werden diesen schlichten Gegenstand automatisch völlig anders wahrnehmen und entsprechend anders behandeln. Eine Kostbarkeit fassen wir nicht grob oder beiläufig an, sondern mit großer Behutsamkeit und Bewusstheit. Automatisch entstehen eine hohe Sensitivität und eine Zärtlichkeit für den Gegenstand. Mit der Zärtlichkeit öffnet sich ganz natürlich unsere Liebe und der Gegenstand, der zunächst nur als Kostbarkeit behandelt wurde, wird nun als Kostbarkeit empfunden.

Wir können unser Herz nicht willentlich öffnen. Das ist genauso unmöglich, wie wenn wir sagen „Sei spontan“ oder „Entspann dich aktiv“. Die Öffnung des Herzens ist ein spontaner Akt einer empfundenen Verbundenheit und entzieht sich unserer Kontrolle, da die Liebe zuinnerst das Gegenteil von Kontrolle ist. Wir können aber willentlich „die Dinge“ als Kostbarkeit behandeln und uns damit auf eine hohe Sensitivität und Zärtlichkeit einstimmen. Dies wiederum wird ganz natürlich zur Folge haben, dass sich über kurz oder lang unser Herz öffnet.

Achtsamkeit im Alltag ist die Praxis, die Dinge als Kostbarkeit zu behandeln. Dann sind wir automatisch bewusster, sensitiver, sorgfältiger, langsamer, wacher, behutsamer, ja sogar zärtlicher. Eine einfache Tätigkeit wird dann zu einer erfüllenden Handlung und unsere Arbeit, was immer wir gerade tun, wird jede Menge Schätze in sich bergen. Auch unsere Beziehungen, die nicht selten im Alltag flach und lieblos sind, können wir durch diese Haltung neu beleben. Denn auch unser Gegenüber spürt sofort, ob er „normal“ oder als Kostbarkeit behandelt wird.

In der Phase der Verliebtheit behandeln sich Paare ganz natürlich als Kostbarkeit und spüren dabei, wie nährend es ist, wenn uns jemand liebt und die volle Aufmerksamkeit schenkt. Hier sind wir im wahrsten Sinne eine Kostbarkeit für die andere Person und unser Wert wird durch die Wertschätzung des Partners bestätigt.

Warum sollten wir darauf warten, bis sich eine Liebesbegegnung ereignet, wenn wir den Schlüssel zur Kostbarkeit des Lebens in den Händen halten?

Experimentiere:

Nimm bewusst bei der Hausarbeit, in deinem Beruf oder in Beziehungen die Haltung ein, die Dinge als Kostbarkeit zu behandeln und sammle Erfahrungen damit, wie sich dabei dein Erleben der Dinge und Beziehungen verändert.

4.5 Nur das Herz zählt

Wenn wir als Zuschauer dem Konzert eines Jugendorchesters beiwohnen, kann es zutiefst berührend sein, das Engagement der jungen Musizierenden zu spüren. Trotz mancher spielerischen Schwächen sind unser Ohr und unser Herz weit geöffnet und die Musik kann uns erreichen. Wenn wir jedoch dem gleichen Konzert in einer kritischen Haltung zuhören, wird das Klangerlebnis ein völlig anderes sein. Wir hören nur die Fehler und die Dissonanzen schmerzen in unseren Ohren.

Wir können also ein Konzert aus zwei unterschiedlichen Grundhaltungen erleben: aus einer kritischen Beobachtung heraus oder aus einer liebenden Bezugnahme. Entsprechend wird die Wirkung auf uns völlig verschieden sein. Aus einer kritischen Haltung heraus sind wir innerlich nicht wirklich in Verbindung mit einem Ereignis (oder einem Menschen) und es kann uns daher nicht berühren.

Kritik ist eine Haltung der Distanz. Ein Kritiker setzt sich möglichst weit nach hinten in den Publikumsraum. Nur aus einer inneren Distanz heraus kann er vergleichen, abwägen und bewerten, welche Qualität zum Beispiel ein Konzert hat. Doch was ist der Maßstab für die Beurteilung der Qualität?

Um bestimmen zu können, welche Qualität zum Beispiel ein Konzert hat, muss es einen Maßstab geben, mit dem ich es vergleiche. Ohne ein Ideal, ohne ein perfektes Konzert, gibt es keine Möglichkeit des Vergleichs. Daher beinhaltet eine kritische Haltung immer zwei Komponenten: Distanz und Vergleich mit einem Maßstab, einem perfekten Bild.

Aber wird diese scheinbar objektive Haltung dem einzelnen Ereignis oder einem Menschen gerecht?

Jeder Mensch kennt die schmerzliche Erfahrung, durch Kritik verletzt worden zu sein. Wenn uns Kritik und Bewertung trifft, dann fühlen wir uns typischerweise in unserem Bemühen nicht gesehen und entsprechend missverstanden. Die Folge ist nicht selten, dass wir uns nicht nur oberflächlich nicht verstanden fühlen, sondern zuinnerst, in unserem Wert als Mensch, getroffen sind. Der Grundschmerz des Egos, zuinnerst nicht angenommen und geliebt zu sein, wird durch jede oberflächliche Erfahrung von Kritik bestätigt und erneut wachgerufen.

Obwohl wir immer und immer wieder die Erfahrung gemacht haben, wie verletzend und ungerecht eine kritische Haltung gegenüber uns sein kann, sind wir doch selbst oft in einer kritischen, distanzierten Haltung gefangen und verletzen andere damit. Dabei ist Kritik keineswegs objektiv, auch wenn sie manchmal diesen Anspruch hat. Ein Urteil sagt grundsätzlich mehr über den Maßstab und die Welt des Kritikers aus als über die beurteilte Sache. Ist uns das bewusst, wenn wir andere kritisieren, dass wir gerade über uns sprechen?

Eine ganz andere Wirkung hat dagegen eine liebende Bezugnahme. Liebe ist unkritisch. Sie ist ein Ausdruck der Verbundenheit und damit das Gegenteil von Abstand. In der Liebe spielen eben nicht Vergleiche und Bilder von Perfektion eine Rolle, sondern wir sind hier so unmittelbar und ausschließlich mit einer Sache oder einem Menschen in Kontakt, dass alle Vergleiche, Ideale und Vorstellungen zurücktreten.

Eltern erleben in der ersten Zeit mit ihren Kindern diese unbedingte Form der Liebe. Wenn wir ein Neugeborenes im Arm halten, dann ist unser Kind, so wie es gerade ausschaut, das schönste. Es spielt keine Rolle, ob es ein Junge oder ein Mädchen, ob es blond oder dunkelhaarig ist. In der Liebe zwischen Eltern und Kindern hat kein Vergleich Platz. Bei uns Erwachsenen bleibt das meistens nicht so. Irgendwann, wenn das Kind dann in den Kindergarten oder in die Schule geht, mischen sich unsere Urteile und Ideale wieder ein. Dann gehen Vergleiche, Kritik und das ewige „Rummachen“ an unseren Kindern los.

Unsere Kinder jedoch sind meist noch viel länger in diesem unkritischen Zustand und lieben uns Eltern so bedingungslos, dass wir nur staunen können. Egal wie wir aussehen, ob wir dick oder dünn sind, ob wir beruflich erfolgreich sind oder nicht, ob uns manchmal die Hutschnur reißt und wir ungehalten sind, sie lieben uns. Sie, unsere Kinder, machen uns vor, was bedingungslose Annahme, was liebende Bezugnahme ist. Wenn wir etwas über bedingungslose Liebe lernen wollen, dann sind kleine Kinder die großen Meister.

Jemanden wirklich bedingungslos zu lieben heißt, sich voll und ganz, ohne Vorbehalte auf die Person einzulassen. Aber es geht bei der Grundhaltung der Liebe nicht nur um Menschen. Es geht um eine Lebenshaltung der Verbundenheit, die sich auf das ganze Leben bezieht. Sich unvoreingenommen auf diesen Augenblick einzulassen und sich mit dem gegenwärtigen Erleben zu verbinden, ohne ihn mit einer Vorstellung oder einem Ideal zu vergleichen, das ist der Akt der Liebe. Immer, wenn uns das gelingt, mit einem Menschen, einer Sache oder mit uns selbst, dann werden wir in dieser Verbindung berührt. Genau in diesem Angerührtsein öffnet sich unser Herz und wir erfahren auch die Kostbarkeit und die Schönheit des Augenblicks.

Reflektiere:

Erinnere dich an ein Ereignis oder eine Beziehung, in der deine kritische Haltung aktiv war. Wie hast du sie erfahren und welche Wirkung hatte das auf dich und andere?

Dann erinnere dich an ein Ereignis oder eine Beziehung, die du aus der Haltung der liebenden Bezugnahme erfahren hast? Was hatte das auf dich und andere für eine Wirkung?

Was ist deine typische Haltung, mit der du neuen Situationen oder Beziehungen begegnest? Distanz und Kritik oder Unvoreingenommenheit und Offenheit?

Falsche Propheten

Nur durch eine liebende Bezugnahme sehen wir die Dinge wirklich und nur, wenn wir die Perspektive des Herzens und des Mitgefühls einnehmen und daraus handeln, fügen wir dem Leben kein neues Leid zu. Denn nur das Herz hat die Fähigkeit, sich nicht im Dschungel von Meinungen und Weltanschauungen zu verlieren und kann daher das entscheidende Regulativ für unseren Verstand sein.

Meinungen und Weltanschauungen gibt es viele und je nachdem, welche Perspektive aufs Leben wir gerade einnehmen, erscheint uns eine Anschauung als folgerichtig und lebenswert oder eben nicht. Manche dieser Werte und Weltanschauungen erscheinen uns besonders segensreich und lebenswert und verdichten sich in uns zu Idealen, nach denen wir unser Leben und Handeln ausrichten. Ideale werden zu einem festen Bestandteil unserer Identität und geben uns Halt.

Dabei ist ein Ideal mehr als ein bloßer Gedanke. Es sind Leitbilder, die mit großer Emotionalität und Leidenschaft vertreten werden, manchmal sogar bis zur Selbstaufgabe. Wenn wir einen Menschen über seine Ideale sprechen hören, dann funkeln seine Augen dabei. Eine Begeisterung packt ihn und er wird charismatisch und streitlustig. Verallgemeinerungen, Beschwörungen, Entwertungen und Härte gegenüber Andersdenkenden sind typisch.

Trotzdem sind wir oft von der Leidenschaft und Kraft, die von einem Menschen ausgehen, der über seine Ideale spricht, angezogen und manchmal auch dazu verführt, vorschnell Verallgemeinerungen zu übernehmen. Falsche Propheten arbeiten immer mit großem Charisma und Verallgemeinerungen. Verallgemeinerungen sind so verführerisch einfach und bieten scheinbar Erklärungs- und Lösungsrezepte für komplexe Situationen.

Dabei ist jede Verallgemeinerung und jede Weltanschauung ein übergeordnetes Konzept aus dem Reich der Gedanken, das wir über die tatsächliche Welt mit all ihrem Facettenreichtum und ihren Widersprüchen stülpen. Das wird dem tatsächlichen Leben niemals gerecht. Natürlich sind geistige Landkarten manchmal für die Orientierung hilfreich, aber wir dürfen niemals versuchen, die Realität an ein Ideal, also an eine geistige Landkarte, anpassen zu wollen, sonst verwechseln wir Ursache und Wirkung.

Wenn im Mittelpunkt unseres Lebens ein (wie auch immer geartetes) Ideal steht, an dem wir uns orientieren, dann ordnen wir die Realität einem geistigen Prinzip unter. Statt eine Landkarte von der Landschaft abzuleiten und dafür zu nutzen, uns in der realen Landschaft bewegen zu können, wird das Prinzip bei einem Ideal umgekehrt und wir versuchen die Realität unserer geistigen Landkarte anzupassen. Das muss schiefgehen und führt automatisch zu Leiden.

Je mehr wir uns einem Ideal unterordnen, umso härter werden wir dabei. Unsere menschliche Realität mit all ihren Bedürfnissen und Widersprüchen und die Realität anderer Menschen soll sich dem Ideal anpassen. Wenn das nicht gelingt, wird dann meist nicht das Ideal um die Realität erweitert, sondern im Gegenteil versuchen wir mit aller Macht das, was dem Ideal widerspricht, zu bekämpfen. Unverständnis, menschliche Härte, Entwertung, bis hin zum Versuch, das Unerwünschte auszurotten, sind die Folge davon, wenn wir den falschen inneren Propheten, unseren Idealen, glauben und an ihnen festhalten.

Letztlich richtet sich jedes Ideal, wie segensreich es auch immer zu sein scheint, gegen das Herz. Die Liebe und das Mitgefühl orientieren sich eben nicht an Idealen, Glaubenssystemen und Weltanschauungen, sondern öffnen sich für das, was ist. Der Verstand kann Ideale aufstellen und Menschen dafür verurteilen, wenn sie nicht dem Ideal folgen. Das Mitgefühl spricht hier eine andere Sprache und hat die Fähigkeit, selbst unerwünschte Handlungen mit dem Herzen zu umfassen.

Der Verstand kann Regeln aufstellen und davon überzeugt sein, dass sie absolut notwendig und segensreich sind und dass sich ausnahmslos alle an diese Regeln halten müssen. Das Herz dagegen weiß, dass äußere Regeln zwar im Zusammenleben hilfreich sein können, aber niemals das Wesentliche darstellen. Regeln und Gesetze dienen dem Menschen und dem Lebendigen, und nicht umgekehrt. Genauso wie geistige Landkarten dem tatsächlichen Leben dienen und nicht dazu da sind, dass sich das Leben den Weltanschauungen anpasst.

Der Verstand betet im Ideal das „Perfekte“ an. Das Herz jedoch kann in der Unvollkommenheit eines Menschen oder einer Sache genauso viel Liebenswertes entdecken. Manchmal sind es gerade die kleinen „Macken“, die uns anrühren und einen Menschen für uns liebenswert machen. Wenn wir alle den „perfekten“ Körper hätten und alle „perfekte“ Menschen wären, wären wir dann wirklich noch so liebenswert?

In diesen Beispielen sehen wir, was geschieht, wenn sich unser Verstand vom Herz abkoppelt und die Herrschaft übernimmt. Immer dann sind wir in Gefahr, die Verbindung mit dem Leben aus dem Blick zu verlieren und entsprechend Menschen oder die Natur oder uns selbst zu verletzen. Unsere westliche Gesellschaft orientiert sich so stark am Denken und am Intellekt, dass die Gefahr der Abkoppelung von unserer Menschlichkeit groß ist.

Dabei ist wichtig zu sehen, dass der Verstand grundsätzlich ein wunderbares Instrument ist, aber nur dann, wenn er sich der Liebe und dem Mitgefühl unterordnet. Dann nämlich stehen das Herz und die Verbundenheit zu allem im Zentrum unseres Fühlens und Handelns und nur dann wird unser Leben dem Ganzen dienen können. Was immer wir denken, anbeten oder wichtig finden, das Herz zählt.

Reflektiere:

Welche grundlegenden Ideale oder Weltanschauungen prägen dich? Was hätte es für eine Wirkung, wenn du diese Ideale für absolut nehmen würdest?

Bleibt dein Herz trotz deiner Ideale offen oder verschließt es sich vor Andersdenkenden?

Jedes Ding ist eins von Millionen Wegen. Darum musst du immer daran denken, dass ein Weg nur ein Weg ist. Wenn du fühlst, dass du ihn nicht gehen willst, musst du ihm unter gar keinen Umständen folgen....
Aber die Entscheidung, auf dem Weg zu bleiben oder ihn zu verlassen, muss frei von Furcht oder Ehrgeiz sein. ... Sieh dir den Weg genau und aufmerksam an. Versuche ihn, so oft es dir notwendig erscheint. Dann stell dir, und nur dir selbst eine Frage....
„Ist dieser Weg ein Weg mit Herz?"
Alle Wege sind gleich: sie führen nirgendwo hin. ... Auf einem Weg des Herzens ist die Reise voller Freude, und solange du ihm folgst, bist du eins mit ihm. Der andere wird dich dein Leben verfluchen lassen. Der eine macht dich stark, der andere schwächt dich.

CARLOS CASTANEDA[4]

TEIL 5

Innere Führung

Ist nicht jedes Geschöpf auf dieser Erde ein unglaubliches Kunstwerk? Zeigt sich nicht das Wunder des Lebens in jedem Käfer, in jeder zarten Blüte und in jeder Frucht? Wenn wir uns in einem Augenblick der Muße in der Natur umschauen, können wir nur staunen über die Vielfalt der Erscheinungsformen und die Komplexität des Zusammenlebens. Was wirkt hier doch in all diesen Erscheinungsformen für eine unfassbare schöpferische Intelligenz? Ist es da ein Wunder, dass Menschen aller Kulturen versucht haben, diese unfassbare Schöpfungskraft und Intelligenz, die in allem Leben wirkt, in Worte wie „Gott" oder „göttliche Kraft" zu fassen und in Ritualen zu verehren?

Wie auch immer wir diese intelligente Kraft benennen, die diese Schöpfung von der kleinsten Bakterie bis zu den Sternen im Weltall hervorbringt, sie ist so gewaltig, dass sie alle Maßstäbe des Verstehens sprengt und wir nur ehrfurchtsvoll staunen können, wie sich das Wunder des Lebens vor unseren Augen Tag für Tag entfaltet. Selbst große Wissenschaftler, die alles darangesetzt haben, tiefer und tiefer die Bedingungen und Gesetze des Lebens zu entschlüsseln und zu verstehen, staunten immer wieder vor dem Wunder, das sich ihnen auf jeder Ebene der Betrachtung offenbarte.

Dabei ist die Gestaltkraft der Schöpfung nicht nur gewaltig, sondern absolut verlässlich, ein fortwährendes Geschehen. Sie drückt sich in jeder Blüte, in jedem wachsenden Grashalm und natürlich auch in jedem menschlichen Leben aus. Ungezählte Knospen treiben jedes Jahr im Frühling aus und bringen Erneuerung und Wachstum mit sich. Natürlich gibt es Herbststürme und Zerstörung, natürlich gibt es Industrialisierung und Umweltverschmutzung, aber ungeachtet dieser natürlichen oder durch den Menschen herbeigeführten zerstörerischen Prozesse, ist die Lebenskraft, die sich in allen aufbauenden Prozessen zeigt, ungebrochen.

Wir können uns darauf verlassen. Wenn die Natur nur den Funken einer Chance hat, wird sie mit aller Macht ihre Gestaltkraft nutzen und sich erneuern. Kaum lässt man einen geteerten Parkplatz eine Zeit lang ungenutzt, schon sprießen aus allen Ritzen grüne Inseln des Lebens. Dabei sind aufbauende Prozesse, wie wir an diesem Beispiel der kleinen Grasinseln auf einem Parkplatz sehen können, zunächst vollkommen unscheinbar und klein. Ganz anders als der Mensch, der schnell große und weithin sichtbare Monumente baut, vollzieht sich die Gestaltkraft in der Natur in sehr kleinen und unscheinbaren Wachstumsschritten, die aber in ihrer Summe und in ihrer Kontinuität eine ungeheure Kraft entfalten.

Können wir diese Lebenskraft nicht auch in unserem menschlichen Leben beobachten? Was lässt uns leben? Was lässt unser Herz kontinuierlich schlagen und was schenkt uns diesen Atemzug? Woher kommt die Kraft, uns nach anstrengenden Tagen oder Zeiten wieder zu erholen? Was ist diese sogenannte Selbstheilungskraft, die uns Krankheiten überwinden lässt? Was gibt uns die Kraft, nach schweren Schicksalsschlägen oder umwälzenden Umbrüchen uns wieder neu zu stabilisieren und ein neues Leben aufzubauen? Wenn wir auf irgendetwas vertrauen können im Leben, dann auf die absolut verlässliche, immerwährende Gestaltkraft des Lebens.

Reflektiere:

Worin siehst du die Gestaltkraft der Schöpfung? Wie zeigt sich diese Kraft in deinem Leben? Was bewirkt es in dir, wenn du dir die Lebenskraft, die in allem wirkt, bewusst machst?

Die Krone der Schöpfung

Der Mensch gilt als die Krone der Schöpfung. Eine schöne Metapher. Doch wenn wir den Menschen mit Tieren vergleichen, sehen wir, dass alle animalischen Kräfte gleichermaßen im Menschen vorhanden sind. Menschen können sich genauso aggressiv, ja sogar zerstörerisch, instinkthaft und selbstbezogen verhalten wie Tiere. Auch ist er beileibe nicht die jüngste Kreation der Schöpfung. Vögel sind in der Evolution erst nach dem Menschen entstanden. Und wenn man Vögel im Flug beobachtet, hat man tatsächlich manchmal das Gefühl, dass sie um einiges freier und glücklicher als Menschen sind.

Was ist also das Besondere, das den Menschen im Gegensatz zu anderen Lebewesen auf dieser Erde auszeichnet? Was macht ihn zur Krone der Schöpfung? Es ist die Bewusstheit. Soweit wir das bisher ermessen können, gibt es keine Pflanze und kein Tier auf dieser Erde, das zu einem derart großen Potenzial an Bewusstheit fähig ist.

Wir leben nicht nur und atmen, sehen, hören und spüren, sondern wir können uns unseres Lebendigseins und unserer Wahrnehmungen bewusst werden. Wir können handeln und uns gleichzeitig bewusst sein, dass wir handeln und wie wir handeln. Wir haben kraft unserer Bewusstheit eine ungeheure Fähigkeit zur Empathie und können uns in unterschiedlichste Lebensweisen von Menschen, aber auch Pflanzen und Tieren einfühlen. Wir können uns unsere Stellung in der Schöpfung bewusst machen und wir haben sogar die Fähigkeit, uns des grenzenlosen Raumes des Bewusstseins bewusst zu werden, also im spirituellen Sinne zu erwachen.

Genau dieses Potenzial zu Bewusstheit gibt uns die Möglichkeit, die schöpferische Wirkkraft (= Gott) und das Wunder des Lebens in allem zu erkennen. Der Mensch lebt nicht nur wie Tiere und Pflanzen, sondern er ist sich dieser Gnade des Lebendigseins bewusst. Er sieht nicht nur mit seinen Sinnen auf die Oberfläche der Dinge, sondern kann durch seine Bewusstheit in den Erscheinungen die gestaltende Lebenskraft und das Wunder darin erkennen. Daher ist er das einzige Geschöpf auf der Erde, das zu allen Zeiten und in allen Kulturen versucht hat, die Lebenskraft, die in allem wirkt, mit religiösen Symbolen und Ritualen zu bezeugen.

Die Bewusstheit gibt dem Menschen die Freiheit, sich in einer Schnelligkeit zu entwickeln, die wir bei keinem anderen Geschöpf auf dieser Erde beobachten können. Der Mensch hat äußerlich Werkzeuge geschaffen, die ihn sogar bis zum Mond fliegen lassen und Kulturgüter wie zum Beispiel eine Sonate von Bach geschaffen, die in ihrer Vollkommenheit ähnlich ergreifend sind wie die Natur selbst.

Innerlich ist das Entwicklungspotenzial sicherlich genauso groß. Wir haben die grundsätzliche Fähigkeit, jeden Aspekt unseres Menschseins bewusst wahrzunehmen und damit aus einem unbewussten, automatischen Zustand herauszutreten. Mit dieser Bewusstheit entsteht gleichzeitig Wahlfreiheit. Wir können das augenblickliche Geschehen reflektieren, weiterführen oder damit innehalten und es verändern. Das gibt uns die Möglichkeit, aus Automatismen auszusteigen, immer wieder neu zu lernen und sich zu entwickeln.

Die Fähigkeit zu Bewusstheit und zu innerer und äußerer Entwicklung bestimmt jedoch noch nicht die Richtung, in die wir uns entwickeln. Wie wir wissen, hat der Mensch seine technischen Fähigkeiten dazu genutzt, nicht nur hilfreiche Werkzeuge wie Waschmaschinen oder Solarzellen zu bauen. Genauso hat er zerstörerische Waffen wie Streubomben und Atombomben entwickelt. Auch in der inneren Entwicklung können wir mithilfe unserer Bewusstheit uns zu einem Macht- oder Erfolgsmenschen entwickeln oder zu einem Herzensmenschen, der nicht mehr die eigenen Bedürfnisse und Grenzen ins Zentrum seines Lebens stellt, sondern die Liebe.

Das Instrument der Bewusstheit ist zunächst weder gut noch schlecht. Es kann dazu genutzt werden, dem Leben zu dienen und aufbauende, konstruktive Prozesse zu erkennen und zu unterstützen, es kann aber genauso der Selbstsucht dienen und abbauende, destruktive Prozesse fördern. Daher ist der Mensch als Krone der Schöpfung mit seinem unglaublichen Potenzial der Bewusstheit das größte und grausamste Raubtier auf Erden und gleichzeitig fähig zu einem Leben in vollkommener Selbstlosigkeit, Güte und Verbundenheit mit allem.

Experimentiere:

Mach dir deine Fähigkeit zur Bewusstheit bewusst und betrachte, in welcher äußeren Situation und in welcher inneren Verfassung du gerade dieses Buch liest. Welche innere Haltung, welche Motivation und welche Geschwindigkeit hast du dabei? Willst du das so beibehalten?

Motivation und Entfaltung

Das Instrument der Bewusstheit bestimmt also noch nicht die Richtung, in die wir uns entwickeln. Entscheidend wird damit die grundlegende Motivation unseres Lebens. Wollen wir Erfolg im Leben haben oder ist uns die familiäre Sorge ein Herzensanliegen? Suchen wir vor allen Dingen ein bequemes Leben, in dem unsere Bedürfnisse erfüllt werden, oder sind wir davon bewegt, das Leiden auf der Welt zu verringern?

Was immer uns zuinnerst bewegt, es wird entscheidend dazu beitragen, wozu wir unsere Bewusstheit einsetzen und welche inneren Potenziale wir entwickeln werden. Wir alle haben die verschiedensten Potenziale in uns. Menschliche Potenziale, die zum Teil sogar widersprüchlich sind. Da gibt es vielleicht eine Seite in uns, die einfach nur Spaß haben will und den eigenen Lustgewinn anstrebt. Dann gibt es eine Seite in uns, die mit anderen tief mitfühlt und spürt, dass es nicht genügt, wenn nur wir allein glücklich sind. Vielleicht will ein Teil in uns reich sein und am liebsten immer in Fünfsternehotels leben und eine andere Seite ist berührt von einem einfachen, schlichten Leben.

Potenziale haben wir viele und es gibt viele Gelegenheiten und Begegnungen, bei denen verschiedenste innere Potenziale berührt und bestätigt werden. Gelegenheiten, in denen wir uns entscheiden können, das jeweilige Potenzial mit unserer Bewusstheit zu nähren und zu leben oder unseren grundlegenden Kurs beizubehalten und es links liegen zu lassen. Entscheidend ist immer das, was uns tiefer motiviert, denn diese Qualitäten werden wir letztlich durch unsere Bewusstheit zur Blüte und in unserem Leben zur Entfaltung bringen.

Diesen Vorgang können wir sogar auf der genetischen Ebene beobachten. Unsere Gene legen uns in keiner Weise fest. Auch genetisch haben wir die unterschiedlichsten Potenziale in uns und entscheidend ist dabei nicht, über welche Gene wir verfügen, sondern welche Qualitäten aus diesen Genen ausgelesen und damit selbstwirksam werden.

Die tiefere Grundmotivation unseres Lebens hat jedoch nicht nur einen erheblichen Einfluss darauf, welche Potenziale sich in unserem Leben entwickeln, sondern auch darauf, wie wir mit den Herausforderungen unseres Lebens umgehen und wie wir sie erfahren. Wenn wir ein Mensch sind, dem sein persönlicher Lustgewinn im Zentrum steht, wie erfahren wir dann eine Situation, bei der wir die eigenen Bedürfnisse zurückstellen müssen, vielleicht weil wir kleine Kinder haben oder kranke Eltern versorgen? Und wie erfahren wir die gleiche Situation, wenn uns Mitgefühl, Gemeinschaft und Mitverantwortung am Herzen liegen? Unsere Grundmotivation hat einen entscheidenden Einfluss darauf, wie wir das Leben und auch schwierige Situationen erfahren und wie wir damit umgehen.

Wer wollen wir also in unserem Leben sein? Was ist uns wirklich wesentlich? Welches tiefe Anliegen will sich durch unser Leben entfalten?

Wenn wir uns in einem ruhigen Moment unseres Lebens die Frage nach der tieferen Motivation stellen, dann ist es dabei wichtig, dass wir die Antwort in unserem Herzen schwingen und klingen lassen, jedoch kein Ideal, kein Konzept und keine Moral daraus basteln. Andernfalls kann der Schuss nach hinten losgehen und wir werden uns selbst und andere mit diesem Ideal vergleichen.

Es gibt einen großen Unterschied zwischen einer sich frei entfaltenden Grundmotivation, die in unserem Herzen schwingt und uns von innen her leitet und bewegt, und einem Ideal, mit dem wir uns in ein Selbstbild zwängen. Eine frei schwingende Grundmotivation ist weich und hat auch Platz für den Gegenpol und damit für das Leben in all seinen Facetten. Dagegen ist ein Ideal starr, hart und macht unfrei. Es muss andere Facetten von Lebendigkeit ausgrenzen.

Was immer dich zuinnerst bewegt und in welche Richtung du dein Leben steuerst, lass dein Herz weit und offen sein für die Ganzheit des Lebens! Vielleicht wie ein Schiff, das nicht starr den Kurs hält, sondern jede Welle und jeden Windstoß in sich sanft aufnimmt, sodass eine organische lebendige Bewegung des Vorankommens entsteht, die im Einklang mit den augenblicklichen Gegebenheiten ist.

Reflektiere:

Nimm dir Zeit, nach innen zu lauschen, welches tiefe Anliegen dich in deinem Leben bewegt. Was ist die grundlegende Sehnsucht, die in dir wirkt?

Wie fühlt sich diese Sehnsucht an?

Wozu bewegt sie dich?

Wie uns das Leben ruft

Wenn man von der tieferen Motivation unseres Lebens spricht, dann könnte man die Idee haben, dass wir uns diese Motivation aussuchen, so wie andere oberflächliche Ziele, die wir anstreben. Das ist jedoch bei genauerer Betrachtung ein Irrglaube. Das, was uns zuinnerst bewegt und was sich durch unser Leben entfalten will, ist ein Ruf des Lebens selbst und steht nicht in unserer Macht.

Hat ein Apfelbaum die Wahl, ob er Äpfel oder Birnen bekommen will? Sicher, ein Apfelbaum hat kein Bewusstsein und daher keine Wahl, sich gegen seine Bestimmung zu entscheiden. Das ist bei uns Menschen anders. Durch die Freiheit, die uns die Bewusstheit schenkt, und das Nicht-festgelegt-Sein auf instinkthafte Kräfte können wir das seelische Anliegen in unserer Tiefe hören und ihm folgen oder es übergehen. Aber es steht nicht in unserer Macht, das, was uns zuinnerst bewegt, auszusuchen. Im Gegenteil, wir werden gerufen.

So, wie die Lebenskraft selbst, die uns mit jedem Herzschlag und mit jedem Atemzug zufließt, nicht durch eine willentliche Entscheidung erzeugt wird, so wirkt in uns auch die schöpferische Gestaltkraft des Lebens. Können wir uns die äußere Gestalt unseres Körpers aussuchen? Oder wird sie uns gegeben? Können wir bestimmen, was uns zuinnerst anrührt und unsere Herzenswünsche sind? Nein. Manchmal ist es sogar so, dass das, was uns rührt und innerlich nach Entfaltung ruft, überhaupt nicht in unsere Pläne passt. Wenn wir es aussuchen könnten, würden wir nicht selten einen anderen Weg favorisieren.

Der innere Ruf, die zugrunde liegende Motivation, die sich zuinnerst durch unser Menschsein entfalten will, ist im wahrsten Sinne des Wortes eine Bestimmung. Sie ist bestimmt. Und wenn wir diesen Ruf in manchen Augenblicken unseres Lebens in einer reinen Form vernehmen, wissen wir, dass es keine andere Wahl gibt, als ihm zu folgen. Das bedeutet aber auch, dass wir uns unsere Bestimmung als Mensch nicht ausdenken müssen. Wir müssen uns nicht neu erfinden, so wie es manchmal in Erfolgsrezepten von Persönlichkeitstrainern propagiert wird. Im Gegenteil. Vielmehr geht es darum, uns innerlich zu öffnen und immer wieder zu lauschen auf das, was sich von innen her entfalten will.

Wenn wir uns das bewusst machen, dann hat dies Konsequenzen für die Grundhaltung in unserem Leben. Es geht nicht darum, Ziele zu entwickeln und sie mit Kraft zu verfolgen, sondern es geht um die Grundhaltung des Lauschens und Vertrauens auf das, was sich von innen her entfalten will. Es ist eine Haltung der Offenheit und nicht des Wissens. Es ist eine Haltung der Empfänglichkeit und nicht des Machens. Es ist eine Haltung, bei der nicht unser persönlicher Wille und unser Ich im Zentrum unseres Lebens stehen, sondern wir auf den größeren Willen, der sich durch den inneren Ruf ausdrückt, lauschen und ihm mit unserem Leben dienen. Genau hier, in der spirituellen Grundhaltung des Hörens auf die „innere Stimme des Lebens", wird uns immer mehr eine innere Führung bewusst, die in unserem Leben wirkt und der wir dienen und folgen können.

Wenn wir den Ruf vernehmen und bereit sind, ihm zu folgen, dann ist die schöpferische Kraft des Lebens, die sich in dem Ruf latent verbirgt, mit uns und es fließt uns die Lebenskraft in einer Stärke zu, wie wir es kaum kennen, solange wir nicht an den inneren Ruf angebunden sind. Es gibt viele Beispiele von Menschen, die ihrem Ruf gefolgt sind und dadurch fast übermenschliche Kräfte entwickelt haben. Was hatten Menschen wie Mahatma Gandhi oder Martin Luther King nicht für eine unglaubliche Kraft, trotz extremer Widrigkeiten ihrem Ruf zu folgen. Mit nichts können wir uns so sehr schwächen, als wenn wir ein Leben ohne innere Anbindung führen und an unserem Ruf vorbeileben. Und umgekehrt wird uns eine große Unterstützung und eine enorme Lebenskraft zuteil, wenn wir auf unseren inneren Ruf hören.

> Reflektiere:
>
> Erinnere dich an Zeiten, in denen du aus einer inneren Anbindung heraus gelebt hast. Wie hast du hier das Leben erfahren? Wie bist du mit Schwierigkeiten umgegangen? Wie viel Lebensenergie hattest du in diesen Zeiten?
>
> Vergleiche diese Erfahrungen mit Zeiten, in denen du keine innere Anbindung gefühlt hast.
>
> Was unterstützt dich, auf deine innere Stimme zu hören?

Wissen und innere Weisheit

In unserer Kultur setzen wir in erster Linie auf unser kognitives Wissen. Wir lernen in der Schule Deutsch, Mathematik und Geschichte und bilden dadurch vor allen Dingen den Verstand aus. Dieser Vorgang setzt sich im Studium weiter fort und so scheinen die anerkanntesten Berufe in unserer Kultur ganz auf dem Fundament von Wissen aufzubauen.

Natürlich ist Wissen wichtig und hilfreich, aber jeder Mensch weiß, dass es sogar in akademischen Berufen wie als Jurist oder Arzt unendlich viele kleine und große Entscheidungen gibt, die wir nicht allein aus unserem Wissen oder unserer Vernunft heraus treffen können. Wenn wir hier keinen Zugang zu unserer Intuition haben, oder wie es im Volksmund oft genannt wird, zu unserem „Bauchgefühl", dann sind wir wie ein führerloses Schiff in den Stürmen des Alltags.

Dieses Bauchgefühl beinhaltet durchaus auch ein Wissen, aber eine ganz andere Art von Wissen. Es ist nicht so eindeutig und begründbar wie das kognitive Wissen. Ganz häufig können wir es nicht erklären, da es nicht wie das Kopfwissen auf allgemeiner Erfahrung und Schlussfolgerung beruht, sondern auf einem inneren subjektiven Gefühl. Wir wissen nicht, sondern wir ahnen. Eine Ahnung ist viel weicher und untergründiger als ein Wissen, das sich auf harte Fakten beruft. Und doch ist das innere gefühlte Wissen nicht weniger real.

Im Gegenteil. Auch wenn wir unsere Intuition nicht begründen können und obwohl sie manchmal sogar unserem kognitiven Wissen widerspricht, beinhaltet sie eine innere Weisheit für die nächsten Entscheidungen und Handlungsschritte, die sich meist im Nachhinein als absolut stimmig erweisen. Es gibt viele Berichte von Managern, die bekennen, dass sie zwar die Fakten sammeln und auswerten, aber die Entscheidung dann aus dem „Bauch" treffen. Auch große Entdeckungen von Wissenschaftlern waren der Intuition geschuldet und nicht dem akribischen Auswerten von Daten.

Offensichtlich verschafft uns die Intuition Zugang zu einer Weisheit, die das Verstandeswissen übersteigt. Künstler und Menschen mit kreativen Berufen erfahren dies tagtäglich. Nur im Loslassen des Denkens, wenn wir uns innerlich vollkommen öffnen, tauchen unvermittelt Eingebungen auf, die ungeheuer kreativ und intelligent sind. Wir haben hier einen Anschluss an eine Intelligenz, die unsere normale Intelligenz und unser lineares Denken übersteigt.

Ist dies ein Wunder? Oder ist es nicht vielmehr so, dass jeder Mensch ein unmittelbarer Ausdruck der schöpferischen Intelligenz des Lebens ist? Natürlich haben wir einen Zugang zu den Formkräften und der innewohnenden Weisheit des Lebens, denn unser menschliches Leben entfaltet sich nicht durch unsere Willenskraft und durch unser Wissen, sondern unmittelbar aus der Lebenskraft und der schöpferischen Intelligenz, die alles hervorbringt. Wenn wir uns mit der Weisheit des Lebens verbinden, haben wir damit einen Zugang zu einer inneren Weisheit, die alles Kopfwissen bei weitem übersteigt.

Dieser Zugang erfordert allerdings, dass wir uns nicht mithilfe des Denkens und des Verstandeswissens über das Leben erheben und im

Bereich der Abstraktionen, der Fakten und Analysen nach Klarheit suchen, sondern im Gegenteil uns über die Seele nach innen hin mit der Gestaltkraft des Lebens und der ihr innewohnenden Weisheit verbinden. Denken ist in vielen Situationen nützlich. Es hilft, Dinge zu ordnen und zu differenzieren. Aber es führt uns in den Bereich der Abstraktion und damit verlieren wir im Denken den unmittelbaren Kontakt mit dem Leben selbst. Dagegen können wir uns über die Seele, über unsere unmittelbaren Wahrnehmungen, Gefühle und Körperempfindungen wieder innerlich verbinden.

Wenn wir dann, in einem Zustand der Verbundenheit, ganz ins Lauschen – in eine innere Empfänglichkeit – eintauchen, öffnen sich für uns Eingebungen, die unmittelbar aus der Weisheit des Lebens selbst stammen. Allerdings ist diese Weisheit, die sich hier entfaltet, nicht „unsere" Weisheit. Wir können nicht sagen, dass es „unsere Idee" war, denn sie ist uns im wahrsten Sinne des Wortes eingegeben worden. Sie ist kein Produkt eines aktiven Nachdenkens, sondern wurde uns in einem Zustand der Offenheit geschenkt. Wenn uns das bewusst wird, nährt der Zugang zur inneren Weisheit nicht unser Ego, unseren Stolz und unser Machtgefühl, sondern führt uns in eine Haltung der Demut und des Vertrauens in die Weisheit des Lebens.

Was ist innere Führung? Es ist die Grundhaltung der Offenheit und Empfänglichkeit, die uns über unsere Seele mit der grundlegenden Gestaltkraft und Weisheit des Lebens verbindet. Dabei müssen wir uns nicht empfänglich „machen". Das Gewahrsein, der grenzenlose Raum des Bewusstseins, ist totale Empfänglichkeit. Es genügt, uns an das Gewahrsein zu erinnern und in dieser vollkommenen Offenheit zu verweilen. Das Gewahrsein ist damit nicht nur der Raum der inneren Freiheit und Verbundenheit, sondern ermöglicht uns darüber hinaus den Zugang zu einer inneren Weisheit, aus der heraus wir unser Leben führen können.

Reflektiere:

Wie triffst du Entscheidungen? Wie gehst du an kreative Aufgaben heran? Durch klare Faktenanalyse oder indem du dich innerlich „anbindest“ und ins Lauschen gehst? Experimentiere mit beiden Haltungen.

5.1 Der innere Kompass

Wenn wir in einer ursprünglichen Landschaft, die noch keine Wege und keinen Wegweiser kennt, wandern, dann brauchen wir einen Kompass. Ohne Kompass wird es sehr schwer sein, im Dschungel, in der Wüste oder in den Bergen die Richtung beizubehalten. Ist nicht unser Leben ein solcher Dschungel ohne klare Wege und ohne vorgegebene Wegweiser? Könnte es sein, dass es auch in der menschlichen Seele einen Kompass gibt, der uns unterstützen kann, die Richtung zu finden?

Der innere Kompass ist tief in unserer Seele verborgen, steht uns aber genauso verlässlich zur Verfügung wie ein äußerer Kompass. Er ist immer da und wartet darauf, dass wir ihm Aufmerksamkeit schenken und ihn befragen. Was ist der innere Kompass und wohin zeigt seine Nadel?

Wir alle kennen Situationen, in denen der innere Kompass sich unterschwellig meldet. Wenn wir zum Beispiel eine neue Wohnung suchen, dann kann es sein, dass eine Wohnung, die wir besichtigen, oberflächlich von den äußeren Bedingungen her für uns optimal ist und trotzdem ein unterschwelliges Gefühl sich meldet, dass diese Wohnung für uns nicht stimmt. Vielleicht entscheiden wir uns dann trotzdem für die Wohnung, weil die Vernunft oder die Not uns sagen, dass sie in Ordnung ist. Meistens werden wir jedoch nicht glücklich in einer Wohnung, in der unser „Bauch" von Anfang an dagegen war.

Ein typisches Beispiel, in dem wir den inneren Kompass wahrnehmen, aber aus Vernunftsgründen übergehen. Ich habe schon viele Menschen in ähnlichen Situationen begleitet. Immer war da zu Beginn ein „Bauchgefühl" und wenn es übergangen wird, kommt es zu einem manchmal jahrelangen inneren Konflikt, der die Person und ihr Umfeld beschäftigt. Die Person ist unglücklich oder unzufrieden, zweifelt an sich, sucht immer wieder nach Möglichkeiten, sich mit den Gegebenheiten abzufinden und zieht ihr Umfeld, zum Beispiel ihre Partnerschaft, in den inneren Konflikt hinein.

Offensichtlich lässt sich eine innere Unstimmigkeit nicht mit Vernunft überwinden oder besänftigen. Die Unstimmigkeit bleibt und bewahrheitet sich oft, indem nach einiger Zeit immer deutlicher wird, was an der Entscheidung nicht stimmte. Es gibt also eine seelische Wahrheit, die unabhängig von Verstand und Vernunft besteht und uns deutliche Hinweise gibt. Diese seelische Wahrheit lässt sich nicht wirklich begründen oder verstehen, aber sie ist weder diffus noch wankelmütig. Im Gegenteil gibt sie uns eine eindeutige Richtung vor, auch wenn es uns gerade nicht in den Kram passt.

Wie bei einem äußeren Kompass haben wir nur die Wahl, die seelische Wahrheit des inneren Kompasses zu befolgen oder sie zu übergehen, aber wir können die Richtung, die die innere Wahrheit vorgibt, nicht verändern. Im Gegenteil. Der innere Kompass ist vollkommen unbeirrbar und meldet uns manchmal über viele Jahre immer wieder, dass wir eine Richtung eingeschlagen haben, die unserer Seele widerspricht.

Nicht unsere Vernunft kann die innere Wahrheit verändern und auch unsere Pläne können das nicht. Nicht unsere Angst und unsere Schuldgefühle, nicht unsere Harmoniesucht und Konfliktscheu, nicht unsere Anpassungsstrategien und nicht unser Ehrgeiz haben die Macht, den seelischen Kompass umzustimmen. Natürlich können all diese Kräfte einen Einfluss auf unsere Entscheidung nehmen, indem sie unsere Aufmerksamkeit vereinnahmen und wir dadurch die Stimme unserer inneren Wahrheit nicht mehr hören oder sie willentlich übergehen. Aber verändern können diese Stimmen den inneren Kompass nicht. Er ist eine unbestechliche Instanz unserer Seele.

Reflektiere:

Gibt es Entscheidungen in deinem Leben, die du gegen dein „Bauchgefühl" getroffen hast? Wie hat sich deine seelische Wahrheit gemeldet? Was hat dich veranlasst, gegen dein „Bauchgefühl" zu entscheiden? Welche Auswirkungen hatte dies im weiteren Verlauf?

Was stimmt?

Was hilft uns ein Kompass, wenn wir ihn nicht lesen können? Schon mancher unerfahrene Wanderer hatte einen Kompass und eine Karte dabei, konnte aber mit beiden nicht umgehen. Wie vielen Menschen geht es auch in ihrem Alltag so? In der Schule werden wir leider nicht darin unterrichtet, den inneren Kompass wahrzunehmen und entsprechend zu nutzen. Im Gegenteil. Oft werden wir sogar in der Schule oder in der Familie dazu angehalten, die innere Wahrheit zu übergehen. Das ist sicherlich ein Grund dafür, warum viele Menschen immer wieder ihre innere Stimme missachten und entsprechend unerfüllt sind.

Um ein Bewusstsein für den inneren Kompass zu bekommen, ist es zunächst wichtig, unsere seelische Wahrheit als eine wesentliche Instanz unseres Menschseins anzuerkennen. Das ist in unserer Kultur, die vor allen Dingen materielle Tatsachen, kognitives Wissen und Leistung anerkennt, alles andere als selbstverständlich. Seelische Gestaltkräfte werden bestenfalls in der Kunst akzeptiert und ansonsten häufig als störend angesehen. Manchmal werden sie sogar als psychisches Problem betrachtet und entwertet. Dabei sind unsere Gefühle grundsätzlich kein Problem und nicht per se behandlungsbedürftig, sondern können uns einen direkten Zugang zu unserer inneren Wahrheit verschaffen, wenn wir sie ernst nehmen.

Die seelische Wahrheit ist zutiefst subjektiv und individuell. Wir können sie nicht verallgemeinern und meist auch nicht erklären oder begreifen.

Sie äußert sich in einem Gesamtgefühl zu einer Situation, welches wir in unserer Seele und in unserem Körper wahrnehmen. Dieses Gesamtgefühl signalisiert uns eindeutig, ob etwas für uns stimmt oder nicht. Das Gefühl der Stimmigkeit ist daher die Nadel des inneren Kompasses.

Wir begegnen zum Beispiel zum ersten Mal einem Menschen und spüren spontan, ohne etwas von dieser Person zu wissen, ob unsere Seele sich in dem Kontakt entspannt und öffnet oder nicht. Das Gefühl der Stimmigkeit meldet sich spontan und gibt uns einen unmittelbaren Hinweis darauf, ob wir diesen Kontakt aus der Sicht unserer Seele weiter nähren sollten oder nicht. Auf diese Weise wird das Gefühl der Stimmigkeit für uns zu einem Richtungsweiser, der uns in jedem Moment und in jeder Entscheidung als seelischer Ratgeber zur Verfügung steht.

Doch erst wenn wir das Gefühl der Stimmigkeit als eine relevante Instanz in uns anerkennen und wir dieses Gefühl nicht als unvernünftig abtun, wird es die Möglichkeit haben, in unser Bewusstsein vorzudringen und uns von innen her zu leiten. Je mehr Wichtigkeit wir dieser Stimme geben, desto deutlicher wird sie vernehmbar sein. Wenn wir den inneren Kompass ernst nehmen und ihn zur Leitschnur unseres Lebens machen, dann entsteht zunehmend ein Lebensgefühl, in dem wir uns geführt wissen.

Ist es nicht immer wieder überraschend, wie viel Weisheit sich in einem spontanen Gefühl von Stimmigkeit verbirgt? Wie kann es sein, dass unsere Seele so viel mehr „weiß“ als unser Kopf? Doch das ist nicht so verwunderlich, wie es im ersten Moment erscheint. Der Mensch ist ein ungeheuer komplexes Wunderwerk und die meisten Vorgänge, die einen Menschen steuern, laufen dabei unbewusst ab. Allein die Wahrnehmung wird in jedem Augenblick so durch das Gehirn gesteuert und gefiltert, dass nur ein Bruchteil der Informationen unser Bewusstsein erreicht.

Das, was wir bewusst und willentlich erfahren und steuern können, ist nur die kleinste Spitze eines Eisberges. Der größte Teil einer unablässigen Kommunikation mit der Außenwelt und der dazugehörigen inneren Erfahrung und die komplexe Steuerung von inneren Prozessen laufen selbsttätig ab. Die Weisheit, die hier wirkt, ist dabei um ein Vielfaches größer und komplexer als unsere bewusste Fähigkeit, intelligent zu denken. Tatsächlich basiert das bewusste Denken genauso wie willentliche Entscheidungen auf der unbewussten Intelligenz, die Leben in seiner Gesamtheit ermöglicht. Wir müssen uns also nicht wundern, dass unsere Seele, die unmittelbar mit der Weisheit des Lebens verbunden ist, genau spürt, was uns als individuellen Menschen wirklich entspricht.

Reflektiere:

Vertraust du deiner Seele oder nur deiner Vernunft? Was hat für dich bei Entscheidungen oder Begegnungen das größere Gewicht: das Gefühl von Stimmigkeit oder gute Argumente?

Wie erfährst du das Gefühl von Stimmigkeit?

Die Entfaltung des Wesens

Die Nadel eines Kompasses zeigt immer nach Norden. Doch wo zeigt die Nadel unseres inneren Kompasses hin? Kennt die Seele genauso wie ein äußerer Kompass eine Grundrichtung, auf die sie sich immer „einnordet"? Und wenn ja, wo führt sie uns hin?

Wenn wir in verschiedenen Situationen das Gefühl von Stimmigkeit beachten und unserer seelischen Wahrheit folgen, können wir beobachten, dass wir uns im Anschluss entspannt, innenzentriert und auf eine natürliche Weise lebendig und in Verbindung fühlen. Mit anderen Worten, unser Wesen wird sich auf eine natürliche Weise entfalten, wenn wir auf den inneren Kompass hören.

Jeder Mensch trägt in seiner Seele natürliche lebendige Grundeigenschaften, die sich immer dann entfalten können, wenn wir innerlich frei und zentriert sind. Frei bedeutet, dass uns keine äußeren oder inneren Zwänge besetzen wie zum Beispiel Ansprüche, Ängste, Schuldgefühle oder

Ehrgeiz. Immer wenn das Ego zurücktritt, entsteht eine innere Entspannung und ein Freiraum für unsere Natürlichkeit und die Lebendigkeit, die sich hier entfalten will. Die natürliche Lebendigkeit eines Menschen wird das „Wesen“ genannt. Hier fühlen wir uns im wahrsten Sinne des Wortes „wesentlich“.

Doch Entspannung alleine genügt nicht, um das Wesen zu entfalten. Es gibt viele Momente in unserem Leben, in denen wir entspannt sind, aber die natürliche, augenblickliche Lebendigkeit verborgen bleibt. Zum Beispiel kann es sein, dass wir abends gemütlich und entspannt auf dem Sofa sitzen und eine Zeitung lesen. Entfaltet sich hier das Wesen? Wohl kaum. Die Entspannung und der Freiraum wären gegeben, aber es fehlt die Aufmerksamkeit. Ohne die Präsenz und ohne das Zentriertsein nach innen haben wir keine spürbare Verbindung zu unserer Seele und es wird sich die augenblickliche natürliche Lebendigkeit nicht entfalten können.

Wenn wir längere Zeit unser Wesen missachten oder daran vorbeileben, befällt uns eine tiefe Unzufriedenheit. Unabhängig davon, ob wir äußerlich erfolgreich sind, ob wir unsere oberflächlichen Ziele erreichen und wir von anderen Anerkennung bekommen, kann sich eine schleichende Unzufriedenheit einstellen, die sich bis zu einem vernichtenden Gefühl von Sinnlosigkeit steigern kann. Solange wir nicht die tiefe Verbindung zu unserem Wesen fühlen und damit „wesentlich“ leben, leben wir an unserer Bestimmung vorbei.

Der innere Kompass zeigt mit dem Gefühl der Stimmigkeit immer auf das Wesen und kann uns daher den entscheidenden Hinweis geben, wie wir uns nach innen hin mit unserer Natürlichkeit und unserer Bestimmung verbinden können. Immer wieder haben wir die Möglichkeit, nach innen zu lauschen, uns neu auszurichten und uns wieder auf das Wesentliche einzunorden.

Die Aufmerksamkeit richtet sich dabei wie die Nadel beim äußeren Kompass aus, bis sie bei dem Gefühl der Stimmigkeit zur Ruhe kommt. Genau hier, am Punkt der Ruhe, sind wir im Einklang mit unserem Wesen. Wir spüren eine innere Kongruenz und unsere Aufmerksamkeit ist auf das gerichtet, was uns zutiefst am Herzen liegt. Daher kann man auch sagen, dass der seelische Kompass immer aufs Herz zeigt. Wenn wir es wagen, der seelischen Wahrheit zu folgen, unsere Natürlichkeit und das zu entfalten, was uns am Herzen liegt, wird sich ein tiefes Gefühl von innerer Erfüllung im Leben einstellen. Was könnte erfüllender und sinnvoller sein, als unsere seelische Bestimmung zu leben?

Experimentiere:

Nimm deine Unzufriedenheit ernst. Halte in diesen Phasen inne und lausche auf deinen inneren Kompass: Wo zeigt er hin? Wo entsteht das Gefühl von Stimmigkeit? Was will dein Herz leben?

Bestimmung heißt nicht Vorbestimmung

Innere Führung bedeutet, dass das Leben uns durch unsere Seele kontinuierlich auf unsere Bestimmung aufmerksam macht. Der Begriff „Bestimmung" enthält im Kern bereits das Wort „Stimmigkeit". Das Gefühl der Stimmigkeit, mit deren Hilfe uns der innere Kompass leitet, ist also unmittelbar mit unserer menschlichen Bestimmung verknüpft. Wenn wir auf den seelischen Kompass hören und ihm folgen, werden wir unsere Bestimmung entfalten.

Dies ist jedoch ein prozesshaftes Geschehen. Mit anderen Worten, unsere Bestimmung entfaltet sich schrittweise aus dem Moment heraus und ist unmittelbar mit der Ganzheit des Lebens und den Umständen verbunden. Menschliche Bestimmung ist kein abgetrenntes individuelles Potenzial, sondern fügt sich in die Ganzheit einer Situation ein. Wenn wir daher zum Beispiel in einem Entscheidungsprozess auf den inneren Kompass lauschen und nach der Stimmigkeit fragen, geht es nicht nur um eine Stimmigkeit für uns als Person, sondern genauso um die Stimmigkeit für uns in dieser Situation. Die seelische Wahrheit entfaltet sich nicht unabhängig und damit egozentrisch, sondern in unmittelbarer Bezogenheit und schließt damit die Ganzheit des Lebens ein.

Insofern ist die Bestimmung ein schöpferisches Geschehen. Es ist die Entfaltung des individuellen Wesens in Bezogenheit auf die aktuellen Umstände unseres Lebens. Bestimmung hat damit nichts mit Vorbestimmung zu tun und beinhaltet keinerlei Aussage über die Zukunft. Wenn es sich heute richtig anfühlt, unserem Herzen folgend eine Berufsrichtung einzuschlagen, ist das noch keine Aussage darüber, ob es in zwanzig Jahren noch stimmig ist, diesen Beruf auszuüben. Die Umstände können sich so geändert haben, dass unser innerer Kompass uns auffordert, neue Wege zu beschreiten.

Die Schöpfung entfaltet sich im Kleinen wie im Großen aus dem Moment heraus und es gibt keinen Plan und keinen Zielpunkt, wohin diese Entwicklung führen wird. Es ist ein offener Prozess und damit im wahrsten Sinne des Wortes schöpferisch. Alles, was geschieht, speist sich ins Netz des Lebens ein und bringt auf diese Weise den nächsten Entfaltungsschritt hervor.

Auch im individuellen Leben eines Menschen gibt es keinen Plan und kein Ziel. Wir sind frei, die unterschiedlichsten Lebenswege zu beschreiten. Und doch gibt es in dieser Offenheit die Möglichkeit, auf die innere Führung unserer Seele zu achten und das natürliche Potenzial unseres Wesens für diesen Augenblick zu entfalten. Diese Entscheidung wird sich selbstverständlich auf unsere Zukunft auswirken, da wir gestärkt und erfüllt aus diesem Moment hervorgehen. Aber im nächsten Augenblick sind wir bereits wieder in einer neuen Situation mit neuen Umständen, die es erfordern, erneut auf den seelischen Kompass zu achten. Vielleicht wird uns jetzt unter den neuen Bedingungen etwas ganz anderes als stimmig erscheinen und eine andere Wesensqualität wird sich entfalten.

Können wir unser Leben planen? Können wir wissen, wohin uns unser Leben führt? Können wir die Zukunft vorhersehen? Niemals. Selbst wenn wir innere Visionen von der Zukunft haben, dann sind diese Bilder nicht wirklich eine Aussage über die Zukunft, sondern über das Jetzt! Unsere Seele gibt uns auf verschiedene Weise Hinweise dazu, was sich aus dem

Jetzt entfalten will. Manchmal schickt sie uns dazu Bilder, die das Potenzial des Augenblicks in die Zukunft projizieren. Dabei können wir das Gefühl bekommen, „hellsichtig" zu sein und die Zukunft vorhersagen zu können.

Visionen können eine tiefe Wahrheit beinhalten, denn sie geben uns einen Hinweis auf das, was sich jetzt in unserer Seele entfalten will. Wir dürfen nur nicht den Fehler machen, zu denken, dass diese Visionen in der Zukunft wahr werden müssen, denn in einem schöpferischen Prozess, der sich von Moment zu Moment entfaltet, steht das in den Sternen.

Es gibt kein Ziel. Es gibt nur einen Weg. Und dieser entfaltet sich von Moment zu Moment vor unseren Füßen, wenn wir der Seelenwahrheit vertrauen. So wie ein Kompass dir nur für den nächsten Schritt die Richtung weisen kann und keine Zukunftsaussagen darüber abgibt, wo du dich in drei Tagen befinden wirst, so führt dich auch die Seele und zeigt dir immer nur in diesem Augenblick den nächsten stimmigen Schritt.

Reflektiere:

Erinnere dich an wesentliche Weichenstellungen und Veränderungen, die in deinem Leben geschehen sind. Hast du sie so geplant? Wie hast du in diesen Situationen zu den neuen Entscheidungen gefunden? Hättest du dir vor diesen Umwälzungen träumen lassen, dass du heute so lebst, wie du lebst?

Der Körper als Spiegel der inneren Wahrheit

Viel zuverlässiger und weniger missverständlich als unsere Bilderwelt ist der Körper. Bei den Körperempfindungen ist es eindeutig, dass sie sich auf die Gegenwart beziehen und nicht auf die Zukunft. Außerdem haben wir den Körper immer dabei. Daher ist das wohl hilfreichste Instrument, um Zugang zu unserer seelischen Wahrheit zu bekommen, der Körper.

Wenn wir wissen wollen, ob unser äußeres Leben gerade mit unserer seelischen Wahrheit übereinstimmt oder nicht, genügt meist ein kurzer Blick in den Spiegel des Körpers.

Manche Menschen haben grundsätzlich einen leichten Zugang zu ihren Körperempfindungen, andere wiederum müssen diesen Zugang erst einüben, da der Wahrnehmungskanal des Körpers von ihnen nur selten benutzt wird. Daher beachten Sie den Körper zunächst nur, wenn er sich massiv meldet. Die feinen Signale werden ausgeblendet. Doch wenn sie bewusst den Körpersignalen mehr Aufmerksamkeit schenken, können auch diese Menschen mit der Zeit sofort die Signale des Körpers spüren und als Richtungsweiser deuten.

Ein Grund, warum der Körper ein so wertvoller Ratgeber ist, besteht darin, dass er unbestechlich ist. In unseren Gedanken können wir uns oft leicht vormachen, wie vernünftig und wie wichtig es ist, weiter unter Stress und mit Volldampf zu leben. Wir können uns gedanklich überzeugen, warum eine Entscheidung für uns oder andere segensreich ist. Aber unser Körper spricht hier oft ganz deutlich eine andere Sprache. Trotz unserer guten Argumente fühlen wir im Körper vielleicht Enge, Energie- und Lustlosigkeit. Er sagt uns ganz deutlich und ungeschminkt, ob wir mit unserer seelischen Wahrheit gerade im Einklang leben oder nicht.

Natürlich kann es sein, dass wir trotzdem die Körperwahrheit übergehen und an unseren Vorstellungen festhalten. Das wird immer dann der Fall sein, wenn wir mit einer Vorstellung identifiziert sind. Im Alltag hat jeder Mensch gewisse „Lieblingsidentifizierungen“, die ihn besetzen und entsprechend verhindern, Körpersignale ernst zu nehmen. Ob wir mit Zeitdruck, mit Zielvorstellungen, mit Ansprüchen, mit Verantwortung oder mit Ängsten identifiziert sind, spielt keine Rolle. Die Wirkung einer Identifizierung ist immer gleich: Sie macht uns geistig wie körperlich eng.

Um zu bemerken, ob uns eine Identifizierung gerade besetzt, genügt es daher, einen Blick in den Spiegel unseres Körpers zu werfen. Wenn sich hier eine subtile Kontraktion zeigt, wenn wir uns nicht entspannt und frei fühlen, ist dies ein untrügliches Zeichen für eine Identifikation. Umgekehrt zeigt sich im Körper genauso, wenn wir geistig in einem Zustand von Offenheit und Natürlichkeit sind. Dann spüren wir im Körper Entspannung, Ausdehnung und Weite, und eine natürliche Lebendigkeit.

Wenn wir also ein Leben in Einklang mit unserer seelischen Wahrheit führen wollen, ist es hilfreich, immer wieder zu überprüfen, ob sich unser Körper gerade wohlfühlt und sich ausdehnt oder subtil zusammenzieht. Macht uns eine Tätigkeit gerade eng oder weit? Ist das Tempo, in dem wir gerade arbeiten, eines, das uns entspannt und lebendig sein lässt, oder eines, das uns überfordert, schwächt und den Körper kontrahiert? Dehnen wir uns innerlich in einer Begegnung aus oder ziehen wir uns unterschwellig zusammen? Macht uns eine Entscheidung eng oder weit?

Besonders bei Entscheidungen können wir erfahren, dass der Körper ein seelisches „Ja“ oder „Nein“ unmittelbar abbildet. Wie fühlt sich ein seelisches „Ja“ im Körper an? Wir atmen tief durch und spüren dadurch innerlich Raum und Ausdehnung. Diese spezielle Art des Durchatmens ist wie ein tiefer Seufzer, der immer dann auftaucht, wenn der innere Kompass auf „Stimmigkeit“ zeigt. Es ist, als ob unsere Seele erleichtert seufzt: „Ja genau, das ist es.“

Dagegen bleibt der Körper bei einem seelischen „Nein“ in einer subtilen Anspannung. Er kann noch nicht wirklich tief loslassen und durchatmen. Diese Anspannung fühlen wir als subtile innere Spannung, als Enge oder Kontraktion, und sie ist ein deutliches Anzeichen dafür, dass unsere Seele (noch) nicht zustimmt. Wenn wir diese Zeichen übergehen, handeln wir gegen unsere innere Wahrheit und dies wird uns viel Lebensenergie und Lebensfreude kosten.

Der Grund dafür ist, dass wir bei einer Entscheidung oder einem Weg, der nicht mit unserer inneren Wahrheit übereinstimmt, innerlich im Konflikt sind. Diese Reibung kostet uns Energie, als ob wir ständig mit angezogener Handbremse fahren würden. Ist es da verwunderlich, wenn unsere Seele oder unser Körper dann irgendwann streiken oder wenn sich dann „aus heiterem Himmel“ Körpersymptome oder Burn-out einstellen oder wir schlicht unsere Lebensfreude verlieren?

Wie anders fühlt es sich doch an, wenn unser Leben in entscheidenden Punkten in Einklang mit unserer seelischen Wahrheit ist. Wir können dann große Herausforderungen bewältigen, ohne uns dabei zu verausgaben. Im Gegenteil haben wir sogar das Gefühl, dass uns dieser Weg stärkt. Lohnt es sich da nicht, auf das seelische „Ja" im Körper zu warten und nicht vorschnell scheinbar vernünftige Entscheidungen zu treffen?

Manchmal stehen wir an einer Weggabelung und können direkt unseren Körper fragen, welcher Weg der stimmige ist. Manchmal kann es aber sein, dass der Körper bei beiden Wegen noch nicht durchatmet und zustimmt. Dann besteht die Herausforderung darin, sich (noch) nicht zu entscheiden, sondern die Aufmerksamkeit offenzuhalten. Unser Körper und unsere Seele werden es uns danken.

Reflektiere:

Denke an etwas (z. B. Beziehung oder Hobby), das für dich mit Sicherheit stimmt. Wie erfährst du im Körper das „Ja" zu dieser Sache? Lass dir Zeit, das Körper-Ja genau zu erkunden.

Lass jetzt verschiedene Bereiche deines Lebens auftauchen und überprüfe anhand der körperlichen Reaktion, ob sie mit deiner seelischen Wahrheit übereinstimmen.

Resonanz und Innenschau

Die seelische Wahrheit weist immer nach innen. Sie gibt uns einen Hinweis darauf, welcher natürliche Wesensanteil sich in uns entfalten will. Wenn wir diese Hinweise ernst nehmen, können wir jede Situation, gleich ob „stimmig" oder „unstimmig", dazu nutzen, unserem Wesen nachzuspüren und es zur Entfaltung zu bringen. Wichtig ist dabei nur, dass wir nicht bei der äußeren Situation hängen bleiben, sondern unseren Blick nach innen wenden. Erst dann zeigt sich das natürliche lebendige Potenzial des Augenblicks in unserer Seele.

Nehmen wir zum Beispiel an, dass wir bei einem Spaziergang einen Baum am Wegrand sehen, der uns aus irgendeinem Grund besonders anspricht. Vielleicht sind wir schon oft diesen Weg gegangen und haben schon oft diesen Baum gesehen, aber heute fällt er uns besonders auf. Normalerweise würden wir uns kurz an diesem Baum erfreuen und dann unseren Weg wie gewohnt fortsetzen. Dabei würden wir nicht nur den Baum zurücklassen, sondern gleichzeitig am Wesenspotenzial, das sich hier meldet, unbemerkt vorbeigehen.

Immer wenn sich unvermittelt eine starke positive Resonanz einstellt, ist dies primär keine Aussage über das Äußere, was uns begegnet, sondern ein Hinweis auf ein lebendiges Potenzial in uns. Solange wir nur die Schönheit des Baumes sehen oder die Weite des Himmels oder die Wärme eines Menschen, verpassen wir das Wesentliche in dieser Situation. Denn was immer eine positive Resonanz erzeugt, es hat eine Entsprechung in unserer Seele, sonst würden wir diese Resonanz nicht fühlen.

Die Herausforderung ist daher, wach zu sein für die vielen kleinen und manchmal auch großen Momente in unserem Alltag, in denen eine positive Resonanz stattfindet. Sie sind eben mehr als die kleinen Freuden des Alltags. Sie sind Tore zu unserer Seelenwahrheit. Dazu ist es allerdings notwendig, dass wir in diesen Momenten verweilen und den Blick nach innen wenden.

Zunächst müssen wir uns fragen, was genau die positive Resonanz auslöst. Es ist niemals der ganze Baum oder ein ganzer Mensch, sondern zum Beispiel die zitternde Bewegung der Blätter (als ob sie lachen würden) oder die Wärme in der Stimme eines Menschen. Im nächsten Schritt verbinden wir uns mit dieser Qualität, indem wir uns vorstellen, die auslösende Qualität, also zum Beispiel die zitternde Bewegung oder die Wärme in der Stimme, zu verkörpern. Wir überwinden damit die trennende Schranke einer dualen Welt im Alltagsbewusstsein. Dadurch erfahren wir die Qualität im Außen, die eine positive Resonanz erzeugt, in unserem Inneren. Erst durch diesen Schritt entfaltet sich die Lebendigkeit, die in dieser Situation in unserer Seele berührt wird.

Nicht viel anders ist die Situation bei einer negativen Resonanz. Vielleicht treffen wir einen Menschen, der eine Ausstrahlung hat, die uns zutiefst unangenehm ist. Typischerweise wissen wir im ersten Moment nicht, warum uns dieser Mensch so unangenehm ist und wir wollen es meist auch gar nicht wissen, sondern versuchen den Kontakt so schnell wie möglich zu umgehen. Dabei steht das Tor zum Wesen auch in dieser Situation weit offen, denn eine negative Resonanz weist uns genauso wie eine positive auf ein inneres Wesenspotenzial hin.

Um diese Situation für uns zu nutzen, braucht es auch hier unsere Bereitschaft, zu verweilen und dieser Situation noch mehr Aufmerksamkeit zu schenken. Das ist im Falle einer negativen Resonanz natürlich anspruchsvoller als bei einer positiven. Wir müssten uns fragen, was genau die negativen Gefühle in uns auslösen, denn auch hier ist es nicht der ganze Mensch, sondern vielleicht seine hektische Art, sich zu bewegen und zu sprechen. Diese hektische Art befindet sich im Konflikt mit einem aktuellen Potenzial von Lebendigkeit, das sich jetzt in unserer Seele entfalten will. Aus diesem Grund reagieren wir negativ auf die Hektik.

Wenn wir daher auf den Auslöser schauen und uns gleichzeitig fragen, wonach sich unsere Seele in dieser Situation sehnt, wird die scheinbar negative Situation zu einem Tor nach innen. Vielleicht spüren wir, dass wir uns gerade nicht nach Hektik, sondern nach großer Gelassenheit sehnen und wenn wir dann innerlich tiefer in diese Gelassenheit eintauchen und sie sich in uns ausbreiten lassen, werden wir überrascht sein, wie wenig uns dann die Hektik des anderen Menschen noch stört.

Wir können also jede Situation, die für uns unangenehm ist, dazu nutzen, uns tiefer mit unserem Wesen zu verbinden. Wir können die Situation genauso dazu verwenden, mit einem Schattenbereich zu arbeiten, so wie es im Kapitel drei bei der Grundhaltung des Offenseins beschrieben wird. Negative Resonanz ist daher für einen Bewusstwerdungsprozess besonders ergiebig.

Doch ob wir das Wesen oder unseren Schatten erforschen, in beiden Fällen gilt, dass die negative Resonanz keine Wertung über das Äußere darstellt, sondern einen Hinweis auf unsere individuelle seelische Wahrheit gibt. Nur wenn wir dies berücksichtigen, werden wir unsere Lebenszeit nicht damit vergeuden, an anderen Menschen oder an äußeren Situationen herumzumachen und uns im Außen zu verstricken, sondern uns selbst in unserer natürlichen Lebendigkeit entfalten. Auf diese Weise werden wir zunehmend in einer Fülle leben, die unabhängig von äußeren Gegebenheiten ist.

Experimentiere:

Schau dich um und lass dich überraschen, welches äußere Objekt gerade eine positive Resonanz erzeugt. Was ist es genau an diesem Objekt, was die positive Resonanz auslöst? Stell dir vor, diese auslösende Qualität von innen her zu sein. Wie erfährst du dies? Welche Körperempfindungen, Gefühle, inneren Bilder, Klänge und Worte tauchen hier in deinem Erleben auf? Welche Art von Lebendigkeit breitet sich jetzt aus?

Experimentiere genauso mit negativer Resonanz: Welches Objekt erzeugt eine negative Resonanz? Was ist es genau an diesem Objekt, was die negative Resonanz auslöst? Frage dich jetzt, nach welcher Qualität du dich gerade sehnst und tauche innerlich in diese Qualität hinein: Welche Körperempfindungen, Gefühle, inneren Bilder, Klänge und Worte tauchen hier in deinem Erleben auf? Welche Art von Lebendigkeit breitet sich jetzt aus? Wie schaust du jetzt auf das äußere Objekt, das die negative Resonanz ausgelöst hat?

Das Instrument stimmen

Innere Führung bedeutet, der Kraft zu vertrauen, die sich in unserem Menschsein entfalten will. Diese schöpferische Kraft drängt nicht nur uns Menschen zur Entfaltung, sondern findet sich in jedem Lebewesen. Jeder Grashalm, jeder Baum, jede Larve und jeder Vogel wächst heran und folgt seiner Bestimmung. Dabei geht es nicht nur um ein äußeres, körperliches Wachstum vom Apfelkern zum Apfelbaum oder von der Larve zum Insekt, sondern gleichermaßen um einen inneren Wachstumsprozess.

Beim Menschen sehen wir, dass jede individuelle Seele eigene Wesenspotenziale beinhaltet, die zeitlebens nach Entfaltung drängen. Die Gestaltkraft der Seele ist dabei ungeheuer vielfältig und stark und unsere Träume und Sehnsüchte fungieren dabei wie Lockrufe. Ist es nicht erstaunlich, dass wir in unserer Kultur meist nur den Blick nach außen fördern? Warum setzen wir auf äußere Erfüllung, beruflichen Erfolg und gesellschaftliche Anerkennung und schulen unsere Kinder nicht darin, auf die Gestaltkraft ihrer Seele zu lauschen und zu vertrauen?

Freilich würde dies eine vollkommene Umorientierung bedeuten, vom Tun zum Sein, von der Außenorientierung zum Lauschen auf die Innenwelt und vom sogenannten Selbstvertrauen zum Vertrauen ins Leben. Dabei geht es nicht darum, nicht mehr zu handeln oder der Außenwelt keine Wahrnehmung mehr zu schenken. Es geht auch nicht um eine Abkehr vom Lernen oder dem Entwickeln eigener Fähigkeiten, sondern um die Verschiebung einer Gewichtung. Solange wir dem Tun mehr Vertrauen schenken als dem Sein, werden wir der Leistung mehr Wert geben als einer lauschenden Grundhaltung. Solange wir der eigenen Kraft mehr vertrauen als der Gestaltkraft der Seele, werden wir unser Leben auf Wissen und Fähigkeiten aufbauen und nicht auf der inneren Weisheit und der enormen Kreativität, die sich aus dem Inneren heraus entwickeln.

Gerade bei kreativen Aufgaben können wir besonders deutlich beobachten, wie sich die Gestaltkraft der Seele Bahn bricht, wenn wir nicht an Wissen und erlernten Mustern festhalten. Kreativität braucht Offenheit und Offenheit ist das Gegenteil von Wissen und Gewohnheitsmustern. Wir können daher nur kreativ sein, wenn wir alles Wissen und alle Muster zurücklassen und uns in einen Raum der „Jungfräulichkeit" begeben. Offenheit ist ein Raum der Freiheit und der Empfänglichkeit. Wenn wir uns hier vertrauensvoll und geduldig niederlassen, formen sich die Dinge von innen heraus zu einer Gestalt, die über unser erlerntes Wissen und unsere erlernten Fähigkeiten hinausgeht.

Eine Musikerin improvisiert plötzlich auf eine Weise, die sie nie vorher geübt hat, eine Wissenschaftlerin hat eine Eingebung, die sich erst nach Jahren bestätigt und eine Autorin schreibt eine Geschichte, die sich auf eine Weise entwickelt und zusammenfügt, die weit über das hinausgeht, was sie im Vorhinein geplant hatte. Wo kommt diese Kreativität her? Wo kommt diese Weisheit her, die das persönliche Wissen bei Weitem übertrifft? Ist es nicht erstaunlich, dass wir die Gestaltkraft der Seele nicht wirklich (be-)greifen können so wie unser Wissen, das wir erlernt haben und auf das wir zurückgreifen können, und doch diese so viel intelligenter ist?

Je mehr wir dieser inneren Intelligenz Raum geben, desto mehr spüren wir mit der Zeit, wie zuverlässig uns diese kreative Kraft zur Verfügung steht und wir vertrauen mit der Zeit mehr dem Loslassen und dem Lauschen als unserem Wissen und unseren Fertigkeiten. Dabei steht die innere Intelligenz nicht im Widerstreit zu unserem Wissen oder unseren Fertigkeiten. Im Gegenteil. Im Zustand der Offenheit entfaltet sich die seelische Gestaltkraft und schließt dabei ganz selbstverständlich unser Wissen und unsere Fertigkeiten mit ein.

Wie bei einem Bildhauer, der in einem kreativen Prozess eine neue Figur erschafft und dabei ganz seiner Intuition folgt und doch sich gleichzeitig seines handwerklichen Könnens für die Bearbeitung von Steinen bedient, so fließt das kreative Geschehen, das durch uns wirkt, mit unserem Wissen und unseren Fertigkeiten zusammen. Entscheidend ist aber, dass wir uns ins Lauschen begeben und der kreativen Kraft unserer Seele vertrauen.

Wenn wir mit der Zeit immer mehr anerkennen, dass nicht „wir" die Dinge hervorbringen, sondern eine größere Kraft, die durch uns wirkt, worin besteht dann unsere Aufgabe in diesem Prozess? Die eigentliche Herausforderung besteht darin, uns als „Kanal" zur Verfügung zu stellen und diesen Kanal in bestmöglicher Weise offen zu halten. Dies ist in keiner Weise selbstverständlich. Wir begreifen uns meist als die Person, die etwas macht und nicht als die Person, die einem Prozess lauscht und empfängt. Wenn wir Musik machen, dann spielen oder üben wir das Instrument, anstatt den Klängen zu lauschen. Wenn wir eine Entscheidung treffen müssen, dann haben wir das Gefühl, wir müssten Vor- und

Nachteile abwägen, anstatt auf die innere Stimmigkeit zu achten und den Hinweisen zu vertrauen, die uns den nächsten Schritt weisen.

Doch die Aufgabe besteht nicht nur darin, die Perspektive zu wechseln und auf Empfang zu schalten. Wir sind auch verantwortlich dafür, dass wir als „Empfangsgerät" möglichst sensitiv, transparent und wach sind, sonst können wir die feinen Signale, die von innen her auftauchen, nicht empfangen und entsprechend durch uns Gestalt werden lassen.

Diese Verantwortlichkeit für das Empfangen können wir vergleichen mit einem Saiteninstrument, das möglichst optimal gestimmt sein muss, damit darauf Musik erklingen kann. Wenn die Saiten einer Gitarre zu schlaff gestimmt sind, kann der beste Gitarrenspieler keine Musik erklingen lassen. Ähnlich ist die Situation mit unserer seelischen Kreativität. Wenn wir nicht darauf achten, körperlich wie geistig in unserer Balance zu sein und uns damit als menschliches Instrument nicht in einer optimalen Gestimmtheit befinden, wird die Weisheit unserer Seele nicht durch uns erklingen können.

Um aus der inneren Führung zu leben, braucht es daher ein Leben in Ausgeglichenheit. Wenn wir uns von äußeren Eindrücken und Medien überfluten lassen, sodass wir keine geistige Offenheit nach innen mehr haben, wenn wir uns in Geschäftigkeit verlieren, anstatt für Räume der Muße und des Lauschens zu sorgen, wenn wir nicht auf ausreichend Schlaf und Erholung achten, dann wird unsere Offenheit, unsere Präsenz und Empfänglichkeit stark eingeschränkt. Damit liegt die eigentliche Herausforderung für ein Leben in Übereinstimmung mit der seelischen Wahrheit in einer ausgeglichenen Lebensführung. Wir müssen nicht das Lied erfinden, das auf uns gespielt werden will, sondern uns immer wieder als Instrument stimmen und bereithalten.

Reflektiere:

Wie ausgeglichen gestalte ich mein Leben? Wie sorge ich für Entspannung, Schlaf und Erholung? Achte ich darauf, nicht durch äußere Eindrücke (z. B. Radio, Internet,...) überflutet zu werden? Welche Faktoren schränken meine Offenheit, meine Präsenz und meine Empfänglichkeit ein?

5.2 Im Spannungsfeld von innen und außen

Kindliche Entwicklung vollzieht sich in einem Spannungsfeld zwischen dem authentischen und entsprechend unangepassten Sein des Kindes und einer Anpassung an das Umfeld. Dieses Spannungsfeld ist natürlich und jedes Kind muss es auf seine eigene Weise bewältigen. Da gibt es zum einen Eltern, auf deren Fürsorge und Bestätigung das Kind angewiesen ist, da gibt es Kindergarten und Schule, in denen wiederum ganz andere Umgangsformen und Ansprüche ans Kind wirken und da gibt es ein gesamtgesellschaftliches Umfeld, in welches das Kind geboren ist und das auf das Kind einwirkt. Auch die Religion, in die ein Kind hineinwächst, kann starke Akzente setzen und neben moralischen Ansprüchen auch ein Menschenbild und ein Gottesbild vermitteln, das auf die kindliche Seele einwirkt.

In diesem Dschungel aus atmosphärisch wirkenden oder tatsächlich ausgesprochenen Erwartungen, Regeln, Verhaltensnormen und Ansprüchen entwickelt jeder Mensch seine eigene Persönlichkeit - seine eigene Antwort auf die Dialektik zwischen dem eigenen authentischen Wesen und der Zugehörigkeit zu einem Umfeld. Ständig sind wir herausgefordert, unsere seelische Wahrheit mit den Gegebenheiten unseres Umfelds in Beziehung zu setzen und in der Spannung, die hier immer wieder auftritt, unseren Weg zu finden.

Dabei kann es sehr schnell dazu kommen, dass wir unsere eigene Wahrheit zugunsten der Zugehörigkeit und der Harmonie zurückstellen oder vielleicht sogar ganz verleugnen. Die Folge ist, dass sich unser Leben immer mehr von einer Innenzentriertheit zu einer Außenzentriertheit verschiebt und der Zugang zur inneren Führung abnimmt. Besonders in einem sehr strengen und moralischen Umfeld ist die Gefahr sehr groß, dass ein Kind schon früh den Zugang zur eigenen Wahrheit verliert. Aber auch in einem Umfeld, das vordergründig freiheitlicher ist, können subtile Manipulationen durch Beschämung und Schuldzuweisung sowie unterschwellige Verführungen durch Lob und Anerkennung das Kind von der eigenen Wahrheit entfremden.

Doch woran orientieren wir uns, wenn wir den inneren Kompass nicht mehr fühlen und befragen können? Je mehr wir den Zugang nach innen verlieren, desto mehr breitet sich eine unterschwellige Verunsicherung aus, die in alle Bereiche unseres menschlichen Lebens hineinwirkt. Denn wenn wir uns auf unser Gefühl nicht mehr verlassen können, dann erscheinen uns die vielen kleinen Situationen des Alltags, in denen wir ständig Entscheidungen treffen müssen, als Prüfungen, in die wir unvorbereitet geschickt werden. Das macht unsicher und haltlos und zehrt zudem an unserem Selbstwert.

Ist es da ein Wunder, dass wir uns dann immer mehr an den anderen orientieren? Gerade Menschen, die eine große innere Haltlosigkeit fühlen, nehmen dann oft bei Regeln, Ritualen, Traditionen, Glaubenssystemen und Autoritäten Zuflucht. Vielleicht lesen sie viele Ratgeber und suchen nach äußerer Führung durch „meinungsstarke" Menschen in Politik oder Religion. Nach außen hin kann es sein, dass diese Menschen alles andere als verunsichert wirken, da sie sich hinter Traditionen, moralischen Vorstellungen und populistischen Meinungen verstecken und diese äußeren Gebäude, die ihnen Sicherheit vermitteln, massiv vertreten und verteidigen.

Das kann aber nicht darüber hinwegtäuschen, dass eine Person, die sich an Tradition, Autoritäten und Meinungen festhält und nicht die Flexibilität hat, eigene Standpunkte zu überprüfen und andere Perspektiven anzuerkennen, alles andere als „selbstsicher" ist. Tatsächlich hat sie nicht die innere Sicherheit, das Spannungsfeld eines Lebens in Vielfalt zuzulassen. Und sie hat nicht das Vertrauen, sich in das Feld der eigenen Unsicherheit zu begeben und sich darin niederzulassen, bis die eigene Stimme sich wieder meldet.

Es gibt viele Möglichkeiten, das Loch der inneren Verunsicherung zu kompensieren, doch immer führen sie uns noch weiter von der inneren Führung weg. Wenn wir uns dagegen wieder nach innen hin öffnen und entsprechend innenzentriert leben wollen, müssen wir bereit sein, alles, was uns äußerlich Halt gibt, immer wieder infrage zu stellen. Das kann zunächst verunsichernd sein, aber erst wenn wir der Unsicherheit des Nichtwissens standhalten, entsteht ein Raum für das Lauschen nach innen.

Reflektiere:

Wie war deine Situation als Kind? Wie wurdest du in deiner seelischen Wahrheit und deinem authentischen Sein unterstützt? Was hat dich an der eigenen Wahrheit zweifeln lassen? Wie hast du das Spannungsfeld zwischen authentischem Sein und Zugehörigkeit für dich gelöst?

Kannst du der Vielfalt des Lebens und der Perspektiven zustimmen und in dieser Vielfalt dem Eigenen vertrauen?

Sich mit dem Alleinsein anfreunden

Wenn wir das Leben von großen Religionsgründern wie Jesus oder Buddha betrachten, dann springt uns förmlich ins Auge, wie unbeirrbar diese Menschen ihrer inneren Führung treu geblieben sind. Obwohl die Lebenswege und äußeren Bedingungen sehr unterschiedlich waren, gibt es Parallelen. So hat sich Jesus 40 Tage in die Wüste zur Einkehr zurückgezogen und bei Buddha dauerte diese Phase des vollkommenen Rückzugs aus der äußeren Welt sogar sechs Jahre lang. Beide folgten dabei einem inneren Ruf und zogen sich aus allen äußeren Verpflichtungen und Beziehungen zurück. Wo kann man besser der inneren Führung lauschen als in einer Zeit, in der man jeglichen äußeren Einfluss zurücklässt und sich dem Alleinsein stellt?

Erst in der völligen Besinnung auf uns selbst können wir Konditionierungen und Anpassungsmuster abstreifen und uns wieder auf unser ureigenes Sein besinnen. Das braucht den Mut, uns dem Alleinsein zu stellen und der tiefen Unsicherheit, die dieses mit sich bringt. Alleinsein ist nicht irgendeine Herausforderung des menschlichen Lebens, sondern absolut zentral, wenn es um den Zugang zur inneren Führung geht. Wenn wir der Einsamkeit nicht standhalten, werden wir die Spannung zwischen unserer seelischen Wahrheit und den äußeren Gegebenheiten nicht aushalten.

Unsere Seele ist zerrissen zwischen der Sehnsucht nach Zugehörigkeit und der Sehnsucht nach einer authentischen Entfaltung unseres Seins. Dabei ist die Sehnsucht nach Zugehörigkeit keineswegs neurotisch oder kindlich, sondern wurzelt in der Sehnsucht nach einem Leben in Verbundenheit. Da wir als Kind häufig in einem Umfeld leben, das von uns Anpassung fordert, werden wir oft schon früh mit Einsamkeit konfrontiert und bestraft, wenn wir uns selber treu bleiben. Es scheint oft nur die Wahl zu geben zwischen einer angepassten Zugehörigkeit und einer unangepassten Einsamkeit.

Wie immer sich die Seele entscheidet, um diesem Konflikt auszuweichen: Es gibt hier keine Lösung. Das Spannungsfeld zwischen Bezogenheit und Einsamkeit bleibt zeitlebens bestehen. Wir können es nicht lösen, sondern uns nur damit anfreunden. Das wiederum bedeutet, dass wir eine positive Beziehung zu beiden Polen unseres Menschseins, Alleinsein und Verbundensein, entwickeln und nicht den einen Pol gegen den anderen ausspielen.

Nehmen wir uns Räume des Alleinseins? Wagen wir es, uns Zeiten zu nehmen, in denen wir uns vollkommen aus allem und von allen zurückziehen, um uns auf uns selbst zu besinnen? Wissen wir um die Bedeutung, die Kraft und die Freiheit der Einsamkeit? Haben wir es schon erlebt, dass uns Räume der Einsamkeit und des Rückzugs läutern können und hier unsere Seele zu uns spricht?

Wissen wir aber auch um unser Eingebundensein ins Leben? Ringen wir um wahrhaftige und konstruktive Beziehungen? Wagen wir es, uns zu binden? Sehen und fühlen wir uns als Teil eines großen Ganzen, in das wir uns einbringen und einfügen wollen?

Erst wenn wir eine annehmende Beziehung zum Alleinsein und zur Verbundenheit entwickeln und beides bewusst pflegen, werden wir der Spannung zwischen beiden Polen standhalten können und unseren authentischen Weg darin finden, ohne uns in der Anpassung oder der Abschottung zu verlieren.

Reflektiere:

Wie ist deine innere Beziehung zum Alleinsein? Welche positiven oder negativen Erfahrungen verbindest du damit?

Experimentiere:

Pflege kleine und größere Räume des Alleinseins. Finde deine Formen des Rückzugs (z. B. Schweigekurse oder alleine wandern).

Rebellion und innere Freiheit

Wenn wir das Leben von Jesus und Buddha betrachten, gibt es eine weitere Parallele: Beide waren Rebellen, die das bestehende religiöse und gesellschaftliche System infrage stellten. Trotz (oder vielleicht auch wegen) ihrer tiefen Sehnsucht nach spiritueller Verwirklichung waren sie nicht einfach fromme Menschen, die die Glaubensvorstellungen und Praktiken der damaligen Zeit übernahmen, sondern blieben sich in ihrer Suche selbst treu.

Von Buddha weiß man, dass er die damals übliche Konzentrationspraxis bis zur Vollendung praktizierte, nur um dann festzustellen, dass diese Form der Verwirklichung nicht zur Überwindung von Leiden führt. Also machte er sich erneut auf den Weg und entwickelte aus dem Lauschen auf seine innere Wahrheit eine eigene Meditationsmethode, die dann zu seiner Befreiung führte. Was für eine Entschlossenheit, sich selbst treu zu bleiben, drückt sich hier aus? Buddha lehnte sogar das Angebot ab, der Lehrer einer damals großen und bekannten Schule der üblichen Konzentrationspraxis zu werden. Buddha war nicht verführbar.

Später lehnte er in seiner eigenen Lehre das bestehende Kastensystem ab und bezeugte, dass Frauen gleichermaßen wie Männer zu vollständiger Verwirklichung fähig sind. Eine Revolution für Indien. Das gleiche Verhalten kennen wir von Jesus, der die Regeln des Judentums in seinen Lehren und durch sein Handeln konsequent aufbrach und infrage stellte. Nicht zuletzt aus diesem Grund lieferten ihn die Hohepriester an Pilatus aus, um ihn schließlich ans Kreuz schlagen zu lassen.

Obwohl Jesus wie Buddha absolut menschenfreundlich waren und in ihren Lehren Gewaltfreiheit und Friedlichkeit den höchsten Stellenwert hatte, waren sie gleichzeitig in gewisser Weise vollkommen radikal. Sie blieben sich und ihrer Wahrheit unabhängig von den äußeren Konsequenzen treu. Nur aus dieser Konsequenz der eigenen Wahrheit gegenüber konnten sich Lebenswege entwickeln, die bis in die heutige Zeit hinein ihre Wirkkraft entfalten.

Eine ähnliche Radikalität und Konsequenz der eigenen Wahrheit gegenüber kennen wir von großen Künstlern. Sie lassen sich eben nicht vom Zeitgeist oder vom Erfolg beirren, sondern orientieren sich strikt an der eigenen Inspiration. Oft arbeiten sie sich über Jahre konsequent an einem Thema ab und entwickeln so ihren unverwechselbaren Stil. Echte Kunst ist nicht gefällig, sondern oft sperrig und fordert die betrachtende Person heraus. Sie entsteht aus der gleichen seelischen Tiefe und Unbeirrbarkeit wie die Lehren von Buddha und Jesus. Entsprechend sind auch diese Lehren, wenn wir sie ernst nehmen, höchst anspruchsvoll und unbequem.

Um Buddha oder Jesus nachzufolgen, genügt es nicht, ihre Lehren nachzubeten. Im Gegenteil werden wir dazu aufgefordert, sie mit unserer inneren Wahrheit in Übereinstimmung zu bringen. Eine spirituelle Lehre kann wertvolle Orientierung geben, aber sie wird nur dort lebendig, wo der einzelne Mensch sie dazu nutzt, mit der eigenen inneren Wahrheit in Kontakt zu gehen und daraus zu leben. Ansonsten besteht auch hier die Gefahr der Anpassung und der inneren Entfremdung. Dabei werden wir vielleicht zu braven Anhängern einer Religion, aber sicherlich keine Menschen, die das Wesen einer Religion erfassen und lebendig verkörpern können.

Sich treu zu bleiben und bestehende Rituale, Glaubensvorstellungen, Autoritäten und Konventionen infrage zu stellen lässt einen Freiraum entstehen für das Eigene und das Wahrhaftige. Solange wir nicht wagen, Konventionen und Autoritäten abzulehnen, können wir uns nicht auf die Suche nach der eigenen Wahrheit machen. Vor allem aus der Zeit der Pubertät kennen wir das Bestreben, sich vom Bestehenden und den Autoritätsfiguren in Form von Lehrern und Eltern zu befreien. Dabei geht es nur vordergründig um eine Ablehnung des Bestehenden. Dahinter verbirgt sich die Suche nach sich selbst und dem eigenen Leben. Die vordergründige Rebellion dient nur der Abgrenzung und erzeugt so den nötigen Freiraum, um zu entdecken, wer man selbst ist.

Rebellion ist daher ein notwendiger Zwischenschritt auf der Suche nach der eigenen Wahrheit. Erst in der Rebellion begreifen wir uns als gleichwertiges Gegenüber von Autoritätsfiguren, das auf eigenen Beinen stehen kann. Die Gefahr ist hier allerdings, dass wir den Freiraum der Rebellion nicht dazu nutzen, nach innen zu gehen, um die eigene Wahrheit zu entdecken, sondern in der äußeren Rebellion steckenbleiben. Wir identifizieren uns dabei immer mehr mit dem Widerstand und dem Kampf gegen bestehende Systeme oder Autoritäten.

Auch im trotzigen Kampf gegen etwas oder jemanden verwirklichen wir das Eigene nicht. Trotz ist der Gegenpol zur Anpassung. In beiden

Polen steckt die Gefahr der Identifizierung mit einer Rolle, die uns lebenslang bestimmen kann. Wir können sowohl in der Anpassung als auch im Trotz den entscheidenden Schritt versäumen, nach innen zu gehen, um unserer inneren Bestimmung zu lauschen und zu folgen. Ein Mensch, der wie Buddha oder Jesus tief aus der eigenen Wahrheit heraus lebt, kämpft nicht zeitlebens gegen etwas an, sondern wird authentisch und vital für eine Sache eintreten, die ihm am Herzen liegt. Natürlich wird er sich dabei an bestehende Systeme nicht anpassen, aber er muss sie auch nicht bekämpfen. Er hat die Freiheit, für das Eigene einzutreten und gleichzeitig mit dem anderen respektvoll umzugehen.

Reflektiere:

Wie ist deine innere Beziehung zu Autoritätsfiguren? Passt du dich an oder hast du die Freiheit, sie infrage zu stellen? Bist du in Gefahr, in der Rebellion oder im Trotz steckenzubleiben, oder nutzt du die Freiheit, innenzentriert zu leben? Setzt du dich in deinem Leben primär gegen etwas ein oder für eine Herzenssache?

Moses und seine Ängste

Der inneren Stimme zu folgen kann sehr anspruchsvoll sein. Wir werden nicht selten dazu aufgefordert, äußere und innere Grenzen zu überschreiten. Die Folge sind oft Ängste, die uns wie innere Dämonen angreifen und uns so erschrecken, dass wir manchmal zitternd auf der Schwelle stehen bleiben und nicht wagen, sie zu überschreiten.

Die innere Führung orientiert sich nicht an unseren Vorstellungen, Selbstbildern und selbstgesteckten Grenzen. Sie orientiert sich genauso wenig an äußeren Gegebenheiten unseres Lebens, die uns Halt und

Sicherheit versprechen. Sie orientiert sich allein an der Entfaltung unseres Wesens. Sie setzt alles daran, unsere innere Bestimmung ins Leben zu bringen. Wenn sie uns ruft, kann es daher sein, dass sie die bestehende innere oder äußere Ordnung unseres Lebens vollkommen über den Haufen wirft. Ist es da ein Wunder, dass uns Ängste befallen?

Aus der Bibel kennen wir die Geschichte von Moses, wie der Ruf an ihn ergeht, das Volk Israel aus der Sklaverei zu führen. Gott trägt ihm auf, zum Pharao zu gehen und die Freilassung seines Volkes zu fordern. Moses ist keineswegs erfreut. Im Gegenteil versucht er alles, um diesem inneren Ruf zu entgehen. Er wird in der Bibel nicht als starker Prophet oder Führer dargestellt, der selbstsicher seiner Aufgabe folgt, sondern als ein Mensch mit großen Ängsten, der sich der Aufgabe nicht gewachsen fühlt und mehrmals versucht, sich dem Ruf Gottes zu entziehen.

Moses erfährt das, was viele Menschen erfahren, deren innere Bestimmung sich durch einen starken Ruf meldet. Sie spüren intuitiv, dass dieser Ruf alles Bestehende verändern würde und fühlen sich gleichzeitig von der Größe der Aufgabe überfordert. Entsprechend befallen sie Ängste, die sie durchschütteln. Was geschieht, wenn wir äußere Sicherheiten aufgeben? Wer sind wir noch, wenn wir Selbstbilder und Vorstellungen, die uns bis jetzt Halt und Kontur gegeben haben, überschreiten? Wenn wir die bestehende Ordnung zurücklassen, was kommt dann? Und sind wir überhaupt der Aufgabe gewachsen?

Bei genauerer Betrachtung zeigen sich typischerweise zwei verschiedene Ängste, die uns befallen können, wenn ein starker innerer Ruf uns ereilt. Die eine Angst hat mit dem Verlust der Sicherheit zu tun. Wir spüren deutlich, dass der Ruf uns dazu auffordert, uns nicht an der inneren oder äußeren Ordnung zu orientieren, die uns bisher Sicherheit gegeben hat. Manchmal werden wir sogar dazu aufgefordert, bestehende Ordnungen radikal umzuwerfen.

Dabei ist die Angst nicht nur rückwärtsgewandt, im Sinne, dass wir etwas aufgeben müssen, das uns bisher Halt gegeben hat, sondern vielleicht noch stärker auf die Ungewissheit der Zukunft gerichtet. Das Bestehende kennen wir, aber das, was uns erwartet, wenn wir dem Ruf folgen, ist vollkommen ungewiss. Es liegt im Dunkeln. Die Angst vor dem Ungewissen ist sicherlich der größte Gegenspieler zur inneren Führung. Diese Angst kann uns in einer Phase unseres Lebens, in der sich etwas Neues ankündigt, viele schlaflose Nächte kosten.

Es gibt jedoch noch eine weitere Angst, die nicht weniger herausfordernd ist. Es ist die Angst vor der eigenen Größe, die in der Berufung von uns gefordert wird. Kann ich diesem Ruf gerecht werden? Habe ich die Kraft und die Fähigkeit dazu, diesen Weg zu gehen? Darf ich das überhaupt? Ist das nicht vielleicht anmaßend?

Das sind typische Fragen, die einen Menschen befallen, dessen innere Bestimmung sich meldet. Die Angst vor der eigenen Größe kommt nicht von ungefähr. Sie ist kein Ausdruck eines mangelnden Selbstwertgefühls. Auch Menschen mit einem gesunden Selbstvertrauen bekommen weiche Knie, wenn sie einen starken inneren Ruf vernehmen. Das liegt daran, dass uns in der Berufung bereits die Vision einer vollständigen Entfaltung begegnet, wir selbst aber zu diesem Zeitpunkt noch nicht entfaltet sind. Es ist, als ob einer kleinen Blumenknospe das Bild einer vollständig geöffneten Blüte erscheint, mit der Aufforderung, sich zu öffnen. Wir können uns als Blumenknospe nicht vorstellen, wie es gehen soll, dass wir die Kraft und die Größe einer reifen Blüte entwickeln.

Doch die Angst täuscht. Wenn ein Ruf uns ereilt und wir ihm trotz unserer Ängste und mit zitternden Schritten folgen, dann werden uns Schritt für Schritt die Kraft und die Entwicklungsschritte zugeführt, die wir dazu brauchen, unser volles Potenzial, das in dem Ruf erklingt, zu leben. Ängste zu haben ist natürlich und menschlich. Die Aufgabe ist nicht, diese zu besiegen oder darauf zu warten, dass sie irgendwann verschwinden, sondern trotz oder besser mit unseren Ängsten unserem Ruf zu folgen. Wenn Menschen, die Bedeutsames in ihrem Leben für sich und andere geschaffen haben, darauf gewartet hätten, angstfrei zu sein, dann wäre wohl nie etwas Bedeutsames in dieser Welt entstanden.

Reflektiere:

Welche Ängste kennst du, wenn deine innere Stimme sich meldet? Erlaubst du dir diese Ängste oder bekämpfst oder unterdrückst du sie? Bringen dich diese Ängste dazu, lange im Alten zu verharren oder wagst du es, mit diesen Ängsten dem Ruf zu folgen?

Im Spiegel unserer Gefühle

Um die Stimme der inneren Führung zu vernehmen, müssen wir unseren Gefühlen vertrauen. Mit den Gefühlen wurde uns Menschen ein sehr feines und kostbares Instrument an die Hand gegeben, das uns hilft, die Welt noch tiefer und vollständiger wahrzunehmen und mit unserer Innenwelt abzugleichen. Gefühle ergänzen die Sinneswahrnehmung und das Denken und sind der zentrale Faktor für das Erleben, nach innen und nach außen in Verbindung zu sein.

Wie bedeutsam unsere Gefühle sind, können wir erahnen, wenn wir uns vorstellen, in einer Welt ohne Gefühle zu leben. Wir würden zwar sehen, hören und denken können, und trotzdem würden wir uns auf eine Weise taub und kontaktlos fühlen. Wenn wir nicht fühlen, was wir sehen, erfahren wir uns wie unter einer Glasglocke sitzend. Es entsteht ein merkwürdiges Lebensgefühl der Seelenlosigkeit. Nicht nur die äußere Verbindung ist dabei unterbrochen, sondern auch die innere. Wir fühlen uns dann wie ein seelenloser Zombie, ohne ein Gefühl für uns selbst.

Doch wie wir wissen, sind Gefühle nicht nur hilfreich. Sie können uns aufwühlen, niederdrücken, völlig beherrschen und sind zu alledem zu keiner Zeit verlässlich. Das ist vielleicht der Grund, warum in unserer Gesellschaft, die auf Effektivität und Erfolg ausgerichtet ist, Gefühle nicht hoch im Kurs stehen. Sie scheinen oft die Abläufe zu stören und werden entsprechend häufig nicht ernst genommen nach dem Motto: „Das ist ja nur ein Gefühl." Ist es da ein Wunder, dass wir selbst oft eine höchst ambivalente Beziehung zu unseren Gefühlen haben?

Was stimmt nun aber? Können wir uns auf unsere Gefühle verlassen und sollten wir sie ernst nehmen oder sind sie ein lästiger und schillernder Bestandteil unseres Lebens, dem wir meist nur dann Aufmerksamkeit schenken, wenn es uns so schlecht geht, dass wir es nicht mehr umgehen können? Die Verwirrung über Gefühle kommt daher, dass wir nicht im Umgang damit geschult sind. Gefühle sind der Spiegel unserer seelischen Befindlichkeit. Wenn wir diesen Spiegel lesen können, ist er ein machtvolles Instrument der Selbsterkenntnis.

Allerdings ist es nicht einfach, im Spiegel unserer Gefühle zu lesen, denn es zeigen sich darin nicht nur unsere innere Führung, sondern genauso alle Verzerrungen des Egos. Egal ob wir Ängste haben, ob uns der Ehrgeiz reitet oder ob wir uns im Widerstand befinden, jede Identifizierung des Egos färbt unsere Gefühlswelt ein und lässt starke Emotionen entstehen. Das lässt sich nicht nur bei negativen Gefühlen beobachten, sondern auch dann, wenn starke positive Emotionen wie zum Beispiel eine Begeisterung für eine Sache auftauchen. Begeisterung lässt sich meist auf eine Identifizierung mit einer großen Vorliebe oder einem Ideal zurückführen und ist aus diesem Grund genauso eine Verzerrung des Egos wie zum Beispiel die negative Emotion der Wut.

Um also den Spiegel unserer Gefühle als Zugang zur inneren Führung nutzen zu können, müssen wir lernen, unsere Gefühle zu differenzieren. Sind es Gefühle, die uns unmittelbar einen Hinweis auf den inneren Kompass der Stimmigkeit geben und uns somit leiten können, oder sind es Gefühle, die aus dem Ego heraus auftauchen und unsere seelische Wahrheit verzerren oder überdecken?

Emotionen wie Schmerz, Wut, Angst und überschwängliche Begeisterung sind für die Selbsterkenntnis äußerst wertvoll. Sie geben uns einen direkten Hinweis auf innere Identifizierungen und wir können diese Momente nutzen, um innere Muster, die unsere Offenheit verstellen, zu erkennen und durch Bewusstheit aufzulösen. Momente, in denen Emotionen aktiv sind, sind aber völlig ungeeignet, um mit unserer inneren

Wahrheit in Kontakt zu kommen. Im Gegenteil. Meist können wir die innere Stimme unserer Seele nicht hören, solange uns Emotionen besetzen.

Wie bei einem Radio, dessen Signale durch starkes Rauschen verzerrt oder überdeckt werden, so ist die Stimme der inneren Führung vergleichsweise viel leiser als das Gewitter unserer Emotionen. Wenn wir nicht abwarten, bis sich das Gewitter gelegt hat und der Himmel wieder klar ist, werden wir mit Sicherheit die falschen Entscheidungen treffen. Das bedeutet, erst wenn wir seelisch in unserer Mitte und innerlich offen und präsent sind, können uns die Gefühle direkt mit der inneren Führung verbinden. Hier können wir unseren Gefühlen vertrauen und die Entscheidungen und Handlungen, die daraus entstehen, werden wir sicherlich nicht bereuen.

Entscheidend ist also, dass wir lernen, zu bemerken, wann wir seelisch offen und präsent sind und wann es beginnt, dass wir unsere Mitte verlieren und sich der innere Himmel durch die Wolken unserer Emotionen eintrübt. Es ist vollkommen natürlich, dass immer wieder Egomuster ausgelöst werden und dabei Emotionen auftauchen. Wichtig ist nur, dass wir eine Wachheit für diese Momente entwickeln. Mit der Zeit werden wir immer schneller und genauer bemerken können, ob wir in unserer Mitte sind oder nicht. Wenn dies nicht der Fall ist, geht es darum, nicht zu handeln oder zu entscheiden und die Emotionen in uns zuzulassen, bis wir wieder in unserer Mitte sind. Wenn doch, können wir direkt unseren Gefühlen vertrauen und daraus spontan entscheiden.

Experimentiere:

Halte immer wieder inne und frage dich, ob du gerade in deiner inneren Mitte bist oder nicht. Wie erfährst du dich, wenn du in deiner inneren Mitte bist? Welche Gefühle hast du hier? Wie merkst du es, wenn du deine innere Mitte verlierst? Wie gehst du typischerweise mit deinen Emotionen um?

Gegründet und nicht starr

Wenn es uns gelingt, uns immer wieder an die innere Wahrheit anzubinden und daraus zu leben, wird sich das Gefühl einstellen, dass wir innerlich verankert sind. Wie ein Baum, der seine Wurzeln tief ins Erdreich schickt und von dort seine Nahrung und seine Festigkeit bezieht, so wird auch unser Leben seine Sicherheit, seine Klarheit und seine Festigkeit zuallererst aus einer Verankerung im Inneren beziehen. Wir sind dabei viel weniger abhängig von den Meinungen und Launen unserer Umgebung; wir spüren vielmehr ein Gegründetsein in unserer inneren Wahrheit und beziehen daraus die Klarheit und die Freiheit, unsere „Äste" in unserer Eigenart weit in den Himmel zu strecken.

Doch was ist unsere innere Wahrheit? Der Begriff „Wahrheit" ist ein zutiefst schillernder Begriff und schon häufig missbraucht worden; er bedarf daher einer Erläuterung. Wie viele Verbrechen sind schon im Namen der Wahrheit geschehen? Wie viele Ideologien beziehen ihre Berechtigung aus zweifelhaften „allgemeingültigen Wahrheiten"? Wie viele Religionen behaupten, die „Wahrheit" zu kennen und missionieren im Namen dieser sogenannten „Wahrheit" Andersgläubige oder entwerten und unterdrücken diese sogar manchmal?

In all diesen Fällen besteht das Problem, dass eine bestimmte Sichtweise verallgemeinert wird. Wie tief die Erfahrung der einzelnen Person auch immer ist, die sich in dieser Sichtweise verbirgt, in dem Moment, wo wir unsere „Wahrheit" verallgemeinern, stülpen wir unsere Perspektive über die komplexe Wirklichkeit und die vielfältigen und widersprüchlichen Erfahrungen von anderen Menschen. Bereits hier beginnt der Missbrauch von eigenen „Wahrheiten".

Seelische Wahrheit ist grundsätzlich individuell auf unser Wesen bezogen. Wenn uns das bewusst ist und wir unsere Wahrheiten nicht verallgemeinern, dann gibt uns das die Freiheit, einerseits innerlich gegründet zu sein und unserem Wesen entsprechend zu leben, und andererseits die seelische Wahrheit eines Gegenüber anzuerkennen, auch wenn sie widersprüchlich ist. Wie ein Baum, der tief im Erdreich verankert ist und gleichzeitig in seiner Krone flexibel ist und mitschwingen kann, so können dann auch wir innerlich gefestigt den unterschiedlichsten Sicht- und Lebensweisen offen begegnen und zustimmen.

Wenn wir jedoch diese Festigkeit im Inneren nicht fühlen oder unsere seelische Wahrheit verallgemeinern und anderen überstülpen, werden wir nach außen hart und starr. Automatisch werden wir dann andere entwerten, missionieren, unterdrücken und bekämpfen. Das kann nach außen hin kraftvoll und stark aussehen, kommt jedoch bei näherer Betrachtung nicht aus einer Stärke, sondern aus dem Gefühl von Nicht-gegründet-Sein. Immer dann müssen wir unsere Position lautstark verteidigen oder halten es nicht aus, wenn andere Perspektiven gleichwertig danebenstehen.

Ein Mensch, der gegründet ist, fühlt sich nicht durch andere Positionen angegriffen, sondern kann sich darauf annehmend beziehen. Wenn unsere Wurzeln im Erdreich fest verankert sind, kann unsere Krone mitschwingen. Ein starker Windstoß ist dann keine Bedrohung, sondern die Aufforderung zu einem Tanz. Ist es nicht faszinierend, wie die Äste und Blätter eines Baumes mit dem Wind spielen und tanzen, ohne dabei die eigene Position aufzugeben? Wie werden wir wohl einer anderen Sichtweise begegnen, wenn sie uns nicht bedroht und wenn es kein Richtig oder Falsch gibt? Können wir dann nicht in einer großen Freiheit zuhören und uns authentisch zeigen und mitteilen?

Schwierig wird es natürlich in Situationen, in denen innere Wahrheiten nicht nebeneinanderstehen können, sondern unsere seelische Wahrheit real kein Gehör findet oder es keine Möglichkeit für uns gibt, sie zu leben. Vielleicht sind wir in einem Job weisungsgebunden und unsere Chefin trifft Entscheidungen über unseren Kopf hinweg, die unserer seelischen Wahrheit zutiefst widersprechen. Wenn wir jedoch innerlich gegründet sind, dann können wir in Würde der Chefin gegenübertreten und deutlich machen, dass die Entscheidung für uns innerlich nicht stimmt und gleichzeitig unsere Ohnmacht anerkennen. Wir müssen uns dann nicht trotzig und verletzt zurückziehen und die Entscheidungen der Chefin unterschwellig boykottieren, sondern können uns in Selbstachtung und Klarheit beziehen, uns einfügen oder den Schluss ziehen, den Job zu kündigen.

Genauso verhält es sich, wenn zum Beispiel eine Rolle, die wir bekleiden, von uns verlangt, dass wir unsere Gefühle zurückstellen. Wenn wir als Ärztin einen Menschen behandeln, kann es sein, dass es in dieser Rolle unangemessen ist, unsere eigentlichen Gefühle zu zeigen oder ihnen nachzugehen. Und doch wissen wir um unsere seelische Wahrheit und können innerlich in uns verankert bleiben. Das innere Gegründetsein führt dazu, dass wir auch in einer Ohnmachtssituation oder in einer Situation, in der unsere Gefühle keinen Platz haben, die innere Verbindung und unsere Würde nicht verlieren und daher flexibel und nachgiebig auf die äußeren Gegebenheiten uns beziehen können.

Eine Ohnmachtssituation macht uns noch nicht klein. Erst wenn wir die Verbindung nach innen nicht mehr spüren, verlieren wir unsere Würde und sind im wahrsten Sinne des Wortes „gebrochen". Daher geht es in erster Linie darum, die innere Verbindung zu unserer seelischen Wahrheit zu nähren und zu fühlen und erst in zweiter Linie darum, diese nach außen zu leben. Manchmal werden die Bedingungen so sein, dass sich unser Wesen leicht entfalten kann und manchmal nicht. Das ist aber nicht entscheidend. Je tiefer wir innerlich gegründet sind, desto freier und flexibler werden wir unser Wesen in den Bedingungen, so wie wir sie vorfinden, entfalten.

Ein Laubbaum, der im Hochgebirge steht, wird seine eigene Weise finden, zu wachsen. Natürlich wird er langsamer wachsen und anders aussehen als ein Baum im Tal und doch seine ihm eigene einzigartige Schönheit und Lebendigkeit entfalten.

Reflektiere:

Wie erfährst du Momente, in denen du tief in dir gegründet bist und aus einer inneren Führung heraus lebst? Wie kannst du dann äußeren Widrigkeiten begegnen (z. B. anderen Meinungen)?

Gibt es Situationen, in denen du nach außen hart wirst? Was in dir fühlt sich bedroht?

Wie bewusst ist dir, dass deine seelische Wahrheit nicht allgemeingültig ist?

5.3 Die konkreten Schritte im Alltag

Bei den meisten Menschen besteht der Alltag aus vielen Pflichten und gewohnheitsmäßigen Abläufen. Natürlich gibt es immer auch Überraschendes, unerwartete Begegnungen, kleine Herausforderungen, Schwierigkeiten und manchmal sogar dramatische Wendungen, aber im Großen und Ganzen überwiegen bekannte Rituale und Gewohnheiten. Das ist auch gut so, denn ein geregelter Alltag gibt unserem Leben eine gesunde Struktur.

Gleichzeitig nimmt mit jeder Gewohnheit die Aufmerksamkeit ab und wir werden automatisch unbewusster. Nicht nur unsere Wahrnehmung der äußeren Objekte wird oberflächlicher, sondern auch die Wahrnehmung nach innen flacht ab. Wie viel bekommen wir in Routinearbeiten von unserer Umgebung oder den Gegenständen, die wir berühren, mit? Wie sehr spüren wir unseren Körper dabei? Wie ist der Kontakt zu unserer Seele? Sowohl der Kontakt nach außen als auch die Verbindung nach innen werden in einer Routinetätigkeit fast „abgeschaltet".

Wenn wir daher in der Routine des Alltags im Kontakt mit unserer inneren Führung bleiben wollen, braucht es eine sehr bewusste Lebensführung, die Wachheit für die seelische Wahrheit unterstützt. Es ist eine Wachheit, die vorwiegend nach innen und nicht nach außen gerichtet ist. Eine Wachheit, bei der wir immer wieder nach innen lauschen und die Signale unseres Körpers und unserer Seele vernehmen.

Gerade im Alltäglichen werden wir immer wieder mit unserer Aufmerksamkeit stark nach außen gezogen. Pflichten, Erledigungen, Schwierigkeiten, viele Informationen und Gespräche, alles strömt auf uns ein und vereinnahmt uns. Wenn wir hier nicht bewusst gegensteuern und unsere Aufmerksamkeit im Inneren verankern, werden wir sehr schnell das Gefühl haben, wie ein führerloses Boot von den Wellen des Lebens übers Meer getrieben zu werden. Vielleicht schaffen wir es sogar recht gut, die alltäglichen Routinearbeiten und Herausforderungen zu bewältigen, und doch sind wir von unserer Seelentiefe abgeschnitten.

Das kann sich erst ändern, wenn sich unsere Grundhaltung im Alltag verwandelt. Typischerweise ist die Grundhaltung im Alltag auf das Bewältigen der Anforderungen und das Erledigen der Pflichten ausgerichtet. Bei dieser Grundhaltung entsteht automatisch eine Fokussierung auf Funktionalität. Der Fokus der Aufmerksamkeit wird dabei enger und oberflächlicher und das Gefühl für uns selbst nimmt ab.

Wie oft geschieht es, dass wir abends nach einem vollen Tag, an dem wir alles Mögliche abgearbeitet haben, uns innerlich seltsam leer und entfremdet fühlen und diese innere Leere dann mit Ablenkungen überdecken? Dabei ist unser Leben alles andere als leer. Es ist vielleicht sogar brechend voll von beruflichen und familiären Aufgaben und „Vergnügungen". Offensichtlich ist die Leere, die wir fühlen, innerlich und ein Ausdruck davon, dass es einen Mangel an innerer Verbindung mit unserer Seele gibt. Da hilft keine Reise, kein neues Hobby, kein Event und keine neue spannende Aufgabe, um dieses innere Loch zu füllen, sondern nur der Blick nach innen.

Dazu braucht es aber im Alltag eine veränderte Lebenshaltung. Nicht mehr die Erledigung von Aufgaben darf im Mittelpunkt stehen, sondern die Wachheit für unsere Innenwelt und den Kompass der inneren Führung. Dabei verschiebt sich unsere Aufmerksamkeit von der Frage: „Was gibt es zu tun?" zu der Frage: „Wie kann es im Einklang mit unserer seelischen Wahrheit geschehen?" Das „Wie" rückt ins Zentrum unseres Interesses und hilft uns, auch im Tun und in der Routine des Alltags in ständiger Kommunikation mit unserer Innenwelt zu bleiben.

Erst wenn uns die innere Stimmigkeit mehr interessiert als das Abarbeiten von Pflichten, sind wir nicht mehr in Gefahr, uns im Tun zu verlieren. Automatisch werden wir dann auf die Signale unserer inneren Führung hören, die uns unentwegt Hinweise dazu geben, ob wir mit unserer seelischen Wahrheit kongruent sind und was der nächste stimmige Schritt ist. Wie ein Jäger auf der Pirsch werden wir mit großer Wachheit auf die oft kleinen und unscheinbaren Signale achten und mit deren Hilfe unsere innere Wahrheit „anpirschen". Daher wird diese Grundhaltung auch das „Pirschen" genannt.

Signale können von außen und von innen kommen. Vielleicht berührt uns eine kleine Begebenheit sehr tief und erzeugt eine starke Öffnung in unserem Herzen, vielleicht macht sich unser Körper bemerkbar und signalisiert uns einen anderen Rhythmus als den, den wir gerade leben. Es spielt keine Rolle, ob das Signal von innen oder von außen kommt, entscheidend ist, dass wir es mitbekommen und die Bereitschaft haben, es ernst zu nehmen und ihm zu folgen. Das wird jedoch nur geschehen, wenn unser Hauptinteresse darin besteht, nicht Dinge abzuarbeiten, sondern aus einer inneren Stimmigkeit heraus zu leben.

Reflektiere:

Was ist deine Grundhaltung im Alltag? Wie gelingt es dir, im Kontakt mit deiner seelischen Wahrheit zu bleiben? Wie merkst du es, wenn die innere Verbindung besteht? Wie merkst du es, wenn du die innere Verbindung verloren hast?

Innehalten und Zurücktreten

Es gibt viele Situationen im Leben, die anspruchsvoll und ohne eine Verbindung zu unserer seelischen Wahrheit kaum zu lösen sind. Vielleicht stehen wir vor einer bedeutungsschweren Weggabelung und müssen uns entscheiden, ob wir nach links oder rechts gehen wollen, vielleicht haben wir eine kreative Aufgabe zu bewältigen oder eine schwierige konfliktreiche Situation verlangt eine Antwort. Diese und ähnliche Situationen sind bereits in sich anspruchsvoll, werden es aber umso mehr, da sie uns meist innerlich aufwühlen. Ängste, Sorgen, Ohnmachtsgefühle, Ärger und damit einhergehende starke Gedankenaktivität werden ausgelöst. Die Emotionen wühlen das Wasser unserer Seele auf und trüben es ein, sodass wir nicht mehr auf den Grund sehen können. Wie im trüben Wasser sehen wir nur die Schleier der Emotionen, aber der Blick in die Tiefe ist uns verstellt.

Doch wie wollen wir eine Entscheidung treffen, wenn wir von unserer inneren Führung abgeschnitten sind? Wie können wir kreativ sein, wenn vor lauter Angst unsere Gedanken kreisen und der Zugang zur inneren Weisheit fehlt? Wie finden wir eine angemessene Antwort in einem Konflikt, der uns verletzt und seelisch verschließt?

In all diesen Situationen können wir meist nicht direkt den Kompass unserer inneren Wahrheit befragen. Ohne einen Zwischenschritt, bei dem wir für Abstand sorgen, werden der Raum und die Klarheit nicht entstehen, unsere innere Stimme zu vernehmen. Das bedeutet, dass es bei anspruchsvollen Situationen zunächst immer darum geht, innezuhalten und innerlich zurückzutreten in einen Raum, in dem wir frei sind - frei von Emotionen, von Abwehr und Vorstellungen und frei davon, eine Lösung finden zu müssen.

Dieser innere Freiraum existiert jenseits der äußeren, uns fordernden Situation und jenseits unserer emotionalen Reaktion darauf. Es ist der Raum des Gewahrseins, der ungeachtet aller Schwierigkeiten und Herausforderungen am Grund unserer Seele immer besteht und sich wie ein innerer Himmel grenzenlos offen und weit ausdehnt. Wir können uns jederzeit darauf besinnen und in diesen Raum der Freiheit eintauchen.

Das Zurücktreten kann aber nur gelingen, wenn wir zunächst den Emotionen, so wie sie gerade sind, zustimmen. Wir müssen uns erlauben, das zu fühlen, was wir fühlen, sonst bleiben wir mit unseren Emotionen verklebt und sind darin gefangen. Erst mit der inneren Zustimmung entsteht die Freiheit, die Situation und die Emotionen dazu eine Weile sich selbst zu überlassen und innerlich zurückzutreten. Erst dann können wir unsere Aufmerksamkeit wieder weiten und die Dimension des Gewahrseins spüren und darin eintauchen.

Manchmal ist es auch hilfreich, den Schritt des Zurücktretens nicht nur innerlich, sondern auch äußerlich zu vollziehen. Vielleicht verlassen wir bewusst unseren Schreibtisch, auf dem eine kreative Aufgabe wartet, gehen joggen und konzentrieren uns dabei bewusst auf den Körper. Oder wir unterbrechen die Grübeleien über eine anstehende Entscheidung oder über einen schwierigen Konflikt und suchen eine nahe liegende Kapelle auf, um dort in Stille zu sitzen. Was immer uns unterstützt, durch eine äußere konkrete Handlung die Emotion und das Gedankenkreisen zu unterbrechen und den Lösungsdruck loszulassen, ist hilfreich.

Erst wenn sich wieder eine innere Freiheit in uns ausbreitet, werden sich die Schleier der Emotionen immer mehr verflüchtigen und unser Geist und unsere Seele werden wieder klar. Von hier aus haben wir einen direkten Zugang zum inneren Kompass und zur Weisheit unserer Seele und spüren, was der nächste stimmige Schritt ist.

Reflektiere:

Wie gehst du typischerweise mit deinen Emotionen und dem Gedankenkreisen in schwierigen Situationen um? Versuche zu erspüren, was es bedeutet, dir diese Gefühle zu erlauben und gleichzeitig davon zurückzutreten. Welche konkreten Handlungen oder Orte können dich dabei unterstützen, in emotional aufgewühlten Situationen zurückzutreten und den Raum des Gewahrseins aufzusuchen?

Auf den Ruf lauschen

Das Aufsuchen der inneren Freiheit dient uns dazu, uns innerlich wieder auszubalancieren. Erst wenn wir in unserer Mitte sind und keine Emotionen und Egovorstellungen an uns zerren, sind wir als Instrument in einer guten Weise „gestimmt" und können dem Ruf der inneren Führung lauschen. Ein Saiteninstrument dagegen, das nicht gestimmt ist, kann die schönste Musik nicht in sich aufnehmen und erklingen lassen.

„Lauschen" ist das Schlüsselwort in dieser Phase. Aber eben nicht Lauschen auf die Weite und Stille des Gewahrseins, sondern auf die Signale unserer Seele und den Ruf, der sich daraus ergibt. Beim Lauschen liegt der Fokus nicht auf Aktivität oder dem Finden einer Lösung, sondern auf dem Empfangen. Alle Sensoren sind dabei offen und auf Empfang gestellt. Da wir nicht wissen, auf welche Weise der Ruf unserer Seele in Erscheinung tritt, lassen wir die Aufmerksamkeit möglichst weit.

Wesentlich dabei ist, sich in dieser Phase immer wieder zu erinnern, dass wir nur das Instrument sind und nicht wissen können und auch nicht wissen müssen, welche Musik auf uns erklingen will. Anders gesagt, wir müssen uns nicht um die Lösung kümmern. Sie wird uns finden. Allerdings nur dann, wenn wir offen und in einer empfangenden Haltung uns überraschen lassen, welche Töne oder welche Musik uns rufen. Manchmal sind es Klänge, die wir überhaupt nicht erwarten oder die wir in keinen Zusammenhang mit unserem „Problem" bringen können. Das spielt jedoch keine Rolle. Wir müssen den Ruf nicht verstehen, sondern ihm nur vertrauen.

Ein Ruf ist etwas, das unsere Aufmerksamkeit anzieht. Wenn uns jemand in einer Menschenmenge bei unserem Namen ruft, werden wir sofort wach und suchen die Person, die uns gerufen hat. Wir spüren förmlich einen Sog, uns der Quelle des Rufes zuzuwenden. Ähnlich ist die Wirkung eines inneren Rufes. Wie auch immer sich der Ruf zeigt, als innere Stimme, als Bewegungsimpuls oder als ein äußeres Objekt, das plötzlich unsere Aufmerksamkeit erregt, immer spüren wir eine spontane innere Resonanz darauf und einen Sog, uns dorthin auszurichten. Unsere Aufmerksamkeit wird förmlich angezogen und die einzige Herausforderung, die es hier gibt, ist, diesem Sog zu folgen.

Der Ruf ist nämlich noch nicht die Lösung unseres äußeren Problems, sondern das Tor zur Lösung. Erst wenn wir dem Ruf folgen, uns dem Sog überlassen und hineintauchen in die Gefühlsqualität, die sich hier ergibt, kommt ein Perspektivenwechsel zustande, aus dem heraus wir das ursprüngliche Problem völlig neu betrachten und beantworten können.

Um den Prozess des Lauschens auf den inneren Ruf zu verdeutlichen, möchte ich ein konkretes Beispiel anführen. Stellen wir uns eine Frau vor, die sich durch eine harte und wertende Äußerung einer Freundin verletzt fühlt. Aufgewühlt sitzt sie zu Hause und weiß nicht, wie sie sich weiterhin beziehen kann oder soll. Nach einer Weile gelingt es ihr, sich die schmerzhaften Gefühle zu erlauben und dadurch für einen Augenblick Abstand zu nehmen, indem sie eine Waldkapelle aufsucht, um zu beten und zu lauschen, bis innerlich wieder Frieden einkehrt. Noch immer gibt es keine Perspektive, was den Konflikt betrifft, aber die aufwühlenden Gefühle sind zur Ruhe gekommen.

Beim Heimgehen kommt die Frau an eine Stelle, die mit grünem, weichem Moos bedeckt ist. Sofort fühlt sie sich von dem Moos angezogen. Ohne zu wissen, was dieses Moos mit der Situation und dem Konflikt zu tun hat, folgt sie dem Ruf und lässt sich an dem Platz nieder. Als sie sanft über die Moospolster streicht, macht sich eine große innere Zärtlichkeit breit, die sie berührt und weinen lässt. Da taucht innerlich das Bild der Freundin auf. In dieser Zärtlichkeit, in der sie sich jetzt befindet, kann sie plötzlich die Wunde der Freundin sehen, die sich hinter der verletzenden und harten Äußerung verbirgt. Sie spürt, dass sie ihr jetzt wieder begegnen kann.

Im Beispiel wird sehr deutlich, dass der Ruf der weichen Moospolster noch keine Wende schafft. Wenn die Frau vorübergehen würde, hätte sie die Botschaft ihrer Seele verpasst. Erst als sie sich dem Sog überlässt und sich an diesem Platz hinsetzt, kann sie spüren, was das Eigentliche ist, das sie ruft: die Zärtlichkeit im Inneren. Und erst als sich die Zärtlichkeit ganz ausgebreitet hat, kommt der heilende Perspektivenwechsel zustande.

Experimentiere:

Wir können unsere Aufmerksamkeit für den inneren Ruf dadurch schulen, dass wir in verschiedenen Situationen unseren Blick schweifen und uns überraschen lassen, was uns in diesem Augenblick innerlich oder äußerlich anzieht. Dann folgen wir dem Ruf und tauchen innerlich in das hinein, was uns anzieht und lassen uns überraschen, welche Gefühlsqualität sich hier ausbreitet.

Sich führen lassen

Der Ruf der Seele meldet sich häufig auf eine überraschende Weise und braucht nicht mehr und nicht weniger als unser Vertrauen und unsere Hingabe. Sind wir bereit, uns darauf einzulassen? Lassen wir uns vertrauensvoll führen? Sind wir bereit, uns verändern zu lassen und ein anderer Mensch zu werden?

Es ist, als ob uns die Seele die Hand reicht und sagt: „Komm, greif zu. Vertraue und folge mir." Und schon öffnen sich uns Seelenräume, die wir vorher nicht mal erahnen konnten. Das kann aber nur geschehen, wenn wir uns wirklich anvertrauen. Wie kann uns jemand führen, wenn wir glauben, besser zu wissen, wo es langgeht. Das wird bestenfalls ein „Gezerre", aber bestimmt kein anmutiger Tanz.

Tanzen ist die Kunst einer vertrauensvollen Hingabe an die Musik und den Partner. Bei diesem Tanz ist unser Tanzpartner die Seele, und die Hand, die sie uns reicht, ist der Ruf. Es liegt an uns, die Hand zu ergreifen und uns auf den Tanz, der uns angeboten wird, einzulassen.

Das ist nicht ganz selbstverständlich. Denn einerseits sehnen wir uns danach, geführt zu werden, aber andererseits wollen wir doch gerne das Kommando und die Kontrolle behalten. Dieser Zwiespalt führt oft dazu, dass wir zögern, dem Ruf zu folgen und dabei unsere Kontrolle aufzugeben. Intuitiv wissen wir, dass es nicht damit getan ist, ein nettes Tänzchen zu wagen, sondern dass das Einlassen auf die Seelenwahrheit uns verändern wird.

Hingabe verändert. Wir können uns nicht auf etwas einlassen und der gleiche Mensch bleiben. Wenn wir als Wellenreiter an irgendeinem Punkt entscheiden, auf eine Welle zu springen und mitzureiten, wird sie uns mit sich forttragen. Wir können nicht Wellen reiten und bleiben, wo wir sind. In der Begegnung zwischen Welle und Mensch entsteht etwas Neues.

Jede wirkliche Begegnung braucht Hingabe, sonst bleibt sie oberflächlich. Die Hingabe lässt uns mit dem Objekt der Begegnung verschmelzen und es entsteht eine neue Qualität. Genau dieses Phänomen geschieht, wenn wir dem Ruf folgen und uns an die innere Führung hingeben. Wir verschmelzen mit der seelischen Wahrheit, die sich von innen her öffnet, und gehen vollkommen verändert, mit einer neuen Perspektive, aus der Begegnung mit unserer Seelentiefe hervor.

Innere Führung bedeutet demnach die Bereitschaft, uns immer wieder zu verändern. Die Verwandlung, die uns geschieht, wenn wir uns auf den Ruf der Seele einlassen, ist jedoch nicht nur eine innere, sondern betrifft unser ganzes Menschsein und damit genauso unser äußeres Leben. Wenn sich erst unsere Perspektive verwandelt hat und wir die Dinge neu betrachten, hat dies Konsequenzen. Es führt nicht selten dazu, dass wir nicht umhinkönnen, den Kurs in unserem Leben immer wieder neu auszurichten.

Die Grundhaltung der inneren Führung ist damit alles andere als bequem. Sie kann immer wieder dazu führen, dass Gewohntes infrage gestellt wird und manche liebgewonnene Struktur, die uns Sicherheit verleiht, aufbricht. Vielleicht müssen wir unseren Alltagsablauf umstellen. Vielleicht spüren wir plötzlich in aller Klarheit, dass ein Beruf oder eine Beziehung nicht mehr stimmt. Vielleicht findet in uns eine deutliche Umorientierung unserer Werte statt, die unser Bild von uns selbst auf den Kopf stellt. Vielleicht meldet sich in uns ein großes Herzensprojekt, das aber mit unserem gewohnten Alltag nicht vereinbar ist.

Jede innere Veränderung fordert uns heraus, neue Schritte zu wagen. Bei größeren Kursveränderungen werden daher Ängste und Unsicherheiten auftauchen. Manchmal führen die sogar zu äußeren Konflikten, da unser Umfeld ebenso wie wir selbst betroffen ist, wenn wir neue Lebensentscheidungen treffen. Oft ergibt sich dadurch zunächst eine Übergangsphase von Chaos, in der das alte Lebensmuster zerfällt und das neue sich noch nicht etabliert hat.

All diese Phänomene sind für einen größeren Lebensumbruch typisch. Sie sind jedoch keineswegs falsch oder unnötig, sondern weisen auf eine tiefe innere Verwandlung hin. Wenn die Phase des Umbruchs vorbei ist und die Verwandlung vollzogen, werden wir unserer inneren Führung dankbar sein. Trotz aller Herausforderungen und Schwierigkeiten, die ein Umbruch mit sich bringt, entsteht dadurch eine Lebensqualität und eine Erfüllung, die im Alten nicht möglich gewesen wäre.

Erinnern wir uns an die eingangs zitierten Worte von Don Juan, dem Schamanen in den Büchern von Carlos Castaneda: „Alle Wege sind gleich, sie alle führen nirgendwo hin. Ist es ein Weg mit Herz, so wird deine Reise voll Freude sein, und solange du ihm folgst, bist du eins mit ihm. Ist er es aber nicht und du folgst ihm, so wird er dich dein Leben verfluchen lassen. Der eine macht dich stark, der andere schwächt dich."

O Herr, mache mich zu einem Werkzeug deines Friedens.

Franz von Assisi

Werkzeuge des Friedens

Dem aufmerksamen Leser wird nicht entgangen sein, dass es bei der Darstellung der fünf spirituellen Grundhaltungen immer wieder zu Überschneidungen gekommen ist. Das liegt daran, dass diese Haltungen nicht isoliert für sich stehen, sondern sich gegenseitig bedingen. Insbesondere im letzten Kapitel über die innere Führung wird sehr deutlich, wie grundlegend Präsenz, Annahme, Offensein und Einssein für einen Zugang zur inneren Führung sind.

Gibt es eine innere Führung, ohne dass wir seelisch anwesend sind, ohne unser grundlegendes Dasein? Können wir die innere Stimmigkeit erfahren, solange wir im Widerstand sind? Können wir ohne die Bereitschaft zur Hingabe einem Ruf folgen? Ist es ohne ein Bewusstsein über die Verbundenheit von allem möglich, dass wir mit der Ganzheit einer Situation in Einklang kommen und sich daraus eine Antwort ergibt?

Alle Grundhaltungen bedingen und durchdringen sich wechselseitig und stammen letztlich aus der gleichen Quelle: dem Gewahrsein. Daher sind ein klares Verständnis und ein Zugang zum inneren Himmel des Gewahrseins, der sich am Grund unserer Seele zeit- und grenzenlos ausdehnt, unumgänglich. Erst wenn wir uns immer wieder zum Beispiel durch Meditation in der Zeitlosigkeit verankern und von dort her unser Leben und Wirken betrachten, erscheinen die dargestellten Grundhaltungen als folgerichtig und geradezu zwingend.

Ein Leben zu führen, das unseren Alltag mit unserem innersten Sein, dem Gewahrsein, in Übereinstimmung bringt, kann nur gelingen, wenn wir die dargestellten Grundhaltungen einnehmen, ja sogar verkörpern. Das kann natürlich nicht mit dem Lesen eines Buches abgeschlossen sein, sondern ist ein jahrelanger Prozess der bewussten Auseinandersetzung, bei dem wir die Grundhaltungen immer tiefer begreifen und verinnerlichen.

Insofern sind zwei Faktoren für diesen langen Entwicklungsweg besonders wichtig: ein interessiertes Dranbleiben an der Thematik und Geduld. Das Erstere wird ganz natürlich geschehen, wenn wir unsere Sehnsucht wach halten und nicht mit Ablenkungen und Süchten überdecken und Geduld kommt automatisch in unser Leben, wenn wir mit uns selbst mitfühlender und freundlicher werden.

Mach dir bewusst: Kein Baum wächst in einem Jahr und die innere Entwicklung eines Menschen kann genauso wenig beschleunigt werden. Wie die Jahresringe in einem Baumstamm, die Sommer- und Winterphasen anzeigen, so verläuft auch der Prozess, die Grundhaltungen zu verinnerlichen, spiralförmig. Phasen der bewussten Auseinandersetzung wechseln mit Ruhephasen der Unbewusstheit ab. Doch jedes Mal, wenn wir uns neu damit beschäftigen und die Grundhaltungen durch unsere Aufmerksamkeit nähren, werden sie sich vertiefen.

Das Buch vollenden

Noch ein weiterer Punkt erscheint mir wichtig. Dieses Buch ist nicht vollständig und kann es niemals sein. Die Darstellung der spirituellen Grundhaltungen in den einzelnen Kapiteln und deren Relevanz für den menschlichen Alltag kann nur fragmentarisch sein, da das alltägliche Leben jedes Menschen anders aussieht. Können wir den Alltag einer Ingenieurin, die voll im Beruf steht, mit dem Alltag einer Rentnerin vergleichen? Können wir den Alltag einer alleinerziehenden Mutter von drei kleinen Kindern und den Alltag einer alleinstehenden Psychotherapeutin ohne Kinder, die im geregelten Rahmen ihrer Praxis Menschen begleitet, gleichsetzen?

Jedes Leben und jeder Alltag hat andere Bedingungen und stellt andere Herausforderungen. Daher muss jede Person für sich selbst mit der Zeit herausfinden, was es für sie und ihren Alltag bedeutet, die spirituellen

Grundhaltungen, die in diesem Buch beschrieben sind, umzusetzen. Ich kann für mich selbst sagen, dass ich mich viele Jahre damit beschäftigt habe, wie es gehen kann, meine Arbeit als Psychotherapeut, spiritueller Lehrer und Gruppenleiter mit den spirituellen Grundhaltungen in Einklang zu bringen. Heute, nach vielen Jahren der bewussten Auseinandersetzung damit, kann ich sagen, dass meine Art der Begleitung von Menschen wie selbstverständlich auf dem Fundament von Präsenz, Annahme, Offensein, Einssein und innerer Führung ruht und ich stelle tagtäglich in meiner Arbeit fest, wie wirkungsvoll dies mein Handeln macht.

Dieses Buch kann daher nur von dir selbst, liebe Leserin oder lieber Leser, mit deiner Bewusstheit und deinem Leben zu Ende geschrieben werden. Jeder Mensch, der dieses Buch liest und davon inspiriert die Grundhaltungen in sein eigenes individuelles Leben transferiert und mit der Zeit verinnerlicht, wird zum Mitautor und zur Mitautorin dieses Buches. Nur so wird dieses Buch lebendig und kann durch den lebendigen Vollzug vieler Menschen vollendet werden.

Für sich stehend hat dieses Buch keinen Wert. Erst in der Begegnung mit dir, liebe Leserin, lieber Leser, und dem lebendigen Prozess, der in der Bezogenheit entsteht, erwacht es zum Leben und wird im wortwörtlichen Sinne „wirklich". Es entsteht eine neue Wirklichkeit, die über das Buch und dich als Leserin und Leser hinauswirkt. Ein typisches Beispiel für das Grundprinzip der Verbundenheit.

Wenn die neue Wirklichkeit aber über dich als Leserin oder Leser hinauswirkt, dann ist sie nicht nur relevant für dich und dein Leben, sondern genauso für dein Umfeld, deine Beziehungen und für das Leben aller Geschöpfe auf diesem Planeten. Wir leben nicht für uns, auch wenn wir uns manchmal so verhalten. Wir sind unweigerlich ins große Netz des Lebens eingebunden und wirken darauf ein. Von daher macht es tatsächlich einen großen Unterschied für uns selbst und für unser Umfeld, was wir ins Netz des Lebens einspeisen.

Wobei es dabei nicht vorwiegend darum geht, was wir tun oder wie viel wir tun, sondern darum, wie wir leben und handeln. Aus welcher Grundhaltung leben wir und wie sind wir im Einklang mit unserem Wesen und der Ganzheit einer Situation? Die Grundhaltung entscheidet, ob wir dem Frieden in unserem Umfeld und der Welt dienen oder nicht.

Wir alle können Werkzeuge des Friedens sein!

Dank

Mein Dank gilt zunächst Josef Schönberger. Er hat mir den wunderbaren Beruf als Gruppenleiter eröffnet.

Dankbar bin ich Thich Nhat Hanh, der erste große spirituelle Lehrer, den ich getroffen habe, und bei dem ich einen tiefen Frieden erfahren durfte. Seine Schlichtheit hat mich tief berührt.

Ich danke auch Halko Weiß, bei dem ich die erste für mich wichtige psychotherapeutische Ausbildung in Körperzentrierter Psychotherapie (HAKOMI) gemacht habe.

Einen besonderen Dank empfinde ich für meine beiden wichtigsten Lehrer: Fred von Allmen und Dyrian Benz-Chartraud. Fred von Allmen war über Jahre mein Vipassana Lehrer. Seine menschliche Integrität war mir ungeheuer kostbar. Bei Dyrian Benz-Chartraud besuchte ich eine Ausbildung in Transpersonaler Psychologie. Seine Offenheit, seine Annahme und Klarheit als Gruppenleiter waren für mich wegweisend.

Ein großer Dank gilt meinem langjährigen Freund Oliver Schumann, mit dem ich bereits früh eigene Ansätze der spirituellen Arbeit entwickelte, die mich bis heute begleiten. Ohne seine Unterstützung und Ermutigung hätte ich manche Schritte nicht gewagt.

Danken möchte ich den unzähligen Lehrern und Lehrerinnen, die über die Jahre meine Arbeit durch Zitate, Bücher und Kurse inspiriert haben und es immer noch tun.

Mein besonderer Dank gilt den Teilnehmerinnen und Teilnehmern meiner Kurse und Fortbildungen. Sie haben meine Arbeit durch ihre

Fragen, Themen und Erfahrungen bereichert und weiterentwickelt. Ich lerne immer noch mit jedem Kurs, den ich halte.

Dank auch meinem Verleger Lienhard Valentin vom Arbor Verlag für seine Offenheit und sein Vertrauen in mich und meinem Lektor, Thomas Böhmer, für die fruchtbare Zusammenarbeit.

Mein größter Dank geht an meine Frau und an meine Kinder. Die Unterstützung und Liebe, die ich durch meine Familie und insbesondere durch meine Frau Elisabeth erfahre, ist unschätzbar.

Begriffsklärungen

Immer wieder werden im Buch verschiedene Fachbegriffe verwendet. Die meisten dieser Begriffe werden bereits im Laufe des Buches eingeführt und erklärt. Da Fachbegriffe in verschiedenen Schulen unterschiedlich gebraucht werden, werde ich im Folgenden noch mal zusammengefasst darstellen, welche Bedeutung sie im Kontext der Transpersonalen Prozessarbeit haben und wie sie in Beziehung mit verwandten Begriffen stehen.

Gewahrsein – Stille, Achtsamkeit, Sein, Seinsnatur

Gewahrsein ist der unbegrenzte und absichtslose Raum des Bewusstseins, der alles umfasst und doch von allem unberührt bleibt. Es ist der unbedingte, zeitlose Hintergrund, auf dem jegliche Erfahrung im Vordergrund stattfindet.

Das Gewahrsein ist frei von jeglicher Individualität. Der Ichgedanke und das Ichgefühl kommen und gehen im offenen Raum des Gewahrseins genauso wie jede andere Erfahrung. Der Raum des Gewahrseins ist davon jedoch losgelöst.

Alles kommt und geht, aber der Raum des Gewahrseins besteht immer. Er ist die Grundlage jeglicher Art von Erfahrung. Jedoch wird dieser meistens nicht wahrgenommen, da wir von den Erscheinungen und Erfahrungen, die sich im Vordergrund abspielen, hypnotisiert sind und die Offenheit selbst ausblenden. Doch wenn wir nur einen Augenblick entspannen und absichtslos und ungerichtet aufmerksam sind (= lauschen), zeigt sich das natürliche Gewahrsein als intensives Feld von unbedingtem **Sein** – eine unbedingte Präsenz.

Diese Art der unbedingten und ungerichteten Aufmerksamkeit ist eine spezielle Form der **Achtsamkeit**. Normalerweise sprechen wir von Achtsamkeit als einer bewussten und bezogenen Aufmerksamkeit, in der es ein Subjekt und ein Objekt gibt (z. B.: Ich nehme diesen Atemzug wahr). Im Gewahrsein fehlt jedoch das Subjekt (= Zeuge) genauso wie das Objekt. Gewahrsein ist daher keine normale Achtsamkeit, sondern die innerste Natur von Achtsamkeit in einer völlig losgelösten und unbedingten Form.

Da hier keine konkrete Erfahrung und kein konkretes Erfahrungsobjekt erscheinen, sondern nur ein intensives Seinsgefühl, wird es oft als ein Raum von **Stille** beschrieben. Auch die Erfahrung von Stille (= Präsenz in einer absoluten Lautlosigkeit) kennt kein Objekt und trotzdem ein unbedingtes intensives Seinsempfinden.

Genau genommen müssen wir beim Gewahrsein zwei sich ergänzende Aspekte unterscheiden: das unberührte Gewahrsein und das umfassende Gewahrsein. Wir können diese beiden Aspekte in der Metapher eines stillen Sees sehen: Zum einen bleibt die Oberfläche des Sees von allen Spiegelungen unberührt, kann aber gleichzeitig die ganze Welt in sich aufnehmen und widerspiegeln.

Je tiefer wir erfassen, dass unsere innerste Identität nicht unser normales individuelles Menschsein ist, sondern der Raum des Gewahrseins, desto mehr lockert sich unsere Identifikation mit unserer alltäglichen Identität und wir erkennen unsere **Seinsnatur** oder unsere wahre Natur.

Ego – Selbstgrenzen, funktionales Ich

Unter dem Begriff „Ego“ wird der Prozess der Identifikation verstanden. Identifikation meint ein unbewusstes Verklebtsein mit Vorstellungen, Vorlieben, Idealen, Selbstbildern und Urteilen, die dann zu automatischen Gefühls- und Handlungsmustern führen.

Unbewusste Identifikationen mit Selbstbildern werden zu einem wesentlichen Teil unserer Identität. Sie bestimmen auch unsere **Selbstgrenzen**.

Wenn eine Eigenschaft außerhalb unserer Selbstbilder liegt, dann wird sie in uns unterdrückt und ausgegrenzt, sodann nach außen projiziert und dort nicht selten bekämpft (siehe „Schatten"). Die Folge ist, dass wir unsere Ganzheit aus dem Blick verlieren und gleichzeitig in viele Konflikte mit anderen verstrickt sind.

Letztlich ist das Ego der Grund für unser selbst gemachtes Leiden. Denn jegliche Identifikation beinhaltet automatisch auch eine Verneinung von anderen Aspekten und damit Abwehr gegen das Leben. Abwehr ist aber immer Anstrengung, Konflikt und letztlich Leiden. Erst im Erkennen der eigenen Grenzen und durch die Grundhaltung der Annahme und Hingabe können wir aus dem selbst gemachten Leiden aussteigen.

Wenn wir von „Ego" sprechen, müssen wir jedoch den Begriff des **„funktionalen Ich"** davon unterscheiden. Auch wenn es uns möglich ist, aus der Identifikation mit unserer menschlichen Individualität aufzuwachen in den Raum des unbedingten und unbegrenzten Gewahrseins, gibt es weiterhin in uns ein „funktionales Ich", das als innere Funktionseinheit unsere Erfahrung differenzieren, ordnen, beschreiben und zielgerichtet handeln kann.

Mit anderen Worten, auch eine erwachte Person hat noch Gedanken, Vorstellungen, Pläne etc. in sich und wird zielgerichtet handeln. Aber sie ist nicht mehr damit identifiziert und innerlich frei. Sie kann sich daher auch dann immer wieder ohne Abwehr auf den lebendigen Augenblick beziehen, selbst wenn dieser den eigenen Vorlieben widerspricht.

Seele – Psyche, Geist, Alltagsrealität, seelische Realität, absolute Realität

Die Seele ist sicherlich der schwierigste aller Begriffe, da er sehr unterschiedlich verwendet wird. Im Volksmund wird mit Seele meist der Bereich der Gefühle assoziiert, wogegen speziell im Christentum der unsterbliche Teil von uns Menschen damit bezeichnet wird.

Im Kontext der Transpersonalen Psychologie meint Seele zunächst die innere subjektive Erfahrung des Menschen. Sie ist somit ein sehr umfassender Bereich, der alle inneren und äußeren Erfahrungen, also Körperempfindungen, Gefühle, Gedanken, aber auch alle Wahrnehmungen miteinbezieht.

Die subjektive Erfahrung des einzelnen Menschen wird in der Transpersonalen Prozessarbeit die **seelische Realität** genannt und unterscheidet sich deutlich von der **Alltagsrealität**, die sich auf die äußere Dimension von Erfahrung bezieht und im Grunde eine Gedankenrealität ist. Wenn wir zum Beispiel eine Blume betrachten, können wir sagen, dass es eine Rose ist und sie die Farbe Gelb hat. Darauf haben sich Menschen kollektiv geeinigt. Dies ist aber nicht die tatsächliche subjektive Erfahrung, die ein Mensch bei der Betrachtung einer Rose erfährt, denn jeder Mensch wird diese Rose innerlich anders erfahren und empfinden.

Die subjektive Erfahrung des Menschen reicht von „normalen" alltäglichen Erfahrungen bis hinein in den Bereich des Gewahrseins. Hier berühren wir die unsterbliche, da zeitlose und überindividuelle Seinsnatur, die daher auch die **absolute Realität** genannt wird. Die Seele ist aus diesem Grund individuell und subjektiv, wurzelt aber gleichzeitig im Überindividuellen, im Absoluten. Insofern steht die transpersonale Sichtweise von Seele in keinem Widerspruch zum christlichen Verständnis.

Wenn wir den Begriff der Seele mit dem Begriff **Psyche** vergleichen, der im Kontext der Psychologie verwendet wird, sehen wir, dass Psyche vor allem die gedankliche und emotionale Struktur eines Menschen beschreibt, also *wie* ein Mensch Erfahrungen strukturiert und verarbeitet. Die tatsächlichen Erfahrungen, Wahrnehmungen und Körperempfindungen sind darin nicht einbezogen. Daher ist „Seele" ein phänomenologischer Begriff und viel umfassender als der Begriff „Psyche". Er bezieht sich auf die tatsächliche Erfahrung.

Geist wiederum ist ein Begriff, der sich in unserer Kultur meist nur auf Gedanken bezieht. Auch in der buddhistischen Tradition ist „Geist" ein Begriff, der sich zunächst auf den Verstand bezieht. Er wird allerdings auch oft als ein umfassender Begriff verwendet, der alle Schichten unseres Menschseins (Wahrnehmungen, Empfindungen, Gefühle, Gedanken und Bewusstsein) miteinbezieht. In diesem Sinne ist er durchaus mit dem Begriff der Seele vergleichbar.

Wesen – transpersonaler Raum, Essenz

Im Erfahrungsraum unserer Seele können sich die unterschiedlichsten Facetten ausdrücken. Wenn wir zum Beispiel mit Egomustern identifiziert sind, dann prägen diese unser gesamtes Empfinden, Denken und Handeln. In Zeiten jedoch, in denen wir von Identifizierungen frei sind und unserem Herzen und unserer natürlichen inneren Wahrheit folgen, offenbart sich in unserer Seele das Wesen.

Wesenseigenschaften entsprechen unserem natürlichen Lebendigsein jenseits aller Prägungen und Anpassungsleistungen. Am leichtesten entdecken wir unser Wesen, wenn wir uns folgende Fragen stellen:

Wo geht unser Herz in Resonanz? Was freut oder interessiert uns besonders? Was spricht unser Mitgefühl an oder wofür sind wir dankbar? Was lieben wir? Was ist uns besonders wesentlich oder kostbar?

Obwohl Wesensanteile bei einem Menschen ein Leben lang gleich bleiben, legen sie ihn nicht fest. Das Wesen ist eher wie eine grundlegende Tönung, die einen Menschen einfärbt und die ihm gleichzeitig die Freiheit lässt, alle anderen Facetten von Lebendigkeit auch zu leben. Wenn es uns gelingt, vom Ego losgelöst zu sein und einen tiefen Zugang zum Gewahrsein zu haben, entfaltet sich unser Wesen ganz natürlich und mühelos von selbst.

Hier haben wir auch die Möglichkeit, tiefer in den **transpersonalen Raum** einzutauchen. Dabei leben wir nicht nur unsere natürlichen Wesensimpulse aus, sondern gehen mit unserer Aufmerksamkeit nach innen in die jeweilige Wesensqualität hinein. Je tiefer wir in dieses Erleben eintauchen, desto mehr verlassen wir unser alltägliches Bewusstsein (= Alltagsrealität) und treten in den transpersonalen Raum ein. Hier befinden wir uns in einem veränderten Bewusstseinszustand, in dem sich das Zeit- und Raumerleben in der gewohnten strukturierten Weise auflöst.

Im transpersonalen Raum erfahren wir verschiedene Facetten unserer Seinsnatur in ihrer Reinform. Die wichtigsten sind: eine unbedingte Präsenz; eine innere Stärke und Lebendigkeit; eine stille innere Freude ohne Grund; ein freier, unbegrenzter innerer Raum; eine innere Festigkeit, die uns gleichzeitig ermöglicht, mit dem Leben mitzuschwingen; ein Mitgefühl, das uns mit allen Wesen verbindet; ein unbedingtes Vertrauen ins Leben; ein innerer Wert, der uns die Vollkommenheit des Lebens fühlen lässt und eine innere Fülle, die eine überfließende Dankbarkeit enthält. Diese Facetten unserer Seinsnatur werden auch essenzielle Qualitäten oder schlicht **Essenz** genannt. Sie ist die Essenz unseres Menschseins.

Schatten – personaler Entwicklungsschritt

Im Schatten sind ungeliebte und häufig auch unbewusste Anteile, die bekämpft und verdrängt werden. Das können sowohl destruktive Emotionen sein, wie Wut oder Neid, als auch konstruktive Wesensanteile, wie zum Beispiel Freude oder innere Festigkeit.

Alles, was in unserer Kindheit nicht oder negativ bestätigt wurde, hat keine Möglichkeit, sich natürlich zu entfalten und uns als innere Ressource zur Verfügung zu stehen. Da wir diese inneren Anteile aufgrund unserer Konditionierung innerlich ablehnend betrachten, erscheinen sie uns auch entsprechend verzerrt und negativ und so verstecken wir sie vor uns und vor anderen. Doch so sehr wir uns auch bemühen, sie auszugrenzen, wir werden diese Anteile nicht los. Manchmal brechen Schattenanteile wie Gefangene mit Macht und großer Destruktivität aus und überschwemmen uns. Nicht selten begegnen sie uns auch in anderen Menschen (= Projektion) und erscheinen uns dort dann als unangenehm oder sogar bedrohlich. Entsprechend lehnen wir diese dann ab oder bekämpfen sie sogar, was zu vielen Konflikten unter Menschen führt.

Der erste zentrale Schritt von innerem Wachstum ist daher, Schattenanteile zu erkennen und sie wieder als innere wertvolle Kräfte zu uns zu nehmen. In der Transpersonalen Prozessarbeit wird dieser Schritt der **personale Entwicklungsschritt** genannt. Wir entfalten dadurch zunehmend unsere Ganzheit als Mensch und brauchen zudem nicht mehr auf andere Menschen projizieren – ein echter Beitrag zum Frieden in der Welt.

Anmerkungen

1 Erich Fried: Was es ist. Aus: Es ist, was es ist. © Verlag Klaus Wagenbach, Berlin 1983

2 Anthony de Mello. Carlos G. Vallés. Aus: Frei und unbeschwert. Das spirituelle Vermächtnis Anthony de Mellos. © Santiago Verlag, Goch, 2001

3 Norman H. Russel, Cherokee. So wie ein Baum. In: http://home.arcor.de/der_schamane/Indianerweisheiten/Keokuk/Cherokee/cherokee.html [Zugegriffen am 12.10.2016]

4 Carlos Castaneda. Aus: Die Lehren des Don Juan. Ein Yaqui-Weg des Wissens. Aus dem Amerikanischen von Céline und Heiner Bastian. © S. Fischer Verlag GmbH, Frankfurt am Main 1982

Ergänzende und weiterführende Literatur

A.H. Almaas

- Essentielle Verwirklichung – Arbor Verlag
- Essentielle Befreiung – Arbor Verlag
- Essentielles Sein – Arbor Verlag
- Essenz – Arbor Verlag

  Verschiedene Beiträge über Essenz und Persönlichkeit.

Fred von Allmen

- Mit Buddhas Augen sehen – Theseus Verlag

  Eine klare Einführung in die Vipassana-Tradition.

Wolfgang Bauer

- Prinzip Menschlichkeit – Warum wir von Natur aus kooperieren – Heyne Verlag

  Neue neurowissenschaftliche Studien belegen, dass die Evolution nicht in erster Linie auf „Fressen und Gefressen-Werden" aufbaut, sondern auf Kooperation und Zusammenarbeit. Sehr Mut machend!

Dyrian Benz

- Alles zur rechten Zeit – Kösel Verlag

  Über Essenz, Persönlichkeit und darüber, was es bedeutet, den natürlichen Rhythmen zu folgen.

Byron Brown

- Befreiung vom inneren Richter – J. Kamphausen

  Eine ausführliche Beschreibung des Über-Ich und seiner Wirkungsweise mit vielen Beispielen.

Martin Buber

- Das dialogische Prinzip – Verlag Lambert Schneider

  Eine philosophische Beschreibung der Seinsebene als Begegnung.

Hans-Peter Dürr

- Auch die Wissenschaft spricht in Gleichnissen – Herder Verlag

  Dürr versteht es in einer seriösen Weise, die Erkenntnisse der Quantenphysik und der Spiritualität zu vergleichen.

Peter Fenner

- Reines Gewahrsein – Aurum in J. Kamphausen

  Einführung in das nicht-bedingte Gewahrsein und Übungen dazu.

Theo Fischer

- Wu Wei – Rowohlt Taschenbuch

  Die Lebenskunst des Tao. Sehr eingängig geschrieben. Über die Kunst des Nichthandelns im Sinne von Geschehenlassen und zum richtigen Zeitpunkt das Richtige tun.

Paul Gilbert und Choden

- Achtsames Mitgefühl – Arbor Verlag

  Das Buch spannt einen weiten Bogen von einer wissenschaftlichen Sicht auf Geist und Gesundheit bis hin zu buddhistischen Übungen.

Jack Kornfield und Joseph Goldstein

- Einsicht durch Meditation – Die Achtsamkeit des Herzens – Arbor Verlag

  Eine gut verständliche, schlicht gehaltene Einführung in die Vipassana-Praxis mit einfachen, gut instruierten Übungen, die eine gute Verbindung zum Alltag herstellen.

Jack Kornfield

- Das weise Herz – Arbor Verlag

  Grundlagenwerk. Über den Buddhismus als ein System positiver Psychologie und Heilkunst.

Gregory Kramer

- Einsichtsdialog – Weisheit und Mitgefühl durch Meditation im Dialog – Arbor Verlag
  Wie kann „Meditation im Dialog" in einer Gruppe oder mit einem Partner gelingen? Sehr strukturiert und einfach beschrieben mit kleinen, anschaulichen Erfahrungsberichten.

Francis Lucille

- Ewigkeit jetzt – Dialoge über das Glück – J. Kamphausen

  Über die Stille des reinen Bewusstseins.

Sri Nisargadatta Maharaj

- Ich bin (Teil 1 und 2) – Context Verlag

  Ein Erwachter betrachtet Geist und Leben vom absoluten Standpunkt aus.

Amy Mindell

- Die Weisheit der Gefühle – Via Nova Verlag

  Die Autorin beschreibt therapeutische Haltungen, die unter spirituellen Gesichtspunkten sehr unterstützend für die prozessorientierte Arbeit mit Menschen sind. Es geht auch allgemein um Lebensprinzipien und Gefühlseinstellungen, die sich im Alltag auswirken.

Arne Naess

- Die Zukunft in unseren Händen – Peter Hammer Verlag

  Das philosophische Grundlagenwerk der Tiefenökologie. Es wird aufgezeigt, wie nur das Bewusstsein der Verbundenheit auf Dauer Mensch und Natur retten kann.

Silvia Ostertag

- Lebendige Stille Herder Verlag

  Wunderschöne, inspirierende Gedichte zur Einstimmung in die tägliche Praxis.

Toni Packer

- Der Moment der Erfahrung ist unendlich – Theseus Verlag

  Eine Zenlehrerin stellt meditative Betrachtungen an. Wunderbar schlicht.

Danaan Parry

- Krieger des Herzens – Verlag Alf Lüchow

  Friedliche Konfliktlösung aus dem Blickwinkel der spirituellen Kriegerschaft.

Yongey Mingyur Rinpoche

- Buddha und die Wissenschaft vom Glück – Goldmann Verlag

  Mit Leichtigkeit und Tiefgang bringt der tibetische Lama grundlegende buddhistische Erkenntnisse mit westlichen wissenschaftlichen Erkenntnissen in Einklang.

Stahl, Goldstein

- Stressbewältigung durch Achtsamkeit: Das MBSR-Praxisbuch – Arbor Verlag

  Grundlagen der MBSR-Bewegung mit Beiträgen von verschiedenen Autoren.

Richard Stiegler

- Kein Pfad – aus der Stille leben – J. Kamphausen

  Ein systematischer Zugang zu innerer Stille. Es wird schrittweise aufgezeigt, welche Erfahrungsdimensionen sich in der Vertiefung von innerer Stille (Gewahrsein) ergeben.

- Nach innen lauschen – Arbor Verlag

  Einführung in die drei Grundformen der Praxis: die Praxis der stillen Meditation, die Praxis des inneren Erforschens und die Praxis des Zuhörens. Viele konkrete Inspirationen für die tägliche Praxis.

Eckhart Tolle

- Jetzt – Die Kraft der Gegenwart – J. Kamphausen

  Inzwischen ein Klassiker! Einfache und klare Zugänge zu Essenz.

Thich Nhat Hanh

- Mit dem Herzen verstehen – Theseus Verlag

  Das Diamantsutra – die Welt aus der Sicht, dass alles mit allem verbunden ist.

Ramana Maharshi

- Sei, was du bist – Otto Wilhelm Barth Verlag

  Die Kernaussagen des Erwachten.

Zum Autor

Richard Stiegler, geb. 1963. Heilpraktiker. Von 1988–2008 psychotherapeutische Praxis in Rosenheim. Kursleiter, Meditationslehrer, Ausbilder in Transpersonaler Prozessarbeit. Buchautor.

Ausbildungen in Körperzentrierter Psychotherapie und in Groupfield (Transpersonale Psychologie nach Dyrian Benz-Chartraud) und anderen Verfahren der Humanistischen Psychologie. Jahrelange Meditationspraxis, vorwiegend Vipassana bei Fred von Allmen und Einzelretreats.

Schon in jungen Jahren bewegte Richard Stiegler die Verbindung zwischen seelischer und spiritueller Entwicklung, was ihn zur Transpersonalen Psychologie führte. Mit der Zeit ist ein eigener integrativer Ansatz der Transpersonalen Psychologie entstanden. 2001 hat er die Schule SEELEundSEIN gegründet, in der regelmäßig Ausbildungen und weiterführende Fortbildungen zur Transpersonalen Prozessarbeit stattfinden.

Heute bietet Richard Stiegler Kurse und Ausbildungen in Transpersonaler Prozessarbeit an und gibt Meditationskurse, in denen das offene Gewahrsein im Zentrum der Praxis steht.

Von Richard Stiegler sind bereits erschienen:

„Kein Pfad – aus der Stille leben“, J. Kamphausen, 2005

„Nach innen lauschen – Inspirationen für die spirituelle Praxis“, Arbor Verlag, 2014

Informationen zu Kursen und Ausbildungen von Richard Stiegler unter: www.seeleundsein.com

Weitere Literatur aus dem Arbor Verlag

Richard Stiegler

Nach innen lauschen

Inspirationen für die spirituelle Praxis

Jeder spirituelle Weg braucht eine Praxis, sonst bleibt unser Verständnis oberflächlich. Erst die Auseinandersetzung mit Praxisformen, auf die wir uns einlassen, an denen wir uns reiben und in welchen sich unsere seelische Entwicklung entfalten kann, führt dazu, dass sich spirituelle Einsichten vertiefen und verinnerlichen.

In diesem Buch werden drei grundlegende Formen der spirituellen Praxis behandelt, die alle in der Grundhaltung des „Lauschens" – einem vertieften Zuhören – wurzeln. In der Praxis der stillen Meditation steht das Gewahrsein im Zentrum, in der Praxis des inneren Erforschens wird unsere Aufmerksamkeit auf die schöpferische Lebendigkeit unserer Seele gerichtet und in der Praxis des Zuhörens stehen unsere Beziehungen im Mittelpunkt.

Nach einer kurzen Einführung in die jeweilige Praxisform folgen Inspirationen mit konkreten Anregungen. So wird dieses Buch zu einem Praxisbuch – einem Wegbegleiter für die tägliche spirituelle Praxis.

ISBN 978-3-86781-119-4

Online

Umfangreiche Informationen zu unseren Themen, ausführliche Leseproben aller unserer Bücher, einen versandkostenfreien Bestellservice und unseren kostenlosen Newsletter.
All das und mehr finden Sie auf unserer Website.

www.arbor-verlag.de

Mehr über Richard Stiegler

www.arbor-verlag.de/richard-stiegler

Seminare

Die gemeinnützige *Arbor-Seminare gGmbH* organisiert regelmäßig Seminare und Weiterbildungen mit führenden Vertretern achtsamkeitsbasierter Verfahren. Nähere Informationen finden Sie unter:

www.arbor-seminare.de

Arbor Online-Center

Mit dieser Plattform hat Arbor einen virtuellen Ort der Inspiration und des Lernens rund um das Thema Achtsamkeit geschaffen. Lernen Sie die AutorInnen unserer Bücher und die ReferentInnen unserer Veranstaltungen kennen: in Interviews, Vorträgen, Meditationsübungen, Webinaren, Podcasts sowie Online-Kursen und zahlreichen weiteren Ressourcen.

www.arbor-online-center.de